Gestão Estratégica de Pessoas

Sistema, Remuneração e Planejamento

Luiz Paulo do Nascimento
Antonio Vieira de Carvalho

Gestão Estratégica de Pessoas

Sistema, Remuneração e Planejamento

QUALITYMARK

Copyright© 2012 by Antonio Vieira de Carvalho e Luiz Paulo do Nascimento

Todos os direitos desta edição reservados à Qualitymark Editora Ltda.
É proibida a duplicação ou reprodução deste volume, ou parte do mesmo, sob qualquer meio, sem autorização expressa da Editora.

Direção Editorial	Produção Editorial
SAIDUL RAHMAN MAHOMED editor@qualitymark.com.br	EQUIPE QUALITYMARK

Capa	Editoração Eletrônica
WILSON COTRIM	UNIONTASK

1ª Edição: 2007
1ª Reimpressão: 2012

CIP-Brasil. Catalogação-na-fonte
Sindicato Nacional dos Editores de Livros, RJ

N198g   Nascimento, Luiz Paulo do

Gestão estratégica de pessoas : sistema, remuneração e planejamento / Luiz Paulo do Nascimento, Antonio Vieira de Carvalho. – Rio de Janeiro : Qualitymark Editora, 2012.
224p.:

Inclui bibliografia
ISBN 978-85-7303-640-4

1. Administração de pessoal. 2. Planejamento estratégico.
I. Carvalho, Antonio Vieira de, 1932-. II. Título.

06-1886   CDD: 658.3
                                                                                         CDU: 658.3

2012
IMPRESSO NO BRASIL

Qualitymark Editora Ltda. Rua Teixeira Júnior, 441 – São Cristóvão 20921-405 – Rio de Janeiro – RJ Tel.: (21) 3295-9800 ou 3094-8400	QualityPhone: 0800-0263311 www.qualitymark.com.br E-mail: quality@qualitymark.com.br Fax: (21) 3295-9824

Dedicatória

Muitos desconhecem a essência da vida, que pode estar, simplesmente, ao nosso lado dando-nos o apoio e o amor que nos impulsionam para frente e para o alto.

À Neusa,
    Minha esposa e companheira de todos os momentos.

Luiz Paulo do Nascimento

Prefácio

Um dos assuntos que mais vem chamando atenção no mundo dos negócios, diz respeito à gestão de pessoas, tendo em vista que o ambiente de negócios, a partir, principalmente, da última década do século XX, passou por profundas mudanças que alteraram de forma significativa o perfil das organizações e que, com certeza, continuarão a mudar.

O cenário no qual estamos inseridos apresenta uma série interminável de fatores, aspectos ou sintomas que nos permitem diagnosticar que é necessário rever algumas práticas administrativas, no sentido de humanizar o relacionamento em uma via de mão dupla.

É sabido que várias empresas anunciam vagas em seus quadros para funções de gestão, para profissionais que estejam habituados a trabalhar sobre pressão. A forte pressão faz com que os gestores não disponham de tempo para seus relacionamentos pessoais, a vida perde atrativos e a satisfação passa a ser algo do passado. O mercado exerce uma força muito superior à capacidade de superação e de resistência dos gestores e, em razão disso, os mesmos se sentem impotentes e inseguros diante das turbulências do mundo dos negócios.

As organizações tornaram-se altamente complexas e difíceis de serem entendidas e dominadas pelos gestores, uma vez que todas elas estão envolvidas e entrelaçadas em sistemas amplos de comercialização, redes eletrônicas, sistemas de informações e de comunicações instantâneas, parques industriais automatizados etc.

Embora as grandes mudanças sejam desejadas por proporcionarem novos níveis de satisfação, maior produtividade, melhoria da qualidade e outros benefícios, essas mesmas grandes mudanças trazem também alguns aspectos negativos que se apresentam através dos sentimentos de impotência e de ameaça à capacidade de manutenção do domínio que assegure um futuro tranqüilo e sem incertezas.

As mudanças ocorrem com uma rapidez muito grande, assoberbando e dificultando a capacidade de apreensão, assimilação e compreensão dos profissionais, com resultados indesejáveis, tanto nas pessoas quanto nas empresas.

A maneira com que as pessoas eram tratadas – e que, em algumas empresas, continuam sendo –, não é a maneira que a maioria gosta, ou seja, ser tratada como parte de uma engrenagem e, por outro lado, muitas pessoas também não gostam de receber imposições obrigatórias de terceiros, preferindo elas mesmo chegarem, sozinhas, a uma nova visão.

O ambiente atual, nesse início do século XXI, não tem mais espaço para a organização mecanicista, que se caracteriza pela falta de flexibilidade e da dificuldade para o aprendizado e evolução, não apresentando condições de adaptação ao cenário econômico, que é complexo e voltado para o conhecimento, que muda constantemente.

O que se pretende é dar uma visão desse assunto de modo que se possa tratar as pessoas com mais humanidade, resgatando o prazer de trabalhar. Percebemos que algumas pessoas, no decorrer de sua vida profissional, optaram por mudar de atividade, mesmo com redução na remuneração, para ter uma vida de relacionamento pessoal com mais tranqüilidade, segurança e satisfação. Esse bem-estar pode e deve ser praticado nas organizações que pretendam um sistema vivo e com calor humano.

É possível transformar o atual ambiente de trabalho, no qual as imposições estão presentes e a pressão é constante, onde os profissionais são obrigados a seguir ordens ditatoriais, apesar da alta produtividade, em um outro ambiente pleno de atenção, reconhecimento e respeito ao ser humano, no qual se pretenda crescer profissionalmente, contribuindo para o sucesso do empreendimento e de sua própria satisfação, mantendo ou mesmo aumentando os resultados que a empresa busca?

Acreditamos que junto com as grandes mudanças que já estamos – ou deveríamos estar – habituados a ver no mundo dos negócios, precisamos mudar nosso comportamento e adotar novas maneiras de lidar com coisas e com pessoas. Abrir espaço para ouvir e trocar idéias é uma maneira de passar e de receber conhecimentos. Nessa interação, precisamos ter consciência de que a aquisição de novos conhecimentos é uma constante, enriquecida com pontos de vista diversos.

Quanto mais aberto estiver para a interação e troca de informações, mais facilidade encontrará para transmitir e receber conhecimentos que devem favorecer os crescimentos individual e profissional, bem como o caminho do sucesso para o empreendimento.

No Capítulo 1, abordamos a introdução ao sistema estratégico de recursos humanos, buscando esclarecer as origens e o desenvolvimento da teoria de sistemas e suas aplicações na gestão de pessoas, no pensamento estratégico, nas mudanças organizacionais, as novas tecnologias e as alternativas sobre as resistências às mudanças, além de abordar aspectos do desenvolvimento organizacional.

O Capítulo 2 nos remete aos variados aspectos da remuneração, explicitando os conceitos referentes aos planos de classificação de cargos e salários, os métodos de classificação existentes – um método aperfeiçoado de classificação de cargos e determinação de salários com base no conteúdo das atribuições dos postos de trabalho, uma utilização adicional para a pesquisa salarial para estabelecer planos de cargos, uma prática inovadora na determinação do valor estratégico do salário fixo – fechando com aspectos de remuneração variável, planejamento de carreira e remuneração indireta.

E, finalmente, o Capítulo 3 trata do planejamento estratégico de recursos humanos dissertando sobre a relação dele com o ambiente, a estrutura, os objetivos e de qual deva ser o perfil do gestor de pessoas diante deste novo contexto.

Luiz Paulo do Nascimento

Sumário

Capítulo 1 – Introdução ao Sistema Estratégico de Recursos Humanos......... 1
1.1 A Teoria Geral dos Sistemas 1
    1.1.1 Classificação dos Sistemas 4
    1.1.2 Introdução ao Pensamento Sistêmico 5
1.2 A Empresa como Sistema 6
    1.2.1 Elementos de Estratégia Empresarial 7
1.3 Sistema Estratégico de Recursos Humanos – O que é isso? 9
    1.3.1 Filosofia da Organização 10
    1.3.2 Objetivos do SERH 13
    1.3.3 Políticas do SERH 13
    1.3.4 Atividade Econômica 15
    1.3.5 Mercado de Trabalho 15
    1.3.6 Tecnologia 16
    1.3.7 Legislação 16
1.4 Breve Introdução às Mudanças na Função de RH 18
    1.4.1 A Educação como Agente Transformador das Pessoas 19
    1.4.2 Por que a Empresa Deve Investir em Educação Permanente? 20
1.5 A Necessidade de Mudanças na Empresa 22
    1.5.1 Introdução às Mudanças Organizacionais 23
    1.5.2 Conceito de Mudança Organizacional Planejada 24
    1.5.3 Por que é tão Difícil Mudar? 25

1.5.4 O Início da Mudança 26
1.5.5 Administrando as Mudanças de Forma Eficaz................................... 26
1.5.6 Novas Tecnologias e Trabalho em Equipe no RH............................. 29
1.5.7 Ainda sobre Resistência às Mudanças Organizacionais..................... 31
1.6 Desenvolvimento Organizacional como Instrumento de Mudança
Planejada.. 34
1.6.1 Princípios Básicos do Desenvolvimento Organizacional................... 35
1.6.2 A Abordagem Central do Desenvolvimento Organizacional............. 39
Questionário de Auto-Avaliação 42
Referências Bibliográficas.. 44

Capítulo 2 – Administração de Cargos e Salários 47
2.1 Administração Estratégica de Cargos e Salários 49
    2.1.1 Conteúdo da Administração de Cargos e Salários 49
    2.1.2 Atribuições de Administração de Cargos e Salários 50
    2.1.3 Classificação por Grupos Ocupacionais, Similaridade,
           Complementação e Seqüenciais 52
    2.1.4 Padronização de Cargos 53
    2.1.5 Titulação de Cargos 56
    2.1.6 Sumário 57
    2.1.7 A Menor Unidade Sistêmica de uma Empresa 58
2.2 Métodos de Avaliação de Cargos... 59
    2.2.1 Métodos Tradicionais de Avaliação de Cargos 60
    2.2.2 Modelo de Manual de Avaliação.. 65
    2.2.3 Revisão do Plano de Classificação... 73
    2.2.4 Método de Pontos Atual 74
    2.2.5 Visão e Procedimentos Atuais 76
    2.2.6 Plano de Classificação de Cargos... 79
2.3 Método de Pontos Proposto.. 89
    2.3.1 Princípios em Administração de Cargos e Salários............................ 90
    2.3.2 Avaliação de Cargos pelo Método Proposto....................................... 91
    2.3.3 Ajustamento de Curvas e os Coeficientes de Correlação e
           Determinação... 94
2.4 Construção do Modelo Proposto 95
    2.4.1 Novo Método de Pontos 96
    2.4.2 Estudos do Método Proposto 111
    2.4.3 Conclusão 118
2.5 Pesquisa Salarial de Mercado 119
    2.5.1 Tabulação da Pesquisa Salarial... 120
2.6 Administração Estratégica do Salário Fixo 142

SUMÁRIO **XIII**

2.6.1 Fatores Determinantes do Valor Estratégico do Cargo........ 143
2.6.2 Procedimentos para Determinar o Valor Estratégico do Cargo........... 151
2.6.3 Vantagens e Desvantagens do Modelo................ 153
2.6.4 Conclusão............ 153
2.7 Remuneração Variável............ 154
    2.7.1 Introdução............ 154
    2.7.2 Ambiente............ 156
    2.7.3 Objetivos e Metas............ 157
    2.7.4 Remuneração Estratégica............ 158
    2.7.5 Adaptação às Mudanças............ 160
    2.7.6 Remuneração por Habilidade............ 161
2.8 Planejamento de Carreira............ 163
2.9 Remuneração Indireta............ 168
Referências Bibliográficas............ 170

Capítulo 3 – Planejamento Estratégico de Recursos Humanos............ 173
3.1 Introdução ao Planejamento Estratégico............ 173
    3.1.1 Planejamento Estratégico em Relação ao Ambiente............ 175
    3.1.2 Afinal, o que é Planejamento Estratégico?............ 176
    3.1.3 Principais Vantagens do Planejamento Estratégico............ 177
3.2 Estrutura e Estratégia Empresarial............ 179
3.3 Estratégia e Ambiente............ 180
    3.3.1 Políticas Estratégicas da Empresa............ 182
3.4 Objetivos Estratégicos da Empresa............ 183
    3.4.1 Objetivos da Rentabilidade............ 184
    3.4.2 Objetivos de Prestígio e de Poder............ 185
    3.4.3 Objetivos de Estabilidade............ 185
    3.4.4 Objetivos Sociais............ 185
    3.4.5 Estabelecimento de Prioridades Estratégicas............ 186
    3.4.6 Decisão sobre Informações Estratégicas............ 186
    3.4.7 Planejamento Estratégico e Planejamento Tático São Iguais?............ 188
3.5 Planejamento Estratégico de Recursos Humanos............ 190
    3.5.1 Introdução............ 190
    3.5.2 Áreas de Atuação Preliminar no PERH............ 191
    3.5.3 Fatores Internos e Externos do PERH............ 192
    3.5.4 O Perfil do Executivo de RH Diante do Planejamento Estratégico..... 195
    3.5.5 Diagnóstico sobre PERH em sua Empresa............ 201
Questionário de Auto-Avaliação............ 204
Referências Bibliográficas............ 205

OBJETIVOS DO CAPÍTULO

1) Situar o sistema estratégico de recursos humanos (SERH) na gestão de pessoas.
2) Analisar os principais elementos de estratégia organizacional.
3) Estudar as etapas do processo de mudanças organizacionais.
4) Introduzir o leitor no estudo do Desenvolvimento Organizacional.

Ao final da leitura e assimilação do capítulo, você deverá:

a) compreender os mecanismos pelos quais a função de RH interage na dinâmica da estratégia organizacional;
b) responder à questão: "por que um novo SERH?".

Palavras-chave

recursos humanos,
sistemas estratégicos,
mudanças,
desenvolvimento organizacional,
resistência às mudanças.

Capítulo 1

Introdução ao Sistema Estratégico de Recursos Humanos

Antonio Vieira de Carvalho

1.1 A Teoria Geral dos Sistemas

Pode-se dizer que o sistema, seja ele qual for, é um conjunto de partes unidas por alguma forma de interação ou interdependência. Assim, qualquer combinação de segmentos coordenados para um mesmo resultado pode ser considerada um sistema, desde que as conexões entre as partes e o comportamento do todo sejam o foco de atenção.

O filósofo inglês Herbert Spencer (1820-1904) afirmava, no início do século passado, que

um organismo social assemelha-se a um organismo individual nos seguintes traços essenciais:

- no crescimento;
- no fato de esse organismo tornar-se mais complexo à medida que cresce;
- no fato de, tornando-se mais complexo, suas partes exigirem uma crescente interdependência mútua;

- porque em ambos os casos há crescente integração acompanhada por crescente heterogeneidade.[1]

No início da década de 1930, o filósofo e cientista social belga Claude Lévi-Strauss escrevia:

uma estrutura oferece um caráter de sistema, consistindo em elementos combinados de tal forma que qualquer modificação em um deles implica uma modificação de todos os outros.[2]

A diversidade de enfoques leva à constatação que "não há propriamente uma única teoria dos sistemas gerais, mas sim a presença de um conjunto de conceitos, princípios, métodos e técnicas associados à idéia central de sistemas".[3]

A noção de sistema está ligada a uma forma de selecionar, organizar e interpretar informações, gerando progresso no estudo do comportamento de sistemas animados e inanimados. Essa reunião de informações leva a uma síntese de pesquisas em áreas como a automação, o processamento de dados, a comunicação e a computação em geral, bem como estudos nos campos da biologia, da neurofisiologia, da economia, da pesquisa operacional e da administração.

Esses processos convergentes conduzem à noção de sistema como eixo de uma disciplina, a Teoria dos Sistemas. Coube ao matemático norte-americano Norbert Wiener (1894-1964) a introdução dos princípios básicos que levam à essência da Teoria dos Sistemas. Wiener fundou a *cibernética*, ciência do comando e do controle, orientada para resultados, com base em estudos dos processos de comunicação nos sistemas tecnológicos, biológicos, sociológicos e econômicos. A Figura 1.1 dá uma idéia do fluxo dos componentes básicos da cibernética.

O termo "sistema", da forma como hoje é concebido na área de administração, está relacionado com as experiências do biólogo alemão Ludwig von Bertalanffy. Esse cientista, no início da década de 1950, pesquisando o comportamento de organismos vivos, constatou que, a despeito de sua variedade de formas e de características, esses seres biológicos possuíam vários pontos em comum.

Bertalanffy estendeu seus estudos a outros tipos de organismos (sociais, mecânicos, eletrônicos etc.), verificando que, assim como acontece com os seres biológicos, esses organismos não naturais conservam igualmente certas ca-

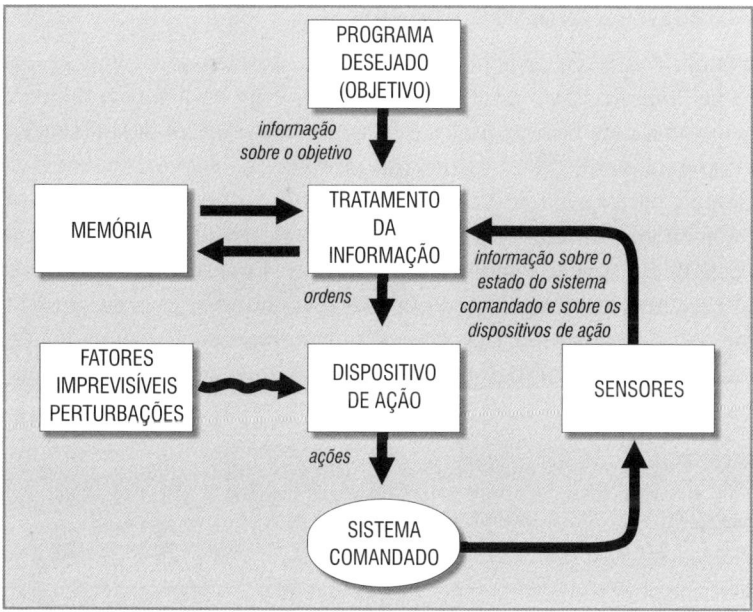

Figura 1.1 Esquema geral de um sistema cibernético.

racterísticas afins, não importando sua natureza e complexidade. Entre as características pesquisadas pelo biólogo alemão, uma se destacava: a chamada **identidade** dos organismos, quer dizer, o **objetivo atingido** pelos organismos, naturais ou não.

Assim, Bertalanffy constatou que, a despeito de esses organismos vivos e sociais possuírem inúmeros e variados elementos, todos eles apresentavam uma interação desses componentes ao buscar atingir um determinado objetivo, o que, em última análise, era a finalidade central desses mesmos organismos.

Com base nessas pesquisas, Bertalanffy formulou sua Teoria Geral dos Sistemas, identificando os organismos sociais como sistemas que visam à consecução de objetivos. A partir dessa abordagem, o sistema pode ser caracterizado como um conjunto de partes relacionadas entre si. Deve-se ao cientista alemão a divulgação de termos como *feedback* (realimentação, retroação), *input* (entrada), *output* (saída) entre outros, incorporados à informática, eletrônica e automação cibernética, além de também serem empregados na linguagem de sistemas administrativos, educativos, produtivos etc.

1.1.1 Classificação dos Sistemas

Entre as inúmeras classificações dos sistemas, destaca-se a que usa o critério baseado na *complexidade* e na *probabilidade*. Para essa forma de classificação, um sistema com poucas partes é considerado **simples**. Já um sistema com muitos componentes é descrito como **complexo**. Por sua vez, sistemas complicados demais para serem descritos em pormenores são **excessivamente complexos**. Quanto à probabilidade, um sistema é *determinístico* quando, dado o último estado em que se encontra, torna possível prever sem erro a etapa seguinte. O sistema é *probabilístico* quando, ao contrário, não possibilita que se faça uma previsão absoluta, mas apenas uma aproximação estatística do comportamento real. O Quadro 1.1 exemplifica esse modelo de classificação de sistemas:

Quadro 1.1 Modelo de classificação de sistemas.

SISTEMAS	Simples	Complexos	Extremamente complexos
Determinísticos	Encaixe de janela	Computador	
	Bilhar	Sistema planetário	
	Layout da sala de máquinas	Automação	
Probabilísticos	Arremesso de moeda	Reflexos condicionados	Economia
	Controle estatístico de qualidade	Lucratividade industrial	Cérebro
			Empresa

Outra forma de classificar os sistemas é identificá-los como *concretos* e *abstratos*. "Os sistemas concretos (físicos) compõem-se de *hardware* (a totalidade dos componentes físicos, em oposição a *software*, conjunto de programas e instruções), de equipamento, de maquinaria e, de um modo geral, de objetos e artefatos reais".[4] No entanto, nos sistemas abstratos, os símbolos representam atributos e objetos, os quais não poderão existir senão na criatividade do operador do sistema. São exemplos de sistemas abstratos: planos, conceitos, hipóteses e idéias em estudo.

Pode-se classificar os sistemas, também, como sistemas *naturais* e sistemas *culturais*. Dessa forma, o clima, o solo, a astronomia e os oceanos são exemplos de sistemas naturais. Já os sistemas culturais, feitos pelo ser humano, têm, nas organizações em geral, o exemplo mais representativo.

Os sistemas naturais são exemplos típicos de sistemas *abertos*, isto é, trocam regularmente matéria e energia com o meio ambiente. Já os sistemas *fechados* operam poucas relações com o meio ambiente. No mundo dos negócios, o monopólio é um exemplo típico de sistema fechado.

1.1.2 Introdução ao Pensamento Sistêmico

Deve-se a Peter M. Senge, autor do excelente livro *The fifth discipline* (A quinta disciplina), publicado em Nova York em 1990, pela editora Doubleday, a divulgação do chamado *pensamento sistêmico*, tido como um dos mais importantes instrumentos aplicados ao campo da liderança gerencial, particularmente no estudo, interpretação e solução de problemas organizacionais complexos.

Historicamente, o pensamento sistêmico vem sendo analisado desde os trabalhos publicados pelo biólogo alemão Ludwig von Bertalanffy (veja a Seção 1.1). Kurt Lewin (1890-1947), psicólogo norte-americano de origem alemã, escrevia, ensinava e pensava em termos sistêmicos. No seu livro *Princípios de psicologia topológica*, escrito em 1936, ele desenvolveu um sistema próprio, aplicando à psicologia social conceitos extraídos da topologia geométrica e da física dos campos de força. Após esses trabalhos, concentrou-se no estudo experimental da dinâmica de grupo e a influência do tipo de sistema político-social sobre as crianças.

Discípulos de Lewin, W. G. Bennis, K. Bene e R. Chin escreveram em 1961 o livro *The planning of change* (O planejamento da mudança), publicação da editora nova-iorquina Holt, Rinehart & Winston. Nessa obra, os autores dão muita ênfase ao caráter sistêmico dos fenômenos organizacionais.

Peter B. Vaill, diretor do programa de doutorado na School of Business and Public Management da Universidade George Washington, nos EUA, cita a conhecida "abordagem de 'sistemas sociotécnicos' do Instituto Tavistock de Londres, que se baseava inteiramente em pensamento sistêmico".[5]

O pensamento sistêmico teve em Russell Ackoff um de seus maiores defensores. Professor na Universidade da Pensilvânia, nos EUA, Ackoff conceituou sistema de uma forma que acabou se tornando um paradigma para a administração e as organizações:

Os elementos do conjunto e o conjunto de elementos que formam um sistema possuem três propriedades:

1) as propriedades ou o comportamento de cada elemento do conjunto afetam as propriedades ou o comportamento do conjunto como um todo. Por exemplo: cada órgão do corpo de um animal afeta seu desempenho global;

2) as propriedades e o comportamento de cada elemento e a maneira pela qual afetam o todo dependem das propriedades e do comportamento de pelo menos um outro elemento do conjunto. Portanto, nenhuma parte tem efeito independente sobre o todo. Por exemplo, o comportamento do coração e o efeito que ele tem sobre o corpo dependem do comportamento dos pulmões;

3) todos os possíveis subgrupos de elementos do conjunto possuem as duas primeiras propriedades: cada um tem um efeito não-independente sobre o todo. Portanto, o todo não pode ser decomposto em subconjuntos independentes. Um sistema não pode ser dividido em subsistemas independentes. Por exemplo, todos os subsistemas do corpo de um animal – como o nervoso, respiratório, digestivo e motor – interagem e, cada um deles, afeta o desempenho do todo".[6]

1.2 A Empresa como Sistema

Como é sabido, toda empresa tem sua própria "cultura organizacional", representada, entre outros, por fatores como:

a) filosofia operacional;

b) políticas de atuação no mercado;

c) imagem e tradição;

d) valores cultivados;

e) processos.

Esses e outros fatores organizacionais devem funcionar, na medida do possível, de forma integrada, ordenada e dinâmica. Dessa forma, a empresa também deve ser considerada um sistema elaborado pelo homem. O resultado final de uma empresa é traduzido na consecução de objetivos por meio da transformação de bens, de serviços e de valores.

Os sistemas organizacionais podem ser fechados ou abertos. Como sistemas fechados, temos, por exemplo, o monopólio de empresas, cujos produtos e/ou serviços estão protegidos por patentes ou outras vantagens. O sistema empresarial fechado opera, via de regra, com um intercâmbio limitado em relação ao ambiente.

Já os sistemas organizacionais abertos trocam matéria e energia com o ambiente de forma regular. As empresas com sistemas abertos exportam produtos e serviços para o ambiente, seja por experimentos oriundos da mente pesquisadora, seja por meio de uma estrada construída por uma empresa de engenharia.

A empresa é um sistema constituído de componentes ou subsistemas dinâmicos, que interagem entre si, por exemplo, como os subsistemas de marketing, de finanças, de administração de recursos humanos etc. Todos esses sistemas e subsistemas devem ser vistos como estratégicos, pois são constituídos de componentes que visam a alcançar objetivos determinados pela organização.

Questões para Reflexão

1) Como você vê a atuação da empresa norte-americana Monsanto no episódio da produção de sementes para soja transgênica, à luz dos sistemas organizacionais fechados ou abertos?

2) Em uma economia parcialmente estagnada, como a que vivemos no momento, quais seriam os subsistemas empresariais mais solicitados? (Justificar a resposta.)

1.2.1 Elementos de Estratégia Empresarial

O conceito de estratégia é originário do vocábulo grego *strategos*, cujo significado é **comandante do exército**. Essa noção é tão antiga quanto a guerra, mas a palavra ganhou força no século XVIII, quando era aplicada somente à condução de operações militares. A estratégia tem por finalidade central contribuir e aplicar meios de ação disponíveis, levando em conta as várias situações de combate, impedindo ou dificultando ao máximo as possíveis iniciativas do inimigo e, com isso, garantir a consecução das metas militares.

Ainda sob o enfoque militar, entre as qualidades exigidas para a ação estratégica, destacam-se:

- clareza e alcance de idéias;
- realismo combinado com imaginação;
- espírito de previsão e síntese;
- análise espaço-temporal correta.

Os princípios tradicionais da estratégia dependem de simples bom senso. Baseiam-se em três preceitos gerais, os quais, aliás, nada têm de particularmente bélicos, sendo aplicáveis a qualquer atividade humana:

1) A adaptação dos meios aos fins ou dos fins aos meios.
2) A liberdade de ação.
3) A economia das forças.

Só nas últimas décadas do século XX, o termo estratégia entrou no vocabulário do mundo das organizações não-militares.

Alfred O. Chandler Jr., um dos mais conhecidos e respeitados estudiosos de estratégia organizacional, afirma que a "(...) estratégia é a determinação de metas básicas a longo prazo e dos objetivos de uma empresa, e a adoção das linhas de ação e aplicação dos recursos necessários para alcançar essas metas".[7]

O conceito proposto por Chandler aplica-se mais a economias estáveis, nas quais os planos de ação empresarial a longo prazo funcionam sem atropelos e ausência de inconstâncias e surpresas quase diárias da atividade organizacional.

Já a concepção de Andrews, outro especialista norte-americano em estratégia, atende melhor às solicitações de um contexto socioeconômico imponderável e surpreendente, mas que igualmente necessita de ações estratégicas para que a empresa possa sobreviver e se desenvolver em seu ambiente. Assim, na visão de Andrews, "estratégia é o conjunto de objetivos, finalidades, metas, diretrizes fundamentais e planos para atingir esses objetivos, postulados de forma a definir em que atividades se encontra a empresa, que tipo de empresa ela é ou deseja ser".[8]

Embora o conceito de Andrews se confunda com o do próprio planejamento estratégico, sua abordagem busca encontrar respostas corretas a três questões estratégicas para qualquer tempo e em qualquer contexto socioeconômico:

1) Quais as atividades básicas exercidas pela empresa?
2) Que posição a empresa ocupa no mercado atualmente?
3) Para onde a empresa deseja ir?

No entanto, é preciso lembrar o fato de que as diferenças entre os conceitos de objetivos, de estratégias, de políticas, de planos, de programas, de decisões, enfim, estão longe de atender a um consenso geral e universal: algumas dessas concepções, por vezes, são intercambiáveis de um autor para outro. Pode-se dizer que a estratégia é, antes de mais nada, uma regra geral de tomada de decisões, constituindo-se, assim, em uma espécie de orientação.

1.3 Sistema Estratégico de Recursos Humanos – O Que é Isso?

O sistema estratégico de RH pode ser caracterizado como uma estrutura organizacional voltada para processos, obtendo o alinhamento e o desempenho necessários em um ambiente de competitividade global e mudança permanente, cujas características básicas são, em resumo:

- maior ênfase na gestão de pessoas;
- implementação de mudanças em larga escala;
- reorganização das linhas de poder;
- recomposição dos quadros funcionais da empresa.[9]

A função de RH só pode se manifestar plenamente no sistema estratégico aberto a partir de uma avaliação correta do ambiente em que a empresa se faz presente. Dessa forma, as decisões estratégicas do sistema de RH dependerão das relações entre a empresa e seu ambiente.

Ao escrever sobre estratégia de um modo geral, o professor Raimar Richers, da Escola de Administração de Empresas de São Paulo, da FGV, afirma que "(...) toda e qualquer estratégia deve ser derivada do ambiente, pois é aí que se travam as grandes 'batalhas' que decidem se a empresa crescerá, apenas sobreviverá ou terá que sucumbir".[10] E o sistema estratégico de recursos humanos (SERH) é parte atuante e decisiva nesse processo de estratégia e ambiente.

A Figura 1.2 procura mostrar, de forma simplificada, as relações estruturais presentes entre o SERH e seus ambientes interno e externo:

10 GESTÃO ESTRATÉGICA DE PESSOAS

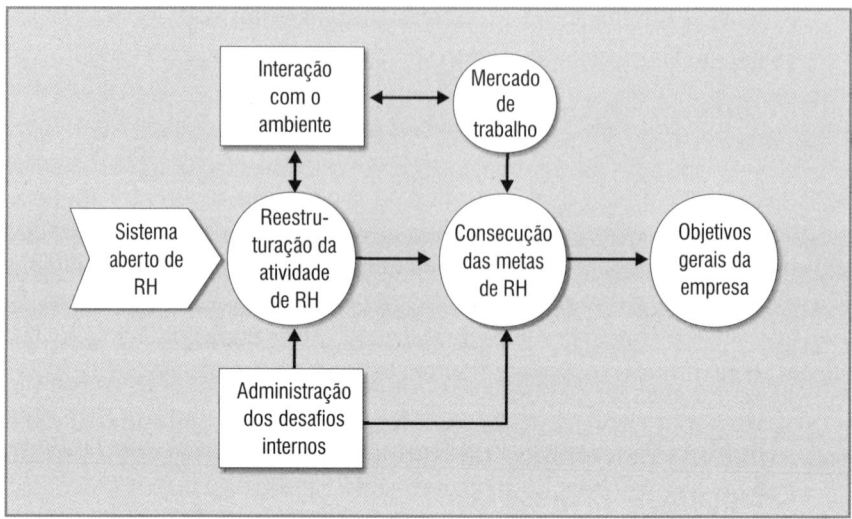

Figura 1.2 Fluxo do sistema estatégico de RH.[11]

Essa figura mostra que o SERH está em interação contínua com o ambiente, precisando se reciclar continuamente, reestruturando suas atividades. Essas atividades devem ser administradas por pessoal motivado e treinado para enfrentar e superar os desafios oriundos do ambiente. O mercado de trabalho, por sua vez, se relaciona e interage com o ambiente e a consecução das metas de RH, metas essas que se conectam com os objetivos gerais da empresa.

A Figura 1.3 apresenta, também de modo simplificado, um modelo de SERH.

Ao longo deste livro, serão abordados, em detalhes, os *inputs*, procedimentos e *outputs* do SERH. O enfoque estratégico e multidisciplinar da função do RH se justifica em função da enorme variedade de desafios e de problemas que a gestão de pessoas enfrenta a cada momento no contexto organizacional. Faz-se necessária, a seguir, uma abordagem resumida de cada um dos *inputs* internos do SERH, a saber:

1.3.1 Filosofia da Organização

A expressão *filosofia da organização*, aqui abordada, significa o conjunto de concepções, práticas ou teóricas, acerca das relações entre as pessoas, dentro e fora da empresa, e seu papel no contexto do ambiente em que essa empresa se

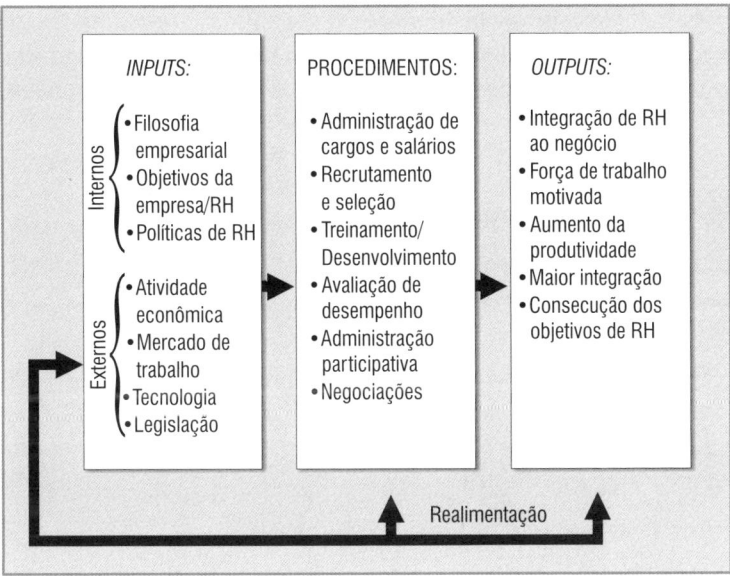

Figura 1.3 Modelo básico de SEH.[12]

manifesta. Pode-se dizer que a filosofia da organização é um sistema específico de diretrizes que explicam ou sintetizam o comportamento organizacional.

Desse modo, a filosofia empresarial é o princípio normativo do SERH, proporcionando-lhe o embasamento de sua dinâmica. É na filosofia da organização que se encontra o enunciado do comportamento da empresa no mercado.

É ainda a filosofia organizacional que define:

a) a linha de conduta da empresa, tanto no âmbito interno como no externo;

b) a criação, sustentação e divulgação de seus valores morais e éticos;

c) a responsabilidade social da empresa;

d) a sustentação de uma imagem positiva da organização em termos de qualidade e garantia da produção, distribuição e venda dos seus produtos.

É sabido que a finalidade principal de uma empresa está assentada nas relações *mercado* → *cliente* → *produto*. Dessa forma, pode-se dizer que a filosofia empresarial, sob a forma de missão, exerce a função orientadora e delimitadora da ação empresarial, e isso dentro de um período de tempo normalmente longo, em que ficam comprometidas as crenças, expectativas, conceitos e recursos.[13]

Teste sobre Filosofia Organizacional

Responda às questões propostas, assinalando "sim" ou "não". O teste é autocorrigível.

1. Você está devidamente informado sobre os dados básicos do histórico de sua empresa (fundadores, local de origem, inauguração etc.)?
   Sim ( ) Não ( )
2. Você conhece os princípios e valores de sua empresa?
   Sim ( ) Não ( )
3. Os funcionários da organização possuem um alto grau de responsabilidade pelo trabalho que executam?
   Sim ( ) Não ( )
4. Há, entre os colaboradores da empresa, espírito cooperativo?
   Sim ( ) Não ( )
5. A organização procura valorizar o funcionário e seu trabalho?
   Sim ( ) Não ( )
6. O princípio da qualidade de produtos/serviços é, de fato, uma realidade em sua empresa?
   Sim ( ) Não ( )
7. Você se sente verdadeiramente integrado à empresa?
   Sim ( ) Não ( )
8. Se for preciso, você "sua a camisa" por sua organização?
   Sim ( ) Não ( )
9. Sua empresa oferece amplas oportunidades – carreira e realização pessoal – para seus funcionários?
   Sim ( ) Não ( )
10. Você sente que sua empresa pratica, de fato, uma política de relações humanas entre seus funcionários?
    Sim ( ) Não ( )

1.3.2 Objetivos do SERH

As metas do sistema aberto e estratégico de recursos humanos podem ser classificadas da seguinte forma:

- **Objetivos societários** – O SERH tem por missão proporcionar à organização um sentimento individual e coletivo de responsabilidade face aos desafios e necessidades da sociedade, minimizando os eventuais impactos negativos porventura existentes na manifestação desses mesmos desafios e necessidades.
  Empregando de forma adequada parte de seus recursos na comunidade por meio de impostos, taxas e programas locais de assistência social, a empresa fortalece sua imagem externa, marcando presença na sociedade em que está presente no dia-a-dia de suas atividades.

- **Objetivos organizacionais** – É de responsabilidade da área do SERH tornar-se um efetivo instrumento de integração organizacional. Como é sabido, o SERH constitui-se um dos recursos da empresa para atingir seus fins. Na prática, o SERH é uma agência prestadora de serviços especializados para toda a organização.

- **Objetivos funcionais** – O SERH visa, também, manter em um nível adequado seus procedimentos em função das necessidades efetivas de mão-de-obra plenamente qualificada, motivada, consciente e responsável.

- **Objetivos individuais** – Por fim, vale lembrar que um dos propósitos centrais do SERH é prestar assistência aos funcionários na consecução de suas metas individuais, na medida em que a gestão participativa de pessoas tende a se expandir na organização.

1.3.3 Políticas do SERH

A área de RH sempre marcou presença mais como uma função voltada para as pessoas do que para os negócios. Tal postura tem trazido obstáculos à evolução do processo de RH em comparação com outras áreas de atuação da organização – produção, marketing, finanças, informática etc.

A nova filosofia do SERH deve estar centrada na análise da organização e não de indivíduos. Entre os pontos a serem levantados face a essa nova ênfase de RH, merecem citação:

a) ambiente organizacional, aí identificados os desafios internos (estudo racional das relações de trabalho), e os desafios externos (cultura ambiental, influência do mercado consumidor etc.);

b) objetivos da organização: revisão das prioridades e metas da empresa;

c) reestruturação de cargos e de salários, responsabilidades e níveis de direção;

d) níveis de motivação e liderança de equipes de trabalho.

Obviamente, o diagnóstico organizacional é o passo inicial para que o SERH seja interpretado de forma renovada, dinâmica e atualizada.

As políticas do SERH – gestão de cargos e salários, treinamento, avaliação de desempenho, planejamento de carreira etc. – estão subordinadas à filosofia empresarial (veja Seção 1.3.1) e devem ser dotadas da necessária flexibilidade operacional, adaptando-se aos objetivos organizacionais. Enquanto a filosofia empresarial é mais durável, as políticas do SERH são mais mutáveis e dependem, entre outros fatores:

a) das reações do mercado consumidor;

b) da influência dos poderes públicos;

c) da estabilidade política, econômica e social do país.

Esses e outros fatores determinantes relacionados com a estratégia da organização compõem um quadro de referência para o levantamento e a fixação de metas do SERH a curto, médio e longo prazos. É na definição e implantação das políticas do SERH que se objetiva, entre outros, os seguintes propósitos:

- Estabelecer programas, diretrizes e parâmetros que contribuam, efetivamente, para manter a força de trabalho da empresa integrada, qualificada e atualizada em relação aos desafios e às dificuldades do ambiente.

- Proporcionar contínua atualização dos subsistemas de cargos e salários, recrutamento e seleção de candidatos, treinamento e desenvolvimento de pessoal, avaliação de desempenho funcional.

Questões para Reflexão

1) Em que medida o SERH é envolvido pelas pressões sociais, políticas, econômicas do ambiente, principalmente no caso de quase estagnação do mercado consumidor?

2) Você considera a variável "filosofia empresarial" decisiva para a fixação dos objetivos do SERH? Por quê? (Justificar os argumentos por ordem de importância).

3) Em sua opinião, o que pode e deve ser feito para que muitas empresas integrem o SERH aos negócios da organização em pé de igualdade com os demais sistemas da empresa?

1.3.4 Atividade Econômica

Este é o primeiro *input* externo do SERH, como mostra a Figura 1.3. Como é sabido, a atividade econômica influencia e condiciona o dinamismo empresarial, com seus reflexos decisivos no mercado. Atualmente, a atividade econômica brasileira "patina", com crescimento inexpressivo do Produto Interno Bruto (PIB). Existe a esperança de ativar a produção de bens e serviços, fazendo com que haja mais consumidores, gerando mais riquezas. Somente dessa forma, o nível de renda da população deixará de diminuir, como vem acontecendo nos últimos anos.

Como se vê, a atividade econômica constitui-se em um *input* vital para a empresa como um todo e, como conseqüência, reflete-se no SERH da organização.

1.3.5 Mercado de Trabalho

Este é um dos *inputs* externos vitais para o SERH. É nele que se processa o intercâmbio entre as vagas oferecidas pela empresa e os candidatos disponíveis. Por ser dinâmico por natureza, o mercado de trabalho sofre as conseqüências das oscilações da atividade econômica do país. De importância vital para a atividade de recrutar e selecionar candidatos ao preenchimento de cargos disponibilizados pela empresa, o mercado de trabalho deve merecer atenção constante por parte do SERH.

1.3.6 Tecnologia

Este é outro *input* externo extremamente importante do SERH. A tecnologia

> ... abrange o estudo sistemático do trabalho humano em seus múltiplos aspectos: o estudo dos materiais sobre os quais ele incide, o dos utensílios, ferramentas, máquinas, instrumentos e da energia através dos quais se efetiva a transformação dos materiais submetidos ao trabalho.[14]

As grandes conquistas tecnológicas – eletroeletrônica apoiada na informática, por exemplo – que se manifestam em várias áreas da atividade econômica têm levado à combinação de processos, operações e sistemas.

Nesse universo de transformações constantes e irreversíveis, no qual "tudo o que é sólido desmancha no ar, é possível a utilização de elementos novos para a confecção de produtos em lugar de materiais que garantem a supercondutividade, por exemplo".[15] No campo da informática, os computadores invadem praticamente todos os domínios do conhecimento humano, destacando-se a nova geração de microneurocomputadores providos de neurônios com dimensões semelhantes às de um cartão de crédito, obra da microeletrônica.

O SERH sofre influência direta do desenvolvimento tecnológico em termos de revisão e implantação de novas políticas de qualificação profissional, treinamento e desenvolvimento, bem como de reestruturação de certos postos de trabalho e de salários.

Desse modo, pode-se dizer que a explosão tecnológica é uma das "entradas" mais significativas do ambiente em relação aos sistemas estratégicos de RH.

1.3.7 Legislação

A legislação trabalhista (Consolidação das Leis do Trabalho – CLT) constitui-se em um *input* externo extremamente importante do SERH, juntamente com a Consti-tuição do Brasil de 1988.

Exercício nº 1

Assunto: "Implantação de um SERH".

Em uma economia altamente competitiva, em que o consumidor final deve ser o centro das atenções, quais devem ser os procedimentos que uma empresa que pratica uma filosofia de ação com base na centralização de suas decisões pode adotar na implantação de um SERH?

ESTUDO DE CASO 1.1

O CRIADOR DE SISTEMAS EDUCACIONAIS

O professor João Carlos Di Genio é um exemplo típico do criador de sistemas educacionais. Di Genio está preparando o lançamento de seu quarto sistema, que chama "onda". A primeira "onda" deu-se nos anos 1960, reinventando os cursos pré-vestibulares. Logo depois, inaugurou a rede de colégios "Objetivo", o segundo sistema educativo. Seguiu-se a terceira "onda", quando surgiu a expansão da Universidade Paulista (Unip), hoje a maior do Brasil em números de alunos, unidades de ensino e *campi*. A quarta "onda" de Di Genio vem aí. Consiste no uso intensivo da *televisão digital nas salas de aula (e nas salas de milhões de lares brasileiros)*.

Enquanto os menos audaciosos, ou não tão informados, seguem associando a televisão digitalizada a notáveis melhoras na imagem e no som (que são reais), Di Genio enxergou muito mais longe e viu o que seus concorrentes mal pressentem. Com um toque no controle remoto, o espectador que assiste a um programa da televisão aberta sobre doenças do fígado poderá mudar para um canal de Di Genio e acompanhar, com outro toque em algum botão, uma aula completa sobre o tema.

Com a digitalização, a mesma faixa de freqüência por onde hoje se transmite um sinal de TV (de 6 MHz) permite quintuplicar o volume de informações. No dialeto usado pelos técnicos, a TV digital garante o tráfego de 19 megabits por segundo, enquanto um canal convencional se limita a 4 megabits por segundo. Conexões telefônicas levam a navegar pela internet a uma velocidade bastante inferior: 56 quilobits por segundo. Como a TV digital permite a transmissão de dados, será possível enviar, simultaneamente, textos e ilustrações complementares à palestra.

Di Genio ainda aguarda, para inaugurar formalmente o seu novo sistema educacional, que seja decidido o padrão de TV digital adotado pelo País. O governo federal deverá optar por um dos três sistemas existentes – o americano, o japonês e o europeu – ou induzir o parto de uma versão nacional. Enquanto esperam essa definição, os especialistas reunidos por Di Genio avançam. O conteúdo resumido das aulas nas apostilas dos colégios e faculdades do grupo estão sendo digitalizados pelo Centro de Pesquisa e Tecnologia (CPT).

Neste ano de 2003, o grupo Di Genio deverá faturar cerca de R$ 1 bilhão. O nascimento e ascensão da Unip que, em 30/6/2001 contava com 81.459 alunos, enquanto a USP figurava com 35.493 alunos, não é produto de favores oficiais. Devem-se, isto sim, a falhas federais – e Di Genio sabe ver, com muita agilidade, brechas do gênero.

Fonte: Revista *Forbes Brasil*, n. 73, edição de 10/10/2003, p. 26-31.

Perguntas

1) Como os procedimentos do sistema estratégico de recursos humanos podem colaborar na quarta "onda" criada por Di Genio?

2) Que outros métodos poderiam contribuir para que o grupo Di Genio desenvolvesse um sistema estratégico de TV digital no ensino?

3) Em sua opinião, quais são as competências reveladas por Di Genio para ampliar seus negócios?

1.4 Breve Introdução às Mudanças na Função de RH

Em geral, a responsabilidade pela gestão de pessoas na empresa cabe à área de RH. Segundo estudos cuidadosos que vêm sendo feitos por vários especialistas de RH, é justamente nesse campo que estão ocorrendo as mais profundas transformações estruturais face à rapidez e à imprevisibilidade das mudanças no ambiente em que as organizações atuam. Por causa desses e de outros fatores, a organização orientada para processos é a prioridade neste início de século. Do ponto de vista organizacional, processo é o conjunto de atos por que se realiza uma operação qualquer na empresa, o que o caracteriza, pelo menos quanto ao ordenamento lógico dos fatos, como um sistema.

E qual é o grande desafio imposto ao sistema estratégico de RH neste novo século? É preciso levar em conta que os princípios tradicionais de organização: hierarquia fixa, divisão do trabalho, amplitude de controle, unidade de comando, especialização funcional, comunicações formais preestabelecidas etc. estão superados diante das novas necessidades surgidas de um contexto em que a maneira de gerir os recursos em geral, e as pessoas em particular, alterou-se de forma profunda e incompreensível para muitos. Sem medo de errar, podemos dizer que o grande desafio do SERH é **treinar e desenvolver os funcionários de todos os níveis da organização baseada em processos.**

O Quadro 1.2 mostra as características das novas organizações e seus respectivos desafios à luz do SERH:

No lado esquerdo do Quadro 1.2, Gonçalves descreve as características (paradigmas) e os respectivos desafios (linhas de ação) no novo modelo de gestão estratégica de RH. O leitor notará que os dois principais paradigmas da função RH são: a) ênfase na gestão das pessoas e b) implementação de mudanças em larga escala. Para cada uma dessas características apresenta uma série de linhas de ação (desafios) sistêmica do RH.

Quadro 1.2 Os desafios da gestão das novas organizações para o RH, segundo o Prof. José Ernesto Lima Gonçalves.[16]

Características	Desafios
Ênfase na administração das pessoas	• redefinir o contrato social entre a empresa e os funcionários; • moldar novo sistema de valores que motive e oriente; • melhorar a qualificação dos gerentes para desafios; • desenvolver mecanismos de gestão mais modernos; • desenvolver novos padrões no gerenciamento de carreiras.
Implementação de mudanças em larga escala	• mudança como projeto de recursos humanos; • preparar a massa trabalhadora para a nova empresa; • monitorar o clima organizacional; • desenvolver visão de médio e longo prazos; • definir o papel de RH na administração da mudança.
Reorganização das linhas de poder	• propor novas estruturas organizacionais; • garantir apoio aos grupos de mudança.
Recomposição dos quadros	• prover orientação a chefes e supervisores; • desenvolver novos padrões de seleção de pessoal; • garantir apoio na seleção de pessoal.

A maioria de nossas empresas não está, ainda, devidamente preparada para enfrentar e superar os desafios propostos por Gonçalves. Um dos novos paradigmas da função de RH é substituir os antigos modelos de tarefas por profissionais voltados aos processos. As empresas precisam, com certa urgência, adotar sistemas de planejamento e de ações operacionais que encorajem e motivem recursos humanos da organização, tendo em vista o aprendizado permanente visando a uma melhor integração da função de RH aos negócios da empresa.

1.4.1 A Educação como Agente Transformador das Pessoas

O prof. José Ernesto Lima Gonçalves, do Departamento de Administração Geral e Recursos Humanos da EAESP/FGV, já afirmava em 1997:

Transformar a força de trabalho passou a ser o maior desafio estratégico enfrentado pelas empresas que esperam ter sucesso no próximo século. E, como a transformação das pessoas dá-se por meio da educação, o desafio é principalmente de educação e reeducação de todos os níveis e grupos dentro das empresas.[17]

Como escreve o prof. Antonio Delfim Netto, "os investimentos em educação se irradiam: 1) Melhoram a saúde e a eficiência da mão-de-obra. 2) Melhoram a relação produto/capital. 3) Aceleram o desenvolvimento tecnológico".[18] Hoje, mais do que ontem, a educação é o passaporte para o pleno exercício da cidadania. O que está sendo exigido das empresas em geral é a capacitação pelo aprendizado contínuo, incorporando a experiência e novos métodos e técnicas de trabalho às pessoas e ao *know-how* permanente da organização.

A reciclagem dos conhecimentos e das práticas profissionais de cada um de nós é uma necessidade tão flagrante que alguns estudiosos de RH cunharam a expressão: "talvez precisemos de uma escola de 'desaprendizado'".[19] É inadiável suprir a empresa com novos métodos e técnicas para lidar com seus recursos humanos de forma estratégica. Não basta conhecermos teoricamente as soluções: é indispensável pô-las em prática com perseverança e determinação.

1.4.2 Por Que a Empresa deve Investir em Educação Permanente?

> *Uma coisa é certa. O primado da inteligência veio para ficar. E isso é muito bom. Mas também é desafiador. Para as nações pobres só resta educar seus povos de maneira acelerada.*
>
> Antonio Ermírio de Moraes, presidente do Grupo Votorantim

As empresas brasileiras, de um modo geral, estão conscientes, neste início de século, da importância da educação contínua no seu cotidiano e no aumento da qualidade e produtividade de seus produtos e serviços, bem como dos prejuízos e dificuldades para seus empreendimentos por causa da baixa escolaridade de seus funcionários. Assim, por exemplo, a Confederação Nacional da Indústria (CNI) promove um programa de alfabetização e de elevação do nível de escolaridade dos operários dentro das fábricas.

Há empresas – como a indústria de amortecedores Cofap, em São Bernardo do Campo (SP) – que compraram uma escola para garantir instrução de Ensino Fundamental e Médio aos funcionários. De sua parte, a Colgate-Palmolive construiu salas de aula nas unidades de produção em Osasco e Jaguaré

(SP) e passou a formar seu pessoal. Sua concorrente, a Gessy Lever, também construiu e mantém salas de aula em suas principais unidades industriais. Em Uberlândia (MG), a Souza Cruz investe no Ensino Fundamental e Médio para seus funcionários. É conhecido o trabalho gigantesco da Fundação Bradesco para formar alunos do Ensino Fundamental e Médio da comunidade em geral. Esses são apenas alguns exemplos de organizações que patrocinam programas de instrução de nível médio para seus colaboradores e para a comunidade em geral.

Apesar dos reconhecidos esforços que têm sido feitos por vários segmentos empresariais na melhoria da escolaridade e da qualificação profissional de nossos trabalhadores, o quadro de investimentos nessas áreas vitais para o ingresso na modernidade ainda deixa muito a desejar, como mostra a Figura 1.4,

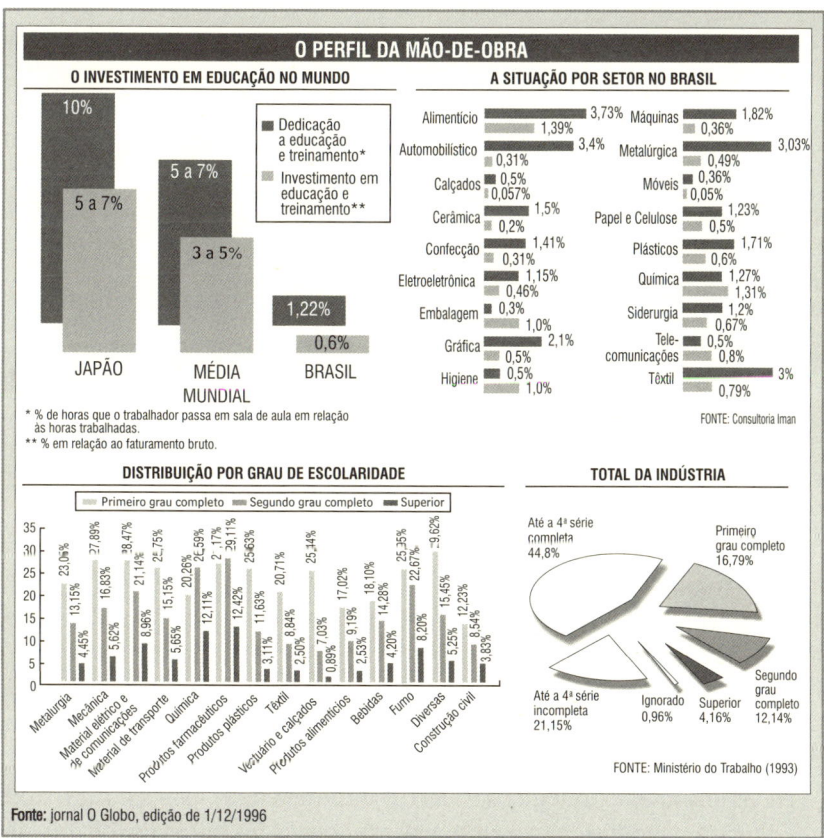

Figura 1.4 Investimentos em educação e treinamento dos trabalhadores do Brasil em comparação a outros países.

que compara os índices de investimentos em educação, a média mundial e com o Japão. Embora descreva a situação em 1993, passados mais de dez anos, o quadro continua praticamente o mesmo nestes primeiros anos do século XXI!

Como se vê, a média mundial de investimento em educação era, aproximadamente, quatro vezes maior do que o investimento feito pelo Brasil no mesmo período. Para reverter esse quadro extremamente negativo para o país, faz-se urgente e necessário investir no Ensino Fundamental e Médio, melhorando os índices de escolaridade da mão-de-obra no Brasil, imprescindível para o sucesso dos vários tipos de sistemas estratégicos, incluindo o SERH.

A transformação, pela educação, dos recursos humanos que atuam em um sistema estratégico organizacional qualquer não é feita da noite para o dia. Quase um século de tradições ultrapassadas leva a um processo paciente, mas firme, rumo à modernidade empresarial de novos tempos, muitas vezes se chocando com nossa cultura contemporânea. Gonçalves lista uma agenda de transformação das pessoas da seguinte forma:

- Como desenvolver e gerenciar o pessoal para os novos papéis que irão assumir?
- Como utilizar novos modelos de avaliação de desempenho, remuneração e educação do pessoal?
- Como criar uma organização em que cada pessoa esteja voltada à criação de valor para os clientes?
- Como saber empregar técnicas para reformular a cultura, adequando-a ao novo mundo dos negócios?.[20]

1.5 A Necessidade de Mudanças na Empresa

A concepção de organização como um sistema aberto leva a descrever de forma diferente o comportamento organizacional.

Chris Argyris

Como descrevendo ao longo deste capítulo, o enfoque sistêmico estratégico tem sua importância face aos seguintes motivos:

1) Os sistemas estratégicos de RH, conforme vimos na Seção 1.3, trocam *inputs* e *outputs* com o ambiente em que atuam (mercado de trabalho); por causa dessa interação, a área de RH da empresa é identificada à luz de sua estratégia para atuar no ambiente maior.

2) Em função da estratégia organizacional adotada, o sistema aberto de RH age na consecução dos objetivos a si propostos.

3) Sendo o SERH um processo em permanente interação com o ambiente, torna-se importante conhecer o relacionamento existente entre os vários subsistemas desse mesmo sistema estratégico de RH.

1.5.1 Introdução às Mudanças Organizacionais

Pode-se afirmar, com toda segurança, ser a mudança a coisa mais certa no instável mundo das relações organizacionais. Principalmente em um início de século em que estão presentes transformações rápidas, irreversíveis e surpreendentes, envolvendo praticamente todos os campos do conhecimento humano. Você percebe, à sua volta, a relatividade dos valores, crenças e costumes em todos os segmentos da sociedade.

Nesse sentido, as transformações de mentalidade e de comportamento passam a ser paradigmas obrigatórios para que as pessoas e instituições procurem se adaptar às profundas alterações por que passa a sociedade em geral.

Na contramão da realidade organizacional de hoje, há ainda um número expressivo de instituições públicas e privadas, grupos e pessoas que resistem o quanto podem às inovações constantes, permanecendo presos a padrões de comportamento profissional ultrapassados. Ao mesmo tempo, não podemos esquecer o fato de que o progresso tecnológico, científico e organizacional é uma aspiração legítima de todos os povos.

O prof. Paulo Cavalcanti da Costa Moura, psicólogo e consultor em desenvolvimento organizacional, publicou em 1995 um excelente livro, *O benefício das crises*. Nele há uma ilustração extremamente feliz e atual, apesar de ter sido elaborada há aproximadamente dez anos. Reproduzimos adiante a mencionada ilustração para que os leitores tenham uma idéia da conexão "meio ambiente *versus* mudança nas organizações e eficácia desafiada":

No excelente esquema proposto pela Figura 1.5, as mudanças de grande impacto social influenciam e recebem influência do ambiente, com repercussões inevitáveis junto aos recursos humanos da empresa, os quais fluem nas mudanças das próprias organizações com todo o seu repertório de desafios e problemas.

A surpreendente atualidade da ilustração a seguir está no fato de que tanto as mudanças de grande impacto social como as mudanças nos valores e processos de trabalho conduzem, primeiramente, ao "sistema aberto" = "estratégico". Este, por sua vez, propõe soluções adequadas, refletidas principalmente nas

24 GESTÃO ESTRATÉGICA DE PESSOAS

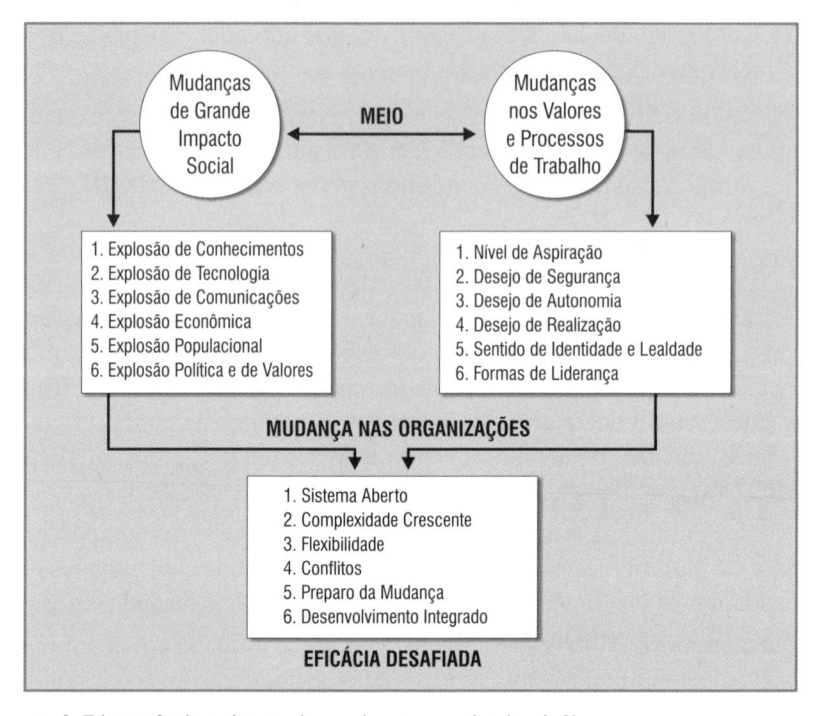

```
        Mudanças                          Mudanças
        de Grande        MEIO            nos Valores
         Impacto      ◄─────────►       e Processos
          Social                         de Trabalho

   1. Explosão de Conhecimentos      1. Nível de Aspiração
   2. Explosão de Tecnologia         2. Desejo de Segurança
   3. Explosão de Comunicações       3. Desejo de Autonomia
   4. Explosão Econômica             4. Desejo de Realização
   5. Explosão Populacional          5. Sentido de Identidade e Lealdade
   6. Explosão Política e de Valores 6. Formas de Liderança

              MUDANÇA NAS ORGANIZAÇÕES

              1. Sistema Aberto
              2. Complexidade Crescente
              3. Flexibilidade
              4. Conflitos
              5. Preparo da Mudança
              6. Desenvolvimento Integrado

                  EFICÁCIA DESAFIADA
```

Figura 1.5 Importância e alcance das mudanças organizacionais.[21]

ações de enfrentar e assimilar a complexidade crescente das empresas e a necessidade de maior flexibilização, administrar conflitos, preparar a mudança e, por fim, adotar o desenvolvimento integrado. Esses são instrumentos plenamente válidos atualmente, principalmente em relação aos sistemas abertos de RH.

1.5.2 Conceito de Mudança Organizacional Planejada

Por sua natureza e características, a mudança organizacional planejada é tida como um **processo** – por se tratar de um conjunto de intervenções planejadas. É sua finalidade central educar e capacitar os membros das organizações com vistas a promover as mudanças julgadas necessárias à consecução dos objetivos da empresa, atendendo às demandas ambientais e atuando na configuração dessas demandas.

Seguem alguns pressupostos básicos que devem estar presentes no processo de mudança organizacional planejada, a saber:

a) trata-se de uma estratégia educacional, cujo objetivo é "mudar crenças, atitudes, valores e estruturas organizacionais, no sentido de atingir os objetivos da organização e melhor adaptá-la ao meio ambiente mutante";[22]

b) "trata-se de um processo *administrado do topo*, envolvendo toda a organização";[23]

c) "realiza-se por meio da participação de um *agente de mudanças*";[24]

d) "é feita por intervenções planejadas nos *procedimentos* da organização";[25]

e) "usa os conhecimentos das *ciências do comportamento*".[26]

1.5.3 Por Que é Tão Difícil Mudar?

Geralmente, a organização e todos os seus sistemas resistem às mudanças estruturais que possam mexer com o *status quo* de cada área da empresa, alterando posições hierárquicas, acabando com eventuais privilégios e eliminando métodos e técnicas de trabalho superados.

Entre os fatores que mais contribuem para que os sistemas organizacionais em geral manifestem resistência às mudanças, merecem citação:

- os sistemas empresariais são "sobredeterminados"; há múltiplos mecanismos para assegurar a estabilidade. Por exemplo, no sistema tradicional de RH, a seleção de pessoal, o treinamento e a área destinam-se a conduzir à estabilidade;

- os sistemas cometem o erro de presumir um determinismo local, ou de acreditar que a mudança em um único foco não causará impactos na amplitude desses sistemas;

- existe inércia individual e grupal. A força do hábito é muito difícil de superar;

- a mudança sistêmica pode ameaçar certos grupos ocupacionais. Algumas tarefas podem não mais serem necessárias quando as mudanças são implantadas;

- a mudança nos sistemas organizacionais pode ameaçar aqueles que se beneficiam da alocação periódica de recompensas e recursos.

Na origem de toda mudança estrutural ou individual, está presente o mecanismo básico que leva o objeto dessa mudança de uma situação para outra, ou seja, perda de equilíbrio face a uma nova realidade.

1.5.4 O Início da Mudança

A mudança, tanto individual como organizacional, só começa de fato quando a força de trabalho da empresa sente a necessidade de mudar. De nada adianta um programa de desenvolvimento estrutural da empresa se, ao mesmo tempo, não há uma consciência organizacional e individual voltada para aceitar e promover as alterações necessárias.

Como já vimos, é sabido que indivíduos e organizações adquirem padrões de desempenho sedimentados e aceitos ao longo do tempo, estabilizando comportamentos conformados. Ao mesmo tempo, certas circunstâncias contribuem para que as mudanças sistêmicas e individuais aconteçam, como, por exemplo:

a) nos indivíduos, são condições orgânicas e de personalidade, principalmente ao nível do ego e do superego, que se estabilizaram em nossa forma usual de proceder;

b) nas organizações, são condições relativas à estrutura formal e aos sistemas de trabalho, cristalizados em certos valores e padrões, com os quais a própria organização se identifica ou deles depende.[27]

1.5.5 Administrando as Mudanças de Forma Eficaz

A Figura 1.6 apresenta os fundamentos essenciais ao processo de mudança individual e organizacional.

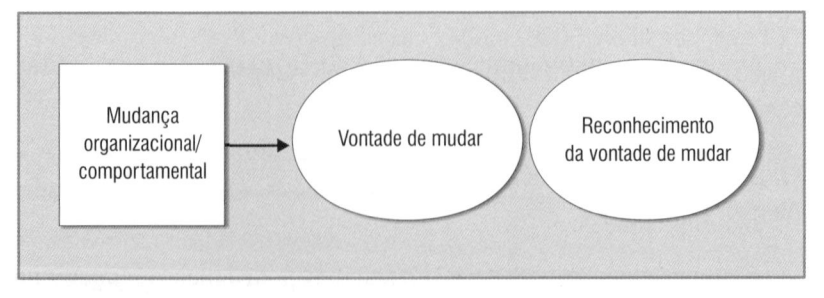

Figura 1.6 Fundamentos do processo de mudança.

Toda sistemática administrativa que objetive acelerar mudanças estruturais e individuais na organização deve incorporar certas características essenciais, a saber:

a) elevada complexidade da formação profissional dos membros da organização;

b) elevada descentralização do poder;

c) baixa formalização;

d) baixa estratificação na distribuição diferencial de recompensas (quando a estratificação elevada está presente, aqueles que obtêm altas recompensas tendem a resistir às mudanças);

e) baixa ênfase na eficácia (fazer as coisas certas) no que se refere ao custo da produção ou de serviços;

f) baixa ênfase na quantidade (em oposição à qualidade) de produção;

g) nível elevado de satisfação no trabalho por parte dos membros da organização.[28]

A implantação na empresa do sistema aberto está intimamente relacionada com a eficácia das mudanças organizacionais, pois no sistema fechado essas transformações não ocorrem com a mesma aceitação e rapidez exigidas pelo ambiente.

Questões para Reflexão

1) Por que, em sua opinião, muitas empresas consideram a educação um fator de despesa, e não um investimento com retorno garantido ao longo do tempo?

2) O que a organização pode e deve fazer para mudar a situação apresentada na questão anterior?

3) Quais as principais razões pelas quais não se pode levar a efeito as mudanças organizacionais em sistemas administrativos "fechados"?

ESTUDO DE CASO 2

O LABORATÓRIO LILLY SE REINVENTA E TENTA VOLTAR A CRESCER

A motivação é um dos maiores desafios em uma empresa que, de 1997 para cá, perdeu o *status* de sexta colocada no *ranking* das subsidiárias do grupo americano Lilly no mundo, caindo para o 15º lugar neste ano. No mercado farmacêutico brasileiro, sua posição foi do 11º para o 30º posto. "Até 2006, temos de voltar a ser uma das 15 mais do mercado e uma das 10 maiores do mundo Lilly", afirma Philippe Prufer, presidente da subsidiária brasileira.

Para tentar chegar lá, Prufer vem conduzindo a empresa em uma árdua travessia – no caminho, já tomou decisões de corte de quase 400 funcionários, transferiu 16 marcas de produtos para outros laboratórios e vendeu uma fábrica. O enxugamento fez com que as receitas, já declinantes quando Prufer assumiu a presidência, encolhessem ainda mais. Após crescer nos primeiros anos do real, atingiu um pico de 244 milhões de dólares em 1998, o faturamento bruto da Lilly começou a regredir até fechar em 133 milhões de dólares no ano passado (2002).

Para o Lilly, além dos preços e do câmbio, surgiu um outro percalço: a concorrência dos genéricos, que reduziu as vendas do antibiótico Keflex em quase 80% entre 1997 e 2002. Mundialmente, o vencimento da patente do antidepressivo Prozac em 2000 foi um baque para o grupo. Suas vendas caíram de 2,5 bilhões de dólares para 734 milhões no ano 2002. Um dos desafios é recuperar a rentabilidade no Brasil, hoje muito inferior à média do grupo no mundo.

Entre os principais pontos da reestruturação sistêmica do Lilly no País, se destacam:

- **Exclusividade** – Com a concorrência dos genéricos, o Lilly definiu que só manterá remédios novos, como o *Cialis*, protegidos por patentes. Foram descartados produtos como o analgésico *Trandor* e a linha de antibióticos hospitalares.

- **Reduzir a estrutura** – Sem os antibióticos na linha de produção, a fábrica do Lilly em Cosmópolis, no interior paulista, foi vendida. Há cinco anos, o quadro era composto de 1.108 funcionários. Hoje são 650. Um dos níveis de diretoria foi eliminado, aproximando o presidente das áreas de negócios.

- **Desmantelar silos** – A divisão médica, que trabalhava isolada, foi colocada junto com as áreas de negócios. Foram criados comitês interdepartamentais para assuntos de pessoal, comercialização e preços, integração de médicos e marketing, comunicação e planejamento da produção.

> ■ **Melhorar a comunicação** – Diversos canais foram abertos para que a presidência e a diretoria tivessem mais contato com os funcionários. Entre eles, café da manhã na sede da empresa, almoços com os propagandistas e reuniões gerais periódicas.
>
> ■ **Foco no cliente** – Os diretores passaram a dedicar pelo menos um dia por mês para acompanhar o trabalho de algum propagandista. Também devem passar um dia no serviço de atendimento ao cliente, ouvindo reclamações e sugestões.
>
> **Fonte:** Revista *Exame*, edição de 29/10/2003, p. 63-65.

Perguntas

1) Você considera suficientes os principais pontos da reestruturação do Lilly para concluir a "travessia" rumo à recuperação da empresa? Por quê?

2) O sistema de marketing do Lilly está fazendo o suficiente em matéria de *outputs* para conquistar maior parcela do mercado?

3) Como o Lilly poderia agir para melhorar ainda mais o seu foco na clientela?

4) O Lilly poderia melhorar sua estratégia em relação à concorrência dos genéricos? Como?

1.5.6 Novas Tecnologias e Trabalho em Equipe no RH

O Quadro 1.3, também elaborado por Gonçalves, descreve os requisitos (paradigmas) e os desafios (linhas de ação da função RH):

Como se vê, o autor procura descrever os desafios presentes nos novos procedimentos do sistema aberto de RH, como, por exemplo: treinamento à distância, novas políticas de remuneração, expansão das comunicações, definição e classificação de novas funções, estímulo à criatividade, desenvolvimento do trabalho em equipe, revisão da avaliação de desempenho, reelaboração de técnicas e métodos de descrição de cargos.

Está claro que a transformação de uma força de trabalho acostumada a padrões de desempenho hoje obsoletos não muda seus procedimentos de uma hora para outra. É preciso, por vezes, um longo e paciente trabalho de treinamento e desenvolvimento de novos hábitos com vistas a operar novos métodos

Quadro 1.3 Desafios das novas formas de trabalho para o RH, segundo Lima Gonçalves.[29]

Pressupostos	Contrapressupostos
• A resistência à mudança é um "fato da vida" e deve acontecer durante qualquer intervenção organizacional.	• A resistência é escassa/somente acontecerá em circunstâncias excepcionais. • Ao tentar preveni-la, os agentes de mudança acabam contribuindo para sua ocorrência ou agravamento. • A resistência é um comportamento alardeado pelos detentores de poder e pelos agentes de mudança quando são desafiados em seus privilégios ou ações.
• A resistência à mudança é maléfica aos esforços de mudança organizacional.	• A resistência é um fenômeno saudável e contributivo. • A resistência é usada como uma desculpa para processos de mudança fracassados ou inadequadamente desenhados.
• Os seres humanos são naturalmente resistentes à mudança.	• Os seres humanos resistem à perda, mas desejam a mudança: tal necessidade tipicamente se sobrepõe ao medo do desconhecido.
• Os funcionários são os atores organizacionais com maior probabilidade de resistir à mudança.	• A resistência – quando ocorre – pode acontecer entre os gestores, agentes de mudança E funcionários (derivado da proposição original de Lewin).
• A resistência à mudança é um fenômeno grupal/coletivo.	• A resistência é tanto individual quanto coletiva – a resistência vai variar de uma pessoa para outra, em função de muitos fatores situacionais e de percepção.

e técnicas de atuação profissional voltada para processos. Essa agenda de transformação inclui respostas claras, atuais e objetivas a questões:

- Como desenvolver e gerenciar o pessoal para os novos papéis que deverão assumir?
- Como utilizar novos modelos de avaliação de desempenho, remuneração e educação do pessoal?
- Como criar uma organização em que cada pessoa esteja voltada à criação de valor para os clientes?
- Como saber empregar técnicas para reformular a cultura, adequando-a ao novo mundo dos negócios?[30]

1.5.7 Ainda sobre Resistência às Mudanças Organizacionais

Inúmeros pesquisadores têm se debruçado sobre as verdadeiras causas que levam os funcionários a resistirem às transformações por que passam suas empresas. A denominada "resistência à mudança", que marca presença na maioria dos textos tradicionais sobre administração de RH, vem sendo questionada quanto aos seus fundamentos tradicionais. Hoje já se aceita que a "resistência à mudança" deve ser analisada sob um enfoque psicossocial bem diverso do tratamento dado ao problema pelas "receitas" arcaicas.

Nesse novo contexto conceitual, José Mauro da Costa Hernandez e Miguel P. Caldas, ambos da FGV/EAESP, formularam um modelo de apreciação crítica aos procedimentos tradicionais de solução à resistência às mudanças organizacionais. É um modelo bem-estruturado, comparativo e abrangente. O Quadro 1.4 resume os pressupostos tradicionais acerca da "resistência à mudança", comparando com os novos conceitos chamados pelos autores de "contrapressupostos":

Para os autores do Quadro 1.4,

> (...) se a resistência é ainda vista como uma grande barreira à mudança, isso ocorre justamente porque o modelo predominante é inadequado para captar a sua complexidade e, conseqüentemente, incapaz de ajudar o desenvolvimento de estratégias coerentes para prevenir ou lidar com a resistência.[32]

Procurando contribuir para a elaboração de um modelo moderno e abrangente de resistência à mudança, Hernandez e Caldas criaram um modelo de resistência individual à mudança, em que a percepção entra como uma variável que pode gerar emoções positivas ou negativas. A Figura 1.7 reproduz esse modelo.

O modelo da Figura 1.7 é constituído de vários estágios. O primeiro desses estágios é: "Exposição à mudança ou inovação", caracterizado pelo contato do funcionário com a intenção da mudança. O leitor percebe que o modelo é bem-distribuído e auto-explicativo. O objetivo dos autores do novo modelo é fazer com que o processo identifique as razões pelas quais as pessoas resistem, possibilitando aos agentes de mudança desenvolver procedimentos mais adequados a cada situação específica de "resistência à mudança".

Quadro 1.4 Pressupostos clássicos sobre resistência à mudança e possíveis contrapressupostos.[31]

Tipo de Atributo	Significado
A mudança *redentora*	Perdoa as falhas ou as fraquezas do passado; dá aos indivíduos a oportunidade de reconstruírem sua imagem e sua auto-estima profissional, de reconstituírem o valor perdido, sobretudo quando percebem que a organização ou sua categoria profissional vinha sendo alvo de continuadas críticas da opinião pública.
A mudança perversa ou impiedosa	Faz sofrer; ameaça; afasta os colegas queridos; na hora das demissões em grande escala, trata os indivíduos como objetos descartáveis.
A mudança renovadora	Faz com que o indivíduo descubra potencialidades antes não exploradas e, em alguns casos, ajuda até mesmo a recuperar parte da juventude perdida ou uma expectativa de carreira que se pensava não mais existir.
A mudança progressista	Faz com que a organização avance e, com ela, também os indivíduos, sobretudo porque se percebem os resultados positivos (ainda que modestos) que ocorrem como conseqüências das mudanças.
A mudança desafiadora	Mobiliza; estimula a busca pela autotransformação; traz os desafios do contexto para a realidade do dia-a-dia; instiga e mexe com os brios profissionais e com a imagem da própria organização diante do mundo.
A mudança desestabilizadora	Gera insegurança e desconforto; chega para *revolucionar* tudo, gerando o sentimento de que "nada, jamais, será como antes".
A mudança *volúvel*	Faz acreditar que hoje tudo parece estar melhor, mas deixa sempre no ar a expectativa de que amanhã tudo pode ser diferente, de que outras ameaças virão.
A mudança implacável	Não permite reações; não deixa outra escolha senão *mudar* ou *mudar*.
A mudança frustrante	Não cumpre tudo o que promete de bom; faz com que os indivíduos abram mão de sua segurança e empenhem o melhor de seus esforços em troca de um retorno moral, financeiro ou profissional pouco compensador.
A mudança irreverente	Parece *brincar* com os indivíduos; parece lhes dizer o tempo todo: "não adianta reclamar, pois continuarei aqui".
A mudança dissimulada	Manipula; esconde-se por trás de um discurso de melhoria, para conseguir o que quer das pessoas.
A mudança justiceira	Compensa as injustiças sofridas no passado; dá a oportunidade de os indivíduos poderem virar um jogo que lhes era desfavorável; por vezes, permite dizer: "tinham me feito sofrer, mas eu sobrevivi e eles talvez não".
A mudança reveladora	Traz consigo uma nova ordem, uma nova visão de mundo.
A mudança cruelmente franca	Faz ver aquilo que não se quer ver.

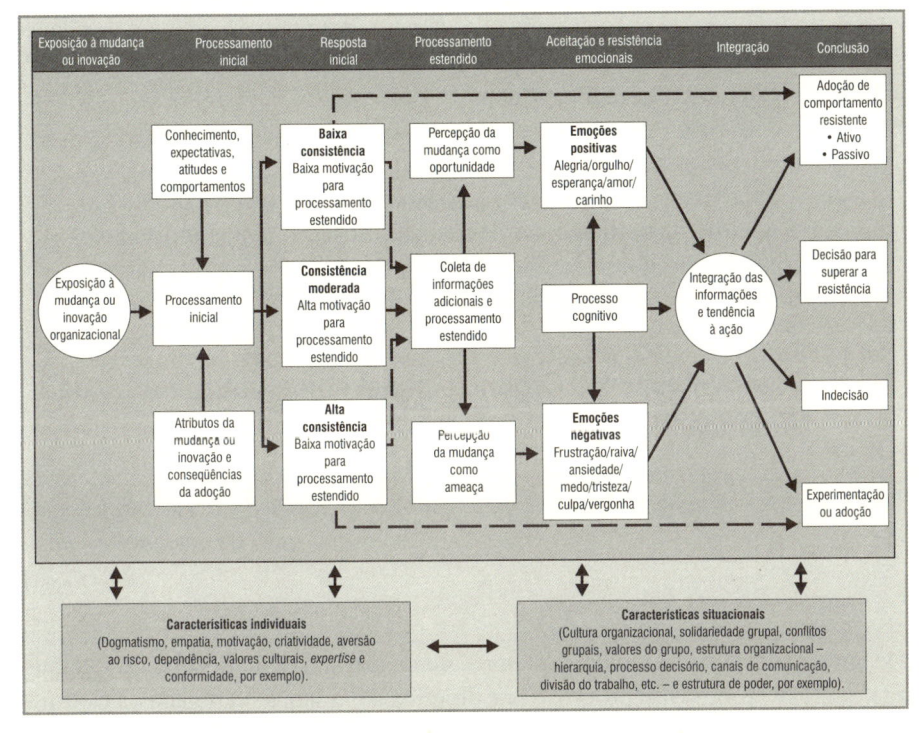

Figura 1.7 Modelo de resistência individual à mudança.[33]

José Roberto Gomes da Silva, do IAG/PUC-RJ, e Sylvia Constant Vergara, da FGV-EBAPE, coordenaram uma pesquisa no Rio de Janeiro, entre 2000 e 2001, junto a cinco organizações cariocas que, à época, vinham passando por grandes transformações estruturais e individuais. A coleta de dados se deu por meio de entrevistas individuais, realizadas com 15 funcionários da base e do nível gerencial intermediário de cada uma das organizações, totalizando 75 entrevistas.[34]

A pesquisa de Silva e Vergara foi suscitada pelas seguintes questões:

a) Que significados a mudança intencional nas organizações assume para os indivíduos?

b) Que sentimentos são despertados pela mudança?

c) Que aspectos impactam a possibilidade de que esses indivíduos se constituam como sujeitos e atores conscientes?[35]

Na conclusão da pesquisa, Silva e Vergara argumentam que, em vez de se sentirem pressionados negativamente quanto à resistência à mudança, os 75 entrevistados concordam entre si que é

> por meio da possibilidade de se situar no contexto organizacional e de compartilhar com os **outros** [o destaque é dos autores do artigo] que o sentido se realiza e, ao se realizar, possibilita aos indivíduos sua constituição como sujeitos e atores conscientes e a reconstituição de suas identidades no contexto organizacional.[36]

1.6 Desenvolvimento Organizacional como Instrumento de Mudança Planejada

> *O Desenvolvimento Organizacional é necessário sempre que nossas instituições sociais concorrem e lutam pela sobrevivência sob condições de mudança crônica.*
>
> Warren Bennis

De uma maneira bem singela, podemos identificar o Desenvolvimento Organizacional (DO) como um processo que objetiva a mudança planejada da estrutura empresarial – pessoas e sistemas – tendo em vista sua melhor adaptação ao ambiente em que atua.

Com relativa freqüência, o DO tem sido confundido com treinamento, desenvolvimento administrativo e pesquisa operacional. Embora o DO possa incluir essas três atividades, distingue-se delas, segundo Beckhard,[37] principalmente porque é amplo e mais inclusivo,

> (...) propondo-se a aperfeiçoar os sistemas e subsistemas que compõem a organização total, e está intimamente voltado para a ação e as metas organizacionais, valendo-se dos conhecimentos fornecidos pelas ciências do comportamento.[38]

DO é uma estratégia educacional empregada com a finalidade de promover uma mudança organizacional planejada, visando a:

- desenvolver a empresa como um todo, tornando-a mais eficiente;
- adaptar a organização às mudanças tecnológicas, sociais e econômicas oriundas do ambiente em que a empresa se faz presente;

- integrar o atendimento das necessidades humanas com as metas organizacionais.

Em suma, o DO busca somar e harmonizar o estruturalismo – conjunto articulado de normas e valores aprendidos e transmitidos pelo indivíduo – e o comportamentalismo – estudo da conduta humana na convivência social.

1.6.1 Princípios Básicos do Desenvolvimento Organizacional

Entre os princípios essenciais que identificam o DO como processo, merecem citação.

1.6.1.1 Ênfase no Indivíduo e no Grupo

As pesquisas pioneiras de DO remontam a 1935, com Kurt Lewin estudando a questão da dinâmica da personalidade e a influência do tipo de atuação do líder do grupo. Essas experiências visavam a analisar e detectar os níveis de satisfação dos indivíduos, tornando-os mais motivados para o trabalho e aumentando sua eficiência pessoal.

Pode-se dizer, nesse particular, que as "técnicas da organização eficiente não podem desenvolver-se se não progredir a teoria do comportamento humano na organização".[39]

Em virtude de o enfoque estar centrado no próprio indivíduo e não imposto de fora, o DO tem se constituído de uma filosofia administrativa e organizacional difícil de ser implantada. Isso acontece por uma simples razão: os participantes, muitas vezes, não desejam mudar seu comportamento, pois, para eles, isso implicaria a alteração de valores, costumes, crenças e parâmetros já adquiridos ao longo do tempo.

Warren G. Bennis, um dos mais respeitados sistematizadores do DO, elaborou um interessante quadro comparativo entre as características do que ele chama de "sistemas mecânicos" (típicos do conceito tradicional de organização) e os "sistemas orgânicos" (típicos do enfoque de DO) apresentados no Quadro 1.5.

Para Bennis, os sistemas organizacionais orgânicos possibilitam uma maior interação social entre seus integrantes, permitindo uma conscientização maior em função das mudanças necessárias. O DO pretende um enfoque

Quadro 1.5 Comparativo entre sistemas organizacionais e orgânicos.[40]

Sistemas Mecânicos	Sistemas Orgânicos
A ênfase é exclusivamente individual.	Ênfase nos relacionamentos entre e dentro dos grupos.
Relacionamento do tipo autoridade-obediência.	Confiança e crença recíprocas.
Uma rígida adesão à delegação e à responsabilidade dividida.	Interdependência e responsabilidade compartilhadas.
Divisão de trabalho e supervisão hierárquica rígidas.	Participação e responsabilidade multigrupais.
A tomada de decisões é centralizada.	Amplo compartilhamento de responsabilidade e de controle.
Solução de conflitos por meio de repressão, arbitramento e/ou hostilidade.	Solução de conflitos mediante negociação ou solução de problemas.

mais voltado para o funcionário da empresa em sua situação normal de trabalho, possibilitando-lhe adquirir uma nova perspectiva de valores.

Analisando as conseqüências que um programa bem cuidado de implantação de DO provoca nas relações de trabalho, Beckhard afirma que:

a) o ser humano é e deve ser mais independente e autônomo;

b) o homem deve ter opções no seu trabalho e no seu lazer;

c) devem ser atendidas as necessidades de segurança. O indivíduo deve esforçar-se para atender às necessidades de ordem mais elevada para sua auto-valorização e para constatar seu próprio potencial;

d) se as necessidades individuais do homem estiverem em conflito com as exigências da organização, ele pode, e talvez deva, escolher atender às suas próprias necessidades em vez de submergi-las nas exigências da organização;

e) a organização deve ordenar o trabalho de tal ordem que as tarefas sejam significativas e estimulantes e, assim, propiciem remunerações intrínsecas acrescidas daquelas remunerações extrínsecas;

f) o poder de que os chefes estavam previamente investidos é diminuído e deve sê-lo.[41]

1.6.1.2 Ênfase na Organização

Além de voltar-se para as pessoas e para os grupos como pontos centrais de sua dinâmica, o DO está direcionado, igualmente, para a mudança do sistema organizacional, no qual os alvos estruturais podem ser identificados pelos seguintes elementos:

- distribuição das funções por meio da organização (inclusive definição de funções a desempenhar, agrupamentos de funções e as relações de trabalho verticais e horizontais entre as funções);
- relações horizontais e verticais de autoridade;
- relações de subordinação (definição das relações superior/subordinado e amplitude de controle);
- processo de comunicação/decisão (maneiras de tomar decisões formais, quem as toma, *inputs* de informações e os sistemas de informação estabelecidos);
- diretrizes (as regras de decisão ou linhas que ligam o desempenho das funções à estratégia geral e aos objetivos da empresa);
- sistemas de incentivo formal (plano de compensação, benefícios, planos de incentivos e bonificações, critérios de promoção).[42]

1.6.1.3 Ênfase Ambiental

Entre os fatores que influenciam a dimensão ambiental do DO, destacam-se:

a) tecnologia: avanços, procedimentos, adaptações, custos etc.;
b) legislação: aplicação, atualização, interpretações, obstáculos etc.;
c) condições sociais e econômicas presentes no ambiente;
d) ecologia, filosofias, legislação etc.

Toda organização depende de alguma forma de seu ambiente, adotando, em maior ou menor grau, estratégias para lidar com pressões e desafios ambientais.

Questões para Reflexão

1) É possível implementar um programa de DO em ambiente de instabilidade e indefinição econômicas? Por quê? (Justifique as razões.)

2) Até que ponto a dimensão organizacional pode inibir a dimensão individual em uma empresa que adota estruturas fechadas, inflexíveis e tradicionais?

3) Como a empresa moderna e dinâmica deve agir para evitar que o "movimento ecológico" seja mais um "modismo" do que uma realidade ambiental com a qual convive?

Exercício nº 2

Assunto: "Viabilidade de implantação de um programa de DO"

Com base no que foi estudado até aqui, procure fazer um levantamento preliminar na sua empresa sobre a viabilidade de se introduzir um programa de DO. Procure considerar, durante a elaboração da pesquisa, entre outros, os seguintes aspectos:

1. Fatores ambientais externos que influenciam o funcionamento da organização:

    a) pressões sociais, econômicas, trabalhistas, governamentais etc.;

    b) clientela;

    c) concorrência;

    d) fornecedores;

    e) outros fatores externos.

2. Fatores ambientais internos:

    a) integração funcional;

    b) ambiente de trabalho;

    c) liderança;

    d) motivação;

    e) espírito de equipe;

    f) treinamento recebido.

1.6.2 A Abordagem Central do Desenvolvimento Organizacional

> *O problema real não é a mudança técnica, mas as mudanças humanas que, com freqüência, acompanham as inovações tecnológicas.*
>
> Paul C. Lawrence, professor de Comportamento Organizacional da Harvard Business School, EUA

O núcleo central do DO, na concepção de Bennis, consiste no fato de que as mudanças são irreversíveis na implantação do processo. Isso exige uma nova mentalidade da direção e de todos os colaboradores da empresa, alterando a abordagem tradicional de organização comparativamente à abordagem de DO, conforme Glenn H. Varney mostra no Quadro 1.6.

Quadro 1.6 Comparação entre o enfoque tradicional de organização e o DO.[43]

Fatores tradicionais		Fatores emergentes	
Ambiente tecnológico	Ambiente sociológico	Ambiente tecnológico	Ambiente sociológico
• Estável • Simples • Base limitada de conhecimento	• Baixa atenção aos eventos do mundo • Orientado para o trabalho (Ética Protestante) • Subserviente	• Rápida mudança • Complexo • Rápida expansão do conhecimento	• Alta atenção aos eventos do mundo • Revolucionário • Problemas sociais complexos • Afluente
Tarefas	Pessoas	Tarefas	Pessoas
• Rotineiras • Padronizadas • Simples • Linha-máquina • Objetivos claros	• Autoridade aceita • Lealdade • Obedientes • Inseguras • Educação moderada	• Complexas • Altamente técnicas • Conhecimento especializado • Integrativas • Objetivos ambiciosos	• Orientação "aqui" e "agora" • Bem-educadas • Auto-atualização • Colaborativas • Rejeitam autoridade • Confrontação
Estrutura organizacional burocrática		Estrutura organizacional orgânica	
• Poder centralizado no topo da organização • Comunicação fechada • Especialização de funções • Relações claramente definidas • Relações competitivas • Sistema de regras e práticas		• Contínua redefinição de funções e de papéis • Liderança participativa • Relações colaborativas • Comunicação aberta • Políticas e práticas menos restritivas • Estrutura organizacional temporária	
▼		▼	
Desenvolvimento gerencial		Desenvolvimento organizacional	

Segundo o esquema de Varney, os chamados "fatores emergentes" que levam ao DO – suporte tecnológico, ambiente social, tarefas e pessoas – só se viabilizam em uma estrutura organizacional leve, descentralizada e aberta.

Para o prof. Paulo C. da Costa Moura, o DO atua

> (...) menos nas formas de estrutura e mais no comportamento organizacional, menos na pretensa perfeição dos organogramas e mais na flexibilidade, que torna efetiva a capacidade de responder aos problemas.^{42}

No trabalho de DO são levados em conta os seguintes pontos:

a) as decisões são tomadas tão próximo quanto possível da fonte de informação;

b) pela introdução de processos de realimentação, estimula-se o aprendizado por meio de experiências;

c) os conflitos não são acobertados; ao contrário, são discutidos abertamente, sobretudo nos grupos;

d) estimula-se a comunicação aberta;

e) as tarefas são executadas com base em conhecimentos profissionais e em capacitação funcional;

f) as modificações são introduzidas por etapas e de forma sistemática, sempre em concordância com os envolvidos;

g) as soluções organizacionais nunca são tidas como resultado final; estão sempre sob comprovação e prontas a serem revisadas.

O DO é o método mais complexo que garante a uma empresa uma situação permanente de competência para mudanças e inovações.

🏃 ESTUDO DE CASO 3

DO EM UMA ORGANIZAÇÃO ESCOLAR DE 1º GRAU

Trata-se de uma escola de Ensino Fundamental, do tipo tradicional, com 700 alunos e um Círculo de Pais e Mestres pouco atuante. Uma consultora de DO (mestre em administração pela University of Southern da Califórnia, nos EUA; especialista em DO pelo National Training Laboratory, também nos

EUA), foi procurada por um representante desse Círculo, que solicitava assistência para "modernizar" a escola, como se observava em outros estabelecimentos de ensino congêneres. Este caso passou-se no Brasil.

Ficou combinado que a direção da escola enviaria uma circular aos pais e professores, convidando-os para um seminário de integração e, ao mesmo tempo, indagando quanto à conveniência de horários para tais encontros e dos tópicos que gostariam de ver abordados. O levantamento das respostas revelou interesse de preferência no tema *agressividade* e no horário da noite, às terças e quintas-feiras. Cinqüenta pessoas solicitaram inscrições. A consultora de DO solicitou ajuda de um assistente. Foi programada uma série de oito encontros de duas horas cada, com os seguintes objetivos a alcançar:

- integração dos participantes como membros ativos da escola;
- levantamento de problemas escolares e busca de soluções;
- informação e troca de experiências sobre as diferentes teorias e pesquisas com relação às origens e manejo da agressividade.

Como era de se esperar, o grupo inicialmente se colocou em uma situação passiva, mas foi assumindo uma postura mais atuante com o desenrolar das sessões.

Perguntas:
Com base na Seção 6 e respectivos subtópicos, procure respostas adequadas e atuais às seguintes questões:

1) Como a consultora de DO e seu assistente devem agir para desenvolver o trabalho participativo da equipe de 50 pessoas?
2) Como incentivar a capacidade de autonomia dos integrantes do grupo na busca de soluções para os problemas da escola?
3) Como estimular o grupo a analisar em profundidade o tema da agressividade infantil?

Fonte: SOUZA, E. L. P. *Desenvolvimento organizacional: casos e instrumentos brasileiros*, São Paulo: Editora Edgard Blücher, p. 26-28. (Adaptado)

Resumo do Capítulo

O sistema é um conjunto de partes unidas por alguma forma de interação ou interdependência. A noção de sistema está ligada a uma forma de selecionar, organizar e interpretar informações, gerando progressos no estudo do comportamento de sistemas animados e inanimados. Há várias formas de classificar os sistemas. Entre elas, destaca-se a de identificar os sistemas como **abertos**, trocando regularmente matéria e energia com o ambiente, ou sistemas **fechados**, operando poucas relações com o meio ambiente.

A empresa também deve ser como um sistema elaborado pelo homem. O resultado final de uma organização é traduzido na consecução de objetivos por meio da transformação de bens, de serviços e de valores. Os sistemas organizacionais podem ser fechados ou abertos. A empresa é um sistema constituído de componentes ou subsistemas dinâmicos, que interagem entre si, como, por exemplo, os subsistemas de marketing, de finanças, de gestão de RH etc.

O sistema estratégico de recursos humanos (SERH) dispõe de uma estrutura organizacional voltada para processos, obtendo o alinhamento e o desempenho necessários em um ambiente de competitividade global e mudança permanente. O grande desafio do SERH é treinar e desenvolver os funcionários de todos os níveis da organização com base em processos. Nesse contexto, a educação é o grande agente transformador das pessoas.

A mudança é o fator mais certo no instável mundo das relações organizacionais, principalmente neste início de século, em que estão presentes transformações rápidas, irreversíveis e surpreendentes. As mudanças inevitavelmente geram crises, as quais podem e devem ser administradas. Nesse sentido, a mudança organizacional planejada é tida como um processo cuja finalidade central é educar e capacitar os membros da empresa com vistas a promover as mudanças julgadas necessárias à consecução das metas organizacionais.

Entre os métodos de mudança planejada, destaca-se o desenvolvimento organizacional (DO), que tem como princípios básicos de atuação: a) ênfase no indivíduo e no grupo; b) ênfase na organização; c) ênfase ambiental. O núcleo central do DO consiste no fato de que as mudanças são irreversíveis na implantação do processo. Isso exige uma nova mentalidade da direção e de todos os colaboradores da empresa, alterando a abordagem tradicional de organização. O DO é um método que garante à empresa uma situação permanente de competência para mudanças e inovações.

Questionário de Auto-Avaliação

Orientação Inicial

Ao final de cada capítulo, apresenta-se ao leitor uma série de perguntas relativas ao assunto exposto. Respondendo ao questionário, você poderá acompanhar o seu nível de assimilação da matéria desenvolvida no respectivo capítulo. O gabarito e o critério de conceituação se encontram logo após as referências bibliográficas. E vamos ao primeiro questionário de auto-avaliação!

1) Quem fundou a cibernética?

   R.: _____

2) Pode-se classificar os sistemas, também, como sistemas_____ e sistemas culturais. Assim, o clima, o solo, a astronomia e os oceanos são exemplos de sistemas_____. Já os sistemas culturais, feitos pelo homem, têm nas_____ em geral o exemplo mais representativo.

3) Os sistemas organizacionais são apenas fechados.

   Verdadeiro ( )   Falso ( )

4) Pode-se dizer que a estratégia é, antes de mais nada, uma regra geral de

   a) recrutamento de pessoal.   c) tomada de decisões.

   b) avaliação de desempenho.   d) seleção de pessoal.

5) Qual é o primeiro *input* interno do SERH?

   R.: _____

6) As políticas do SERH – gestão de cargos e de_____, treinamento, avaliação de desempenho, planejamento de carreira etc. – estão subordinadas à_____ e devem ser dotadas da necessária flexibilidade operacional, adaptando-se aos objetivos organizacionais. Enquanto a _____ empresarial é mais durável, as políticas do SERH são mais mutáveis.

7) Um dos novos paradigmas da função de RH é substituir antigos modelos de tarefas por profissionais voltados para o processo.

   Verdadeiro ( )   Falso ( )

8) O primeiro *input* externo do SERH é:

   a) atividade econômica.   c) mercado de trabalho.

   b) tecnologia.   d) legislação.

9) Quem foi o pioneiro das pesquisas de DO?

   R.: _____

10) O núcleo central do DO, na concepção de Bennis, consiste no fato de que as _____ são irreversíveis na implantação do processo. Isso exige uma nova _____ da direção e de todos os colaboradores da empresa.

Referências Bibliográficas

1. SPENCER, H. *Autobiography*. Nova York: McGraw-Hill, vol. 2, p. 18.
2. LÉVI-STRAUSS, C. *In: Enciclopédia Abril*. São Paulo: Editora Abril, 2. ed., vol. 5, p. 11.
3. KLIR, G. J. *General systems research*. *In:* International Conference on Operational Researchs. I FORS. Amsterdam: Horth Holland Pubs., 1972, p. 93.
4. OPTNER, S. L. *Análise de sistemas empresariais*. Tradução: Antonio Garcia Miranda Netto. Rio de Janeiro: Livros Técnicos e Científicos Editora (LTC), 1973, p. 29.
5. VAIL, P. B. *Aprendendo sempre: estratégias para sobreviver num mundo em permanente mutação*. Tradução: Nivaldo Montingelli. São Paulo: Futura, 1997, p. 111.
6. ACKOFF, R. L. *Redesigning the future: a systems approach to societal problems*. Nova York: Wiley, 1974, p. 13.
7. CHANDLER JR., A. O. *Strategy and structures: chapter I – the history of industrial enterprise*. Cambridge: Massachusetts, The MIT Press, 1972, p. 13.
8. ANDREWS, K. R. *The concept of corporate strategy*. Hemmewood, Dow-Jones, Irwin, 1971, p. 14.
9. GONÇALVES, J. E. L. Os novos desafios da empresa do futuro. *Revista de Administração de Empresas da Fundação Getulio Vargas*. São Paulo, vol. 37, n. 14, jul./set. 1997, p. 14.
10. RICHERS, R. Estratégia, estrutura e ambiente. *Revista de Administração de Empresas da Fundação Getulio Vargas*. Rio de Janeiro, vol. 21, n. 8, out./dez. 1981, p. 31.
11. CARVALHO, A. V. ; NASCIMENTO, L. P. *Administração de recursos humanos*, vol. I. São Paulo: Pioneira, 1998, p. 51.
12. *Ibidem*, p. 6.
13. OLIVEIRA, D. P. R. *Planejamento estratégico*. São Paulo: Atlas, 2. ed., 1987, p. 18.
14. *Grande Enciclopédia Larousse Cultural*. São Paulo: Nova Cultural, 1998, vol. 23, p. 5612.
15. PELIANO, J. C. Empresários, trabalhadores e governo: as negociações sobre novas tecnologias no Brasil. *Revista de Administração de Empresas da Fundação Getulio Vargas*. São Paulo, jan./mar. 1989, p. 5.

16 GONÇALVES, J. E. L. *Op. cit.*, p. 15.
17 *Ibidem*, p. 15.
18 DELFIM NETTO, A. O ensino privado no País. *Revista Carta Capital*. São Paulo, ed. 29/10/2003, p. 23.
19 A empresa do ano 2020. *Revista Management*, v. 1, n. 1, mar./abr. 1997, p. 24.
20 GONÇALVES, J. E. L. *Op. cit.*, p. 17.
21 MOURA, Paulo C. da Costa. *O benefício das crises*. Rio de Janeiro: Editora Mauad, 1995, 2. ed. revista e ampliada, p. 51.
22 BENNIS, W. *Desenvolvimento organizacional: sua natureza, origem e perspectiva*. São Paulo: Editora Edgard Blücher, 1982, p. 18.
23 BECKARD, R. *Desenvolvimento organizacional: estratégias e modelos*. São Paulo: Editora Edgard Blücher, 1982, p. 10.
24 BENNIS, W. *Op. cit.*, p. 19.
25 *Ibidem*.
26 *Ibidem*.
27 MOURA, P. C. C. *Op. cit.*, p. 40.
28 HAGE, J.; AIKEN, M. *Change in complex organizations*. Nova York: Rondon Horne, Inc., 1980, p. 30-31.
29 GONÇALVES, J. E. L. *Op. cit.*, p. 15.
30 *Ibidem*, p. 17.
31 HERNANDEZ, J. M. C.; CALDAS, M. P. Resistência à mudança: uma revisão crítica. *Revista de Administração de Empresas da Fundação Getulio Vargas*. São Paulo, vol. 41, n. 2, abr./jun. 2001, p. 37.
32 *Ibidem*, p. 36.
33 *Ibidem*, p. 39.
34 SILVA, J. R. G.; VERGARA, S. C. Sentimentos, subjetividade e supostas resistências à mudança organizacional. *Revista de Administração de Empresas da Fundação Getulio Vargas*. São Paulo, v. 43, n. 3, jul./set. 2003, p. 18.
35 *Ibidem*, p. 20.
36 *Ibidem*.
37 BECKARD, R. *Op. cit.*, pp. 22-28.
38 SOUZA, E. L. P. *Desenvolvimento organizacional: casos e instrumentos brasileiros*. São Paulo: Editora Edgard Blücher, 1975, p. 2.
39 SIMON, H. A. *A administración publica*. San Juan: Ediciones de la Universidad de Puerto Rico, 1966, p. 35.
40 BENNIS, W. *Op. cit.*, p. 15.
41 BERGAMINI, C. W. *Desenvolvimento de recursos humanos: uma estratégia de desenvolvimento organizacional*. São Paulo: Atlas, 1980, p. 103.

42 SHIRLEY, R. Um modelo para análise da mudança organizacional. *Revista de Administração de Empresas da Fundação Getulio Vargas*. Rio de Janeiro, abr./jun. 1981, p. 19.
43 VARNEY, G. H. *An organizational development approach to management development*. Nova York: Adisson-Wesley Publishing, 1986, p. 19.
44 MOURA, P. C. C. DO nas organizações brasileiras: aceitação real ou fictícia? *Revista de Administração de Empresas da Fundação Getulio Vargas*. Rio de Janeiro, jan./mar. 1978, v. 1, n. 12, p. 10.

Gabarito do Questionário de Auto-Avaliação

1) Norbert Wiener.

2) Naturais/naturais/organizações/empresas.

3) Falso.

4) Alternativa **c**.

5) Filosofia da organização.

6) Salários/filosofia empresarial/filosofia.

7) Verdadeiro.

8) Alternativa **a**.

9) Kurt Lewin.

10) Abordagem/mentalidade/abordagem.

Conceituação

- Todas certas: **ótimo**.
- Mínimo de oito certas: **muito bom**.
- Mínimo de seis certas: **bom**.
- Mínimo de cinco certas: **regular.**
- Menos de cinco certas : **negativo**.

OBJETIVOS DO CAPÍTULO

1) Proporcionar ao leitor uma visão geral do contexto histórico da ACS.
2) Situar a ACS nas organizações: objetivos, políticas e estratégias.
3) Estudar e identificar as funções de ACS em função da GEP.
4) Identificar os princípios em ACS.
5) Identificar e apresentar novos procedimentos e utilização da pesquisa salarial.
6) Abordar técnicas e métodos para o cálculo da remuneração variável.
7) Apresentar a estratégia do salário fixo.
8) Mostrar as características do planejamento de carreira.
9) Abordar a importância da remuneração indireta.

Palavras-chave

administração,
cargos e salários,
planejamento de carreira,
plano de carreira.

Capítulo 2

Administração de Cargos e Salários

Luiz Paulo do Nascimento

Apresentação

Consiste na introdução à Administração Estratégica de Cargos e Salários, em uma abordagem na qual se mostram as etapas de elaboração de um plano de classificação de cargos e salários com base em novos procedimentos, conceitos, vantagens e desvantagens, fórmulas estatísticas e sua utilização prática,

Acrescentam-se ainda, procedimentos de uma pesquisa salarial, uma abordagem estratégica e inovadora para a determinação e administração do salário fixo, considerando a remuneração variável como elemento estratégico, além do planejamento de carreira e da remuneração indireta.

Em que circunstância uma empresa, seja ela nacional, multinacional ou mesmo estatal – de pequeno, médio ou grande porte –, industrial, comercial ou de serviços, se vê na contingência de solicitar a execução de serviços na área de cargos e salários? A bem da verdade, todas as empresas, sem exceção, praticam administração de cargos e salários (ACS), tenham ou não uma estrutura organizacional para tratar do assunto. Entretanto, em virtude de vários fatores, surge ao longo do tempo um descompasso entre as necessidades da empresa, a realidade de mercado e a capacidade de resolução do problema.

Os problemas aparecem sob diversas formas, como: diminuição da produção e/ou da qualidade, faltas e atrasos além do normal, agressividade, desmotivação, doenças simuladas, desinteresse, não cumprimento de prazos, pedidos de demissão, surgimento de lideranças informais extremadas, paralisações, reclamações trabalhistas, manifestações de insatisfação, ameaças, rebeldias etc.

O planejamento de cargos e salários precisa acompanhar o avanço tecnológico, as mudanças de mercado e a política econômica, além de participar das decisões maiores da organização quando do planejamento orçamentário anual. É preciso conhecer as metas e objetivos da empresa para melhor se adequar e se encaixar nas práticas e políticas gerais da organização.

O avanço da tecnologia é uma constante. O mercado absorve, cedo ou tarde, essa nova tecnologia. As empresas, quer queiram quer não, incorporam às suas funções técnicas, voltadas para o objetivo final, ou às funções de apoio, novos equipamentos, serviços ou rotinas, visando a acompanhar o mercado, entre outros fatores. Em razão dessas mudanças, as organizações empresariais caracteristicamente dinâmicas exigem, portanto, um constante trabalho de replanejamento e de reorganização para se manter em perfeita harmonia com o momento presente.

O profissional de cargos e salários, ou de recursos humanos, não é uma máquina que pelo acionar de uma alavanca produz ou pára de produzir. Esse profissional, dado seu conhecimento técnico, oriundo da teoria e da vivência, tem muito a contribuir para os bons resultados do empreendimento.

A Administração de Cargos e Salários se insere integralmente no contexto. Quem de nós não teve conhecimentos de cargos que, ao longo de um determinado período, sofreram alterações de conteúdo ou valor? Cargos que foram extintos e outros que foram criados? Áreas de serviço em uma empresa que foram ampliadas ou que tiveram suas atividades reduzidas ou mesmo desativadas? Cargos para os quais não há dificuldade em recrutar, selecionar e admitir, enquanto outros, por sua raridade, ficam meses com a vaga em aberto? Podemos considerar até uma formação inadequada de profissionais. Entretanto, as flutuações do mercado produzem tanto excesso quanto falta de determinados tipos de mão-de-obra.

Os períodos de euforia e de recessão econômica exigem diferentes formas de administrar cargos e salários. Nos períodos de euforia, os controles e a precisão são menos exigidos, enquanto nos de recessão, com recursos exíguos, a dificuldade é geral e o controle tende a ser excessivo. Em ambos os casos, se a medida não for adequada, os resultados poderão ser desastrosos. Em qualquer situação, a administração de cargos e salários deve matar a sede e não matar de sede ou afogar. A harmonia entre as partes precisa ser assegurada.

O nível de inflação de um país é outro fator que precisa ser adequadamente observado. Quando a inflação é alta, tanto os preços de produtos similares e de serviços assemelhados, quanto os salários dos trabalhadores de mesmo cargo, apresentam variações de valor com uma amplitude muito grande, o que, de certa forma, alimenta o desequilíbrio e a continuidade da inflação. Quando o nível da inflação é baixo, não se justificam amplitudes tão grandes de valores nem para produtos/serviços, nem para salários.

Essa harmonia se traduz no equilíbrio da relação capital/trabalho, ou seja, a cada cargo ou determinado conjunto de cargos compete uma remuneração justa em contrapartida aos trabalhos realizados na empresa. Por outro lado, os trabalhos assemelhados, desenvolvidos em empresas da mesma região geo-econômica, precisam guardar entre si valores aproximados, para que seja preservada a tranqüilidade tanto do empregado quanto do empregador.

Este trabalho visa a manter um diálogo com o leitor de maneira que o estudo possa avançar com tranqüilidade e segurança. O texto foi desenvolvido de forma a permitir o entendimento teórico aliado a uma simulação prática.

2.1 Administração Estratégica de Cargos e Salários
2.1.1 Conteúdo da Administração de Cargos e Salários

Administrar cargos e salários pressupõe conhecer profundamente cada função do conjunto de cargos da empresa, no que diz respeito aos requisitos mínimos estabelecidos para poder atribuir, com segurança, um valor relativo que se traduza em um valor absoluto justo, compatível com a estrutura de cargos da empresa, suas disponibilidades econômico-financeiras e com o mercado de trabalho concorrente.

2.1.1.1 *Função*

Conjunto de atividades que cada indivíduo executa na instituição. A função é singular, ou seja, existe uma função para cada pessoa na empresa.

2.1.1.2 Cargo

Conjunto de funções assemelhadas e/ou complementares executadas por um ou mais indivíduos na instituição. O cargo é plural, ou seja, para cada cargo pode haver uma ou várias pessoas em uma mesma empresa.

2.1.1.3 Descrição de Cargo

Registro, de forma organizada, das funções, tarefas e responsabilidades atribuídas a uma ou mais pessoas.

2.1.1.4 Requisitos Mínimos

Exigências necessárias de habilidades e de conhecimentos mínimos que os ocupantes do cargo devem possuir e atender.

2.1.1.5 Valor Relativo

Valor não monetário, fruto da posição que um cargo assume em relação aos demais na estrutura de cargos, em conseqüência da avaliação e/ou classificação de cargos.

2.1.1.6 Valor Absoluto

Valor do salário nominal ou de registro pago pelo empregador ao ocupante do cargo.

2.1.1.7 Estrutura de Cargos

Seqüência ou disposição hierárquica estabelecida para os cargos na empresa.

2.1.1.8 Mercado de Trabalho

Outras empresas, do mesmo ramo de atividade ou não, da mesma região geo-econômica, concorrentes em produtos/serviços e/ou em mão-de-obra.

2.1.2 Atribuições de Administração de Cargos e Salários

Compreende as atribuições de identificação, levantamento das descrições de funções pessoais, classificação por grupos ocupacionais e por similaridade, complementação e seqüenciais, padronização de cargos, titulação de cargos e elaboração de sumário. Outros procedimentos como análise de requisitos, seleção de fatores de avaliação, elaboração do manual de avaliação, avaliação de cargos, ponderação de fatores, graduação de escalas dos fatores e classificação de cargos serão tratados em outro capítulo.

2.1.2.1 Identificação

É o levantamento dos títulos dos cargos pertinentes às atividades realizadas pelos ocupantes de posições ou postos de trabalho. Nessa ocasião são também solicitados organogramas para que se tenha uma visão da estrutura organizacional da empresa e onde estão localizados os cargos.

2.1.2.2 Levantamento das Descrições de Funções Pessoais

Representa uma pesquisa das funções de cada funcionário. Para realizá-la, existe uma metodologia própria para levantamento de informações que, dependendo da situação, podem ser utilizadas isoladas ou em conjunto.

2.1.2.2.1 Métodos de Levantamento de Informações

2.1.2.2.1.1 Entrevista

O entrevistador colhe as informações do informante e os dados pertinentes à elaboração da descrição e dos requisitos do cargo. As perguntas devem ser bem elaboradas, e o informante, criteriosamente selecionado. Não confiar na memória, anotar tudo sumariamente durante a entrevista e complementar logo após o encerramento. Características do entrevistador:

- educação;
- cordialidade;
- discrição;
- habilidade;
- falar a mesma linguagem.

2.1.2.2.1.2 Questionário

Tem como vantagem poder atingir simultaneamente um grande contingente de informantes. Deve apresentar clareza em todos os itens, facilitando o entendimento do informante para uma resposta que atenda aos objetivos. É importante que haja orientações iniciais de como preencher o documento, sobre a importância do trabalho e do prazo de devolução. O questionário deve ser devidamente assinado pelo ocupante do cargo e pela chefia imediata.

2.1.2.2.1.3 Formulário

É um questionário que o próprio pesquisador preenche com base nos dados fornecidos pelo informante. Tem a vantagem de permitir esclarecimentos adicionais e de poder ser aplicado a informantes com dificuldades de comunicação por escrito.

2.1.2.2.1.4 Observação

É atentar para as diferentes fases de um trabalho e retratá-las tal qual ocorrem. Normalmente é utilizada junto com a entrevista ou com o formulário. Também pode ser utilizada no caso de esclarecimentos adicionais no preenchimento de questionários.

O resultado imediato desse relato, com base em questionário e formulário, bem como da entrevista e da observação, após um trabalho complementar do entrevistador, é um documento que podemos denominar "descrição de função pessoal", uma vez que se refere às funções de uma única pessoa.

Recolhido o material, com as devidas assinaturas, proceder à leitura e conhecimento do conteúdo, selecionando e separando por conjunto, tendo como critério grupos ocupacionais e semelhança das atribuições. As assinaturas na descrição de função pessoal responsabilizam o ocupante do cargo e a chefia imediata pela exatidão e veracidade das informações. A separação e seleção das descrições pela semelhança das atribuições contribuem para o "enxugamento" das denominações ou títulos de cargos.

As dúvidas porventura existentes quanto ao conteúdo serão tiradas junto ao emitente ou informantes da descrição de função pessoal e/ou chefia imediata. Qualquer alteração implicará a concordância dos diretamente envolvidos por meio do "de acordo".

2.1.3 Classificação por Grupos Ocupacionais, Similaridade, Complementação e Seqüenciais

Classificar cargos por grupos ocupacionais diz respeito à seleção de cargos pela natureza do trabalho, isto é, separar as descrições de função pessoal em conjuntos que contenham: funções de gerentes, funções de média supervisão, funções de profissionais de nível superior, funções de técnicos de nível médio, funções de administrativos e funções de operacionais. Realizada a classificação por grupos ocupacionais, o trabalho que temos pela frente é o de identificar e selecionar pela leitura atenta e minuciosa quais descrições, em razão do conteúdo, são semelhantes e agrupá-las convenientemente. Nessa ocasião, é possível nos depararmos com descrições que complementam ou são complementadas por outras. Elas são fruto dos princípios de administração conhecidos por Divisão do Trabalho e por Especialização, estabelecidos por Taylor e Fayol, de acordo com Jovelino de Gomes Pires (1988).

Essa complementação pode tanto ocorrer em um mesmo nível de exigências para o trabalhador quanto em níveis diferenciados e seqüenciais, proporcionando, nessa última circunstância, uma carreira de cargos, ou plano de carreira.

O motivo de adotarmos os procedimentos aqui recomendados deve-se ao fato de eles facilitarem o desenvolvimento futuro que o profissional da área de Administração de Cargos terá de conduzir. Isso também facilitará a determinação de quantos e quais serão os planos salariais adotados pela empresa.

Concluída a classificação das Descrições de Função Pessoal em conjuntos semelhantes, passaremos à fase seguinte, que é a de redigir descrição de cargo padrão. Convém esclarecer desde já que, durante a elaboração dessas diferentes fases, o administrador de cargos esteve também envolvido na análise dos cargos.

2.1.4 Padronização de Cargos

A padronização de descrição de cargos consiste em dar uma forma ao relato que permita a comparação objetiva entre os conteúdos de descrições, de modo a estabelecer similaridades ou distinções entre elas, facilitando a análise de cargos. O documento que reúne essas informações é a Descrição de Cargo Padrão, que é a conseqüência imediata da Descrição de Função Pessoal.

As descrições de função pessoal de conteúdos similares servirão, portanto, de base para a elaboração da descrição de cargo padrão que, por sua vez, será a fonte de elaboração do sumário.

Nas descrições de função pessoal serão registradas, além das atividades e atribuições do ocupante do posto de trabalho, informações adicionais que permitirão identificar e selecionar fatores avaliativos, os quais, pela análise, determinarão os requisitos mínimos e a posição hierárquica que o cargo ocupará na estrutura organizacional.

2.1.4.1 Descrição de Função Pessoal

Relatório das tarefas e atividades atribuídas a cada indivíduo desempenhadas na instituição.

2.1.4.2 Descrição de Cargo Padrão

Relatório claro, conciso, objetivo e representativo de diversas funções pessoais similares e complementares, para as quais exigem-se os mesmos requisitos mínimos dos ocupantes. O conteúdo se caracteriza ou por cargo amplo ou por cargo estreito, sendo composto de atividades específicas, atividades auxiliares e atividades adicionadas.

A descrição de cargo padrão registra o que o ocupante da posição tem por obrigação realizar para atingir os objetivos do cargo, e por extensão os objetivos da empresa; não se deve mencionar o que o ocupante sabe fazer, pois, com certeza, o ocupante do cargo conhece muito mais do que lhe é exigido em contrapartida ao contrato de trabalho firmado com a instituição.

A descrição do cargo retrata principalmente as atividades, habilidades, responsabilidades e inconveniências do cargo. Não é para destacar o que o ocupante sabe fazer; o cargo é impessoal e independe do indivíduo.

O cargo pode ser criado e avaliado sem que haja ocupante, quando, por exemplo, se predetermina qual será o trabalho a realizar em um novo setor da empresa e quais os requisitos mínimos que serão exigidos dos futuros contratados ou ocupantes da nova posição ou do novo posto de trabalho.

2.1.4.2.1 Cargo Estreito

Caracteriza as atribuições de cada subfunção existente na empresa.

2.1.4.2.1.1 Vantagens

- Identifica cada conjunto de atribuições pelo conteúdo, recebendo uma denominação própria que a distingue das demais;
- Facilita a identificação para pesquisas salariais, permitindo uma tabulação mais segura e confiável;
- Permite acompanhar a evolução ou involução de cada cargo, ou seja, o enriquecimento ou empobrecimento do conteúdo na empresa e no mercado.

2.1.4.2.1.2 Desvantagens

- Distingue conjunto de atribuições seqüenciais complementares, dificultando o remanejamento funcionários;
- Aumenta significativamente a quantidade de titulações de cargos dentro da empresa.

2.1.4.2.2 Cargo Amplo

É caracterizado pela reunião de atribuições de subfunções seqüenciais ou equivalentes em uma única descrição, existente na empresa.

2.1.4.2.2.1 Vantagens:

- Facilita o remanejamento de funcionários para postos de trabalho sem necessidade de alterar a titulação do cargo.
- Diminui sensivelmente a quantidade de titulações de cargos dentro da empresa.

2.1.4.2.2.2 Desvantagens:

- Dificulta a identificação precisa na pesquisa salarial.
- Proporciona tratamento igual para subfunções que sofrem alterações significativas no mercado.
- Dada a facilidade de remanejamento, pode ocorrer deslocamento do funcionário para atividades aquém de possibilidades, capacidade e potencial, gerando desmotivação e obrigando a empresa a pagar mais do que deveria.

2.1.4.2.3 Atividades Específicas

Atividades que representam o núcleo principal, que são próprias e inerentes ao cargo. E que estão presentes no cargo, independentemente da empresa.

2.1.4.2.4 Atividades Auxiliares

Atividades específicas de cargos menores, da mesma carreira, da estrutura hierárquica da empresa, que não possuem ocupantes e que precisam ser executadas.

2.1.4.2.5 Atividades Adicionadas

Atividades específicas de cargos pertencentes a carreiras distintas, atribuídas ao ocupante do cargo, por habilidade excepcional e/ou por merecer confiança especial do superior hierárquico.

2.1.4.2.6 Outras Classificações de Cargo

Os cargos podem ser específicos, se de uma determinada área, ou genéricos, se presentes em áreas diversas, além de direto ou indireto na produção, bem como mensalista ou horista, tarefeiro, comissionado e misto quanto à remuneração.

2.1.5 Titulação de Cargos

Identificação atribuída a um conjunto de funções, evidenciando a principal, de modo a diferenciá-la das demais existentes na estrutura, com base em:

- nível funcional e/ou atividade específica;
- estrutura organizacional ou classificação;
- área de atividade.

A exemplo do que ocorre com a palavra que pode conter prefixo, infixo e sufixo, a nomenclatura do cargo, por analogia, considerada como um todo, ficará assim constituída:

2.1.5.1 Prefixo

Determina a nomenclatura referente ao nível funcional e/ou atividade específica. Exemplo: Diretor, Gerente, Chefe, Analista, Operador, Programador, Mecânico.

2.1.5.2 Infixo

Determina a nomenclatura referente à linha estrutural ou classificatória. Exemplo: Diretoria, Departamento, Seção, Júnior, Sênior, Adjunto, podendo, ainda, usar-se um número (arábico ou romano) ou uma letra.

2.1.5.3 Sufixo

Determina a nomenclatura referente à atividade preponderante em que está alocado o cargo. Exemplo: Recursos Humanos, Treinamento, Patrimônio, Tesouraria, Produção, Manutenção Elétrica.

A composição da nomenclatura do cargo deve ser, preferencialmente, de três palavras e, sempre que possível, no singular. A nomenclatura do cargo deve obedecer, sempre que possível, os dispositivos constantes da Consolidação da Legislação Trabalhista e/ou as determinações do Catálogo Brasileiro de Ocupações.

A nomenclatura dos cargos para os quais é exigida formação em curso específico de profissão liberal regulamentada segue os critérios abaixo:

- quando no exercício das funções é exigida a aplicação do pleno conhecimento da profissão, segue a legislação específica;
- quando no exercício das funções não é exigida a aplicação do pleno conhecimento da profissão, segue classificação da empresa.

Para ilustrar o que declaramos acima, exemplificaremos a seguir como seria a nomenclatura de alguns cargos:

- Diretor Adjunto Financeiro;
- Gerente Sênior de Treinamento;
- Analista Júnior de Investimento;
- Auditor Pleno Contábil;
- Mecânico III de Manutenção Elétrica;
- Secretária Sênior de Departamento;
- Analista Sênior de Orçamento;
- Conferente Júnior de Estoque;
- Auxiliar II de Pessoal;
- Auxiliar B de Tesouraria.

Em realidade, quem é sênior ou júnior é o ocupante do posto de trabalho, em conseqüência de diversos fatores, como, por exemplo, habilidades e experiência, e não o Treinamento ou o Orçamento ou o Estoque.

2.1.6 Sumário

É um relatório condensado, que reproduz de forma sintética as atribuições do cargo, sem evidenciar detalhes.

Quando falamos de descrição de cargo padrão, ficou evidenciado que o relato é minucioso, simples e claro, de modo a permitir que qualquer pessoa possa compreendê-lo. A descrição trata de atividades, habilidades, responsabilidades e inconveniências do cargo. Não se deve destacar o que o ocupante sabe fazer; o cargo é impessoal e independe do indivíduo.

A descrição vista da forma acima costuma ser extensa e detalhada. Entretanto, para determinadas circunstâncias, a necessidade da descrição detalhada não é conveniente. Nesse caso, precisamos de um resumo objetivo que condense as informações.

A informação condensada é chamada Descrição Sumária e se compõe das principais atividades que respondem a pergunta "O que Fazer?".

2.1.7 A Menor Unidade Sistêmica de uma Empresa

A menor unidade sistêmica de uma empresa é o cargo e, como tal, tem entrada, processamento e saída. Logicamente, dependendo do cargo, o sistema pode representar um ciclo curto, médio ou grande e até mesmo vários ciclos distintos se constituindo em um conjunto de sistemas. Da mesma forma, o ciclo pode ser simples e de fácil execução, ou complexo e de difícil execução, além de poder representar um ciclo completo ou partes distintas de um ciclo.

A forma da descrição do cargo precisa caracterizar adequadamente os diferentes tipos e a natureza dos ciclos por meio da ênfase nas tarefas, nas responsabilidades, nas diretrizes ou nos objetivos, dependendo de os cargos serem operacionais, administrativos, gerenciais, diretivos, técnicos ou assessoriais, e de os órgãos serem de linha ou de *staff*.

Na elaboração da descrição de cargos são respondidas obrigatoriamente, em cada item, as três perguntas:

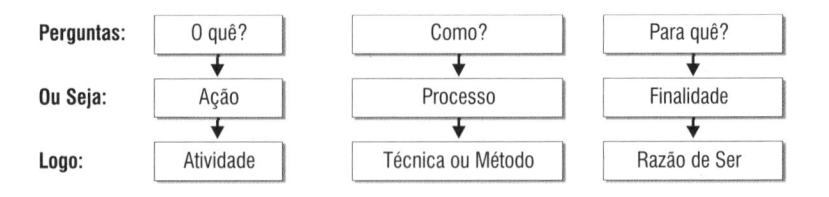

Perguntas:	O quê?	Como?	Para quê?
Ou Seja:	Ação	Processo	Finalidade
Logo:	Atividade	Técnica ou Método	Razão de Ser

Como vimos:

- "o quê?" representa a ação e é a atividade que contribui na determinação do *status*, além de fornecer subsídios para a titulação do cargo;

- "como?" é o processo, a maneira de fazer, é a técnica ou o método aplicado na execução e que serve para avaliar o quanto de habilidade, de responsabilidade e de inconveniência o cargo exige do ocupante;
- "para quê?" representa a finalidade, é a razão de ser da atividade, demonstrando o grau de importância da ação e sua abrangência no ambiente da empresa.

Na elaboração da descrição, são utilizados verbos de ação para identificar o "O quê?". Os verbos de ação devem, na descrição, ser grafados ou na terceira pessoa ou no infinitivo, já que o cargo é impessoal.

Exemplo:

- se a pergunta é: faz o quê?   a resposta é na terceira pessoa.
- se a pergunta é: fazer o quê?   a resposta é no infinitivo.

Qualquer opção é correta, devendo, entretanto, ser mantida sem alteração em todas as descrições de cargos.

Questões para Reflexão

1) Qual a diferença entre cargo e função?
2) O que é e para que serve a descrição de cargo?
3) Qual a distinção entre valor relativo e valor absoluto do cargo?
4) Quais são os métodos de levantamento de informações e como se processam?
5) Qual a diferença entre cargo estreito e cargo amplo?

2.2 Métodos de Avaliação de Cargos

Administração de Cargos e Salários tem o propósito de conhecer profundamente cada função do conjunto de cargos da empresa, no que diz respeito aos requisitos mínimos estabelecidos, para poder atribuir, com mais segurança, um valor relativo que se traduza em valor absoluto mais correto, compatível com a estrutura de cargos da empresa e com suas disponibilidades, ou seja, implantar um sistema de remuneração que mantenha adequada relação vertical entre os salários, ajuste esse sistema ou plano à realidade do mercado de trabalho concorrente e estabeleça um correto regime de estímulos ao aumento da eficiência do trabalhador.

Administração de Cargos e Salários pode ser entendida como um conjunto de normas e procedimentos que visam a estabelecer e/ou manter estruturas de salários eqüitativas e harmoniosas em relação aos salários dos demais cargos da empresa, objetivando o equilíbrio interno desses salários, e aos salários dos mesmos cargos existentes em outras empresas que atuam no mercado concorrente, com o objetivo de obter o equilíbrio externo dos salários.

Administração de Cargos e Salários tem o propósito de estabelecer o processo para analisar e comparar o conteúdo de cargos e colocá-los em uma ordem hierárquica, que serve de base a um sistema de remuneração, isto é, procura situar a posição de cada cargo com os demais e atribuir um valor salarial.

Em Administração de Cargos e Salários são tratados vários aspectos, entre os quais destacam-se: ponderação de fatores de avaliação de cargos; escalas de gradua-ção de fatores de avaliação de cargos; e tabela de faixas salariais.[1]

O sistema de avaliação de cargos é composto de vários métodos de avaliação. Entende-se método como uma abordagem específica com procedimentos próprios para se atingir determinados resultados na realização de um objetivo e sistema como um conjunto de métodos distintos com objetivos comuns formando um todo. No corpo do trabalho será utilizada, preferencialmente, a expressão método de pontos, exceto em circunstâncias nas quais outros autores se refiram a sistema de pontos.

2.2.1 Métodos Tradicionais de Avaliação de Cargos

Pode-se dividir os métodos de avaliação de cargos em dois grandes grupos: qualitativos e quantitativos.[2]

Dentre os métodos qualitativos, citam-se: escalonamento de cargos e graus predeterminados. Entre os quantitativos, tem-se como exemplos avaliação por pontos e comparação por fatores.

---

1 Para mais detalhes, leiam-se: FERREIRA, P. P. *Administração de pessoal: relações industriais.* 5. ed. São Paulo: Atlas, 1970; TOLEDO, F. *Manual de administração de pessoal.* São Paulo: Atlas, 1960; ALMEIDA, H. S. *Manual de relações industriais. In:* HOYLER, S. (org.) São Paulo: Pioneira, 1968; SIQUEIRA, B. *Elementos de administração de pessoal.* 3. ed. rev. e amp. Rio de Janeiro: Editora Rio (em convênio com as Faculdades Integradas Estácio de Sá), 1978; CHIAVENATO, I. *Administração de recursos humanos.* v. 3, 2. ed. São Paulo: Atlas, 1988.

2 Vários são os autores que tratam do assunto e dentre eles podem-se citar: Zimpeck (1990) e Pontes (1989).

2.2.1.1 Métodos Qualitativos

2.2.1.1.1 Método de Escalonamento de Cargos

É, possivelmente, o mais simples dos métodos de avaliação, consistindo em estabelecer uma ordem hierárquica de acordo com o grau de dificuldades e/ou responsabilidades. A comparação dos cargos é global, e o resultado dessa avaliação sofre, muitas vezes, influência dos salários pagos. O escalonamento pode ser simples ou binário.

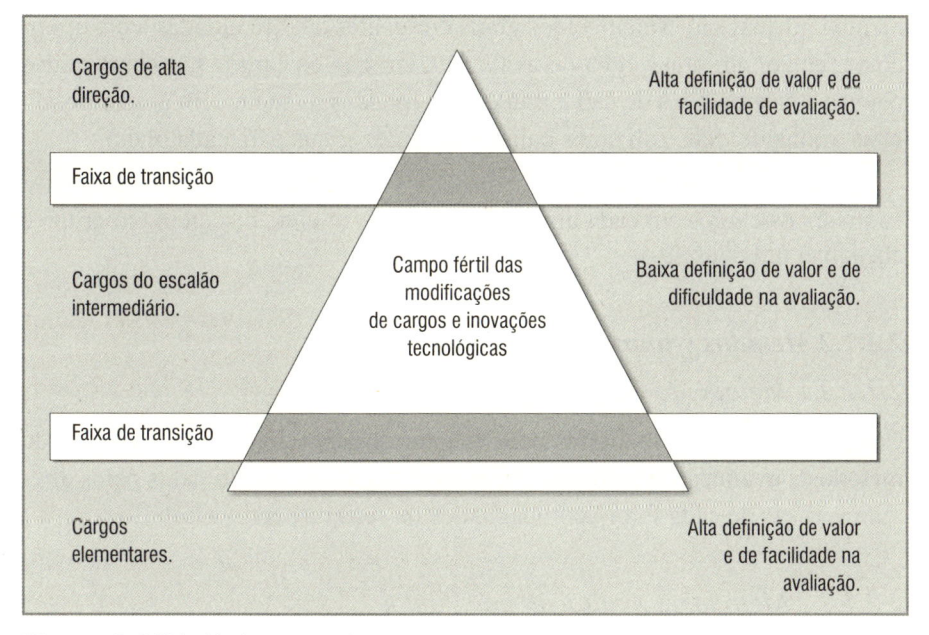

Figura 2.1 Pirâmide da estrutura de cargos.

2.2.1.1.1.1 O que é o método de escalonamento simples?

O método de escalonamento é simples quando se busca a hierarquização, realizada pelos avaliadores, isoladamente, para que cheguem a um consenso, posteriormente.

2.2.1.1.1.2 O que é o método de escalonamento binário?

O método de escalonamento é binário quando a comparação é feita aos pares, ou seja, cada avaliador compara cada cargo com todos os demais, procurando estabelecer uma hierarquia e, em seguida, discutem as divergências para chegar a um consenso.

2.2.1.1.2 Método dos Graus Predeterminados

O método dos graus predeterminados representa um aperfeiçoamento do método de escalonamento simples. Entretanto, não apresenta a real diferença entre os diferentes cargos. Apresenta-se com mais objetividade que o anterior, porém, a avaliação continua imprecisa. O método em destaque necessita de um manual no qual são estabelecidos graus crescentes de dificuldades, constituindo-se, então, em uma régua de avaliação, em que os cargos são comparados com as conceituações de cada grau e posicionados naquele com o qual possui mais afinidade. São utilizados entre cinco e dez graus para cada plano.

Cada avaliador, de posse das análises dos cargos e das definições dos graus, enquadra os cargos em cada um deles e, posteriormente, discutem em grupo e chegam a um consenso.

2.2.1.2 Métodos Quantitativos

2.2.1.2.1 Método de Comparação de Fatores

Consiste na escolha de alguns poucos fatores, cerca de cinco, a exemplo do método de avaliação por pontos, em que os cargos são escalonados pelos diferentes níveis de cada fator acompanhados de seus respectivos salários.

2.2.1.2.2 Método de Avaliação por Pontos

É um procedimento específico para avaliar cargos com o objetivo de determinar salários, considerando separadamente, em um primeiro momento, os fatores ou características como requisitos mentais (escolaridade, especialização, experiência, complexidade, iniciativa etc.), requisitos físicos (esforço físico, posições assumidas, fadiga mental/visual, concentração, monotonia etc.), responsabilidades (por material ou produto, por ferramentas e equipamentos, por erros, por valores, por contatos, por número de subordinados etc.) e condições de trabalho (ambiente, riscos etc.), combinando essas avaliações parciais em um único conjunto de pontos para cada cargo. Esse conjunto de pontos corresponde, em um segundo momento, ao valor relativo que auxiliará na determinação do salário do cargo.

Dentre os vários métodos de avaliação de cargos se destaca o Método de Pontos, por ser um dos mais conhecidos e utilizados pelas empresas.[3]

O Método de Pontos deu origem a vários métodos, dentre os quais podemos citar o Sistema Hay e o Sistema Hoyler, métodos quantitativos que se prestam a classificar, principalmente, cargos de alto nível e demais cargos respectivamente.

Aproximadamente 80 anos se passaram desde a primeira publicação a respeito do Método de Pontos. Apesar do tempo decorrido, esse método continua prestigiado por um grande número de empresas, que ainda o utiliza para determinar os salários de seus empregados.

Entretanto, há estudos publicados que procuram uma nova vertente para o tratamento da administração de cargos e salários ao visualizar o salário variável ou a remuneração estratégica, sugerindo novos fatores de avaliação[4] que contemplem habilidades, competências, comportamentos estratégicos e conhecimentos que agreguem valor, sendo determinantes do progresso profissional nas linhas de acesso.

A aplicação do Método de Pontos exige o cumprimento de alguns procedimentos, dentre eles:

1) levantamento da *descrição de cargos*: registro das atividades, funções, tarefas e responsabilidades, de forma organizada, e atribuídas a uma ou mais pessoas dentro da empresa;

2) *análise de requisitos*: consiste na identificação dos requisitos em termos de habilidade, responsabilidade e inconveniências exigidas pelo cargo e impostas a seu ocupante. A análise de requisitos é importante tanto em relação às exigências mínimas quanto à seleção de fatores que irão compor o manual de avaliação de cargos;

3) seleção de *fatores de avaliação de cargos*: identificados na fase de análise de requisitos, representam os critérios que são utilizados na determinação dos elementos mais essenciais e comuns exigidos pelos

---

3 Entre os autores que recomendam o Método de Pontos, pode-se citar: Felipe Vazquez Westin, op. cit.; Paulo Pinto Ferreira em Administração de Pessoal: Relações Industriais, 5. ed., São Paulo: Atlas, 1979, p. 190 e ss.; Flávio de Toledo em Manual de Administração de Pessoal, São Paulo: Atlas, 1960, p. 71 e ss.; H.S. de Almeida op. cit.; Delmiro Siqueira em Elementos de Administração de Pessoal, 3. ed. (revista e aumentada), Rio de Janeiro: Editora Rio (em convênio com as Faculdades Integradas Estácio de Sá), 1978, p. 116 e ss.; Idalberto Chiavenato em Administração de recursos humanos, v. 3, 2. ed., São Paulo: Atlas, 1980, p. 42 e ss.

4 Entende-se por fatores de avaliação de cargos os critérios que são utilizados na determinação dos elementos mais essenciais e comuns exigidos pelos cargos a serem avaliados.

cargos a serem avaliados. Os fatores recebem conceitos, isto é, esclarece-se o que se pretende medir, e são subdivididos em partes que servem para informar quanto daquele fator é exigido pelo cargo;

4) elaboração do *manual de avaliação de cargos*: contém os fatores de avaliação de cargos mais representativos e significativos, subdivididos em níveis de exigência, para a classificação de cargos e determinação dos salários de seus ocupantes;

5) determinação dos *níveis de exigência dos fatores de avaliação de cargos*: os níveis representam o quanto de cada fator de avaliação é exigido do trabalhador para ocupar adequadamente o cargo;

6) *avaliação dos cargos*: de posse das descrições de cargos, comparar seu conteúdo e seus requisitos mínimos com o manual de avaliação de cargos, registrando para cada fator de avaliação de cargos o seu nível de exigência;

7) estabelecer a *ponderação de fatores de avaliação de cargos*: é o cálculo do peso ou da participação porcentual que o fator recebe para determinação dos salários dos cargos. É determinado com base na correlação entre os níveis de exigência de cada fator de avaliação estabelecido para cada cargo e os salários correspondentes. Essa correlação resulta em um coeficiente de determinação, necessário para que se conheça a participação porcentual de cada fator. O somatório dos coeficientes de determinação corresponderá a 100% e o cálculo do peso percentual de cada fator de avaliação de cargos se fará através de uma regra de três;

8) estabelecer a *graduação de escala dos fatores de avaliação de cargos*: como cada fator de avaliação de cargos está subdividido em níveis de exigência, cada nível deve receber um valor numérico proporcional à exigência, identificado como grau do nível e compatível com o peso porcentual do fator de avaliação. O número de níveis de exigência para cada fator de avaliação de cargos é estabelecido com base nos requisitos mínimos que foram identificados por ocasião do levantamento das descrições de cargos. Atribui-se ao nível de menor exigência um grau baixo e ao nível de maior exigência um grau elevado, proporcionais ao peso porcentual de cada fator de avaliação de cargos. Ao somatório de graus dá-se o nome de total de pontos. O mínimo de pontos deve ser fixado entre 100 e 200, enquanto o máximo pode variar de 500 a 1.300 pontos.[5] O somatório dos menores graus e

---

5 Ver Zimpeck. *Op. cit.*, p. 173 e 198, e Pontes. *Op. cit.*, p. 142-144.

dos maiores graus é arbitrário. Para o cálculo dos valores intermediários entre o menor e o maior grau, pode-se utilizar[6] uma progressão aritmética, uma progressão geométrica ou uma progressão mista, ficando a critério de quem executa o cálculo;

9) *total de pontos*: para obter-se o total de pontos de cada cargo, substitui-se o numeral correspondente ao nível de exigência de cada fator de avaliação por seu valor e somam-se os graus. O total de pontos obtido do somatório de graus dos fatores constitui o *valor relativo* do cargo e determina a posição na estrutura hierárquica de cargos na empresa;

10) *valor absoluto* do cargo: é o salário efetivamente pago ao seu ocupante;

11) *salário ajustado* do cargo: é obtido estatisticamente, por uma correlação entre o total de pontos e salários pagos, considerando todos os cargos avaliados;

12) *correlação*: é um índice que indica o quanto duas variáveis se comportam em determinado sentido, na medida que seus valores são modificados. O índice varia de +1 até –1. Se o índice for positivos indica correlação positiva; se for negativo, indica correlação negativa; e se for 0 (zero), indica inexistência de correlação;

13) *coeficiente de determinação*: é um índice proveniente do coeficiente de correlação elevado ao quadrado. É o índice mais apropriado no cálculo da ponderação de fatores por apresentar resultados mais consistentes;

14) *classificação de cargos*: é o resultado, ordenado, proveniente do total de pontos e dos salários ajustados para que se conheça a real situação da estrutura de cargos na empresa, base de possíveis mudanças para atender às decisões dos dirigentes da instituição.

2.2.2 Modelo de Manual de Avaliação

Um modelo de manual de avaliação não deve ser transplantado pura e simplesmente para qualquer empresa. O modelo é composto de fatores de avaliação que se desdobram em diversos níveis de exigências para que se possa melhor comparar e avaliar os cargos da empresa.

---
6 Ver Zimpeck. *Op. cit.*, p. 181.

Quadro 2.1 Modelo de Manual de Avaliação de Cargos.

> F1 – Formação Base (escolaridade);
> F2 – Treinamento (aperfeiçoamento/desenvolvimento);
> F3 – Experiência Atual;
> F4 – Experiência Anterior;
> F5 – Resolução de Problemas;
> F6 – Responsabilidade Analítica;
> F7 – Responsabilidade por Contatos;
> F8 – Responsabilidade por Número de Subordinados;
> F9 – Responsabilidade por Folha de Pagamento.

Quadro 2.2 Fator de Avaliação de Cargos.

F1 – Formação Base (escolaridade)

Este fator avalia as exigências mínimas do cargo examinado, em termos de conhecimentos teóricos requeridos à compreensão e execução satisfatória das atividades que lhes são inerentes e específicas. Abrange a cultura específica, técnica, profissional e geral exigida do ocupante para o exercício satisfatório do cargo. Essa formação base é adquirida por meio de ensino escolar sistemático e cursos especializados.

Nível	Conceito	Grau
N1	Alfabetização	
N2	4ª Série do Ensino Fundamental	
N3	6ª Série do Ensino Fundamental	
N4	Ensino Fundamental completo	
N5	Ensino Médio incompleto	
N6	Ensino Médio completo	
N7	Ensino Superior incompleto	
N8	Ensino Superior completo	
N9	Pós-Graduação (Especialização)	
N10	Mestrado	
N11	Doutorado	

Quadro 2.3 Fator de Avaliação de Cargos.

F2 – Treinamento (aperfeiçoamento/desenvolvimento)		
Este fator avalia as exigências mínimas do cargo examinado, em termos de aperfeiçoamento e desenvolvimento de pessoal, relacionados com o nível de formação base, conforme grupo ocupacional, guardando portanto uma relação de complementação. O curso de treinamento que o ocupante do cargo tenha feito, esteja fazendo ou venha a fazer, por exigência do cargo, pressupõe um aprimoramento do ocupante no desempenho do cargo ou sua preparação para promoção, dentro do plano de carreira, para cargo de maior conteúdo, habilidade e/ou responsabilidade.		
Nível	**Conceito**	**Grau**
N1	Cursos de treinamento em nível equivalente ao Ensino Fundamental, com carga horária até 45 horas.	
N2	Cursos de treinamento em nível equivalente ao Ensino Fundamental, com carga horária até 90 horas.	
N3	Cursos de treinamento em nível equivalente ao Ensino Fundamental, com carga horária superior a 90 horas.	
N4	Cursos de treinamento em nível equivalente ao Ensino Médio, com carga horária até 90 horas.	
N5	Cursos de treinamento em nível equivalente ao Ensino Médio, com carga horária até 180 horas.	
N6	Cursos de treinamento em nível equivalente ao Ensino Médio, com carga horária superior a 180 horas.	
N7	Cursos de treinamento em nível equivalente ao Ensino Superior, com carga horária até 180 horas.	
N8	Cursos de treinamento em nível equivalente ao Ensino Superior, com carga horária até 360 horas.	
N9	Cursos de treinamento em nível equivalente ao Ensino Superior, com carga horária superior a 360 horas.	

Quadro 2.4 Fator de Avaliação de Cargos.

F3 – Experiência Atual		
Este fator avalia o tempo requerido pelo ocupante de cargo para adquirir experiência prática, necessária ao pleno desempenho funcional específico da posição, no exercício do próprio cargo. O tempo de estágio é considerado na Formação Base.		
Nível	**Conceito**	**Grau**
N1	Até um mês	
N2	Até três meses	
N3	Até seis meses	
N4	Até doze meses	
N5	Até dois anos	
N6	Até quatro anos	
N7	Até oito anos	
N8	Acima de oito anos	

Quadro 2.5 Fator de Avaliação de Cargos.

F4 – Experiência Anterior		
Este fator avalia o tempo de experiência requerido, em cargos do mesmo grupo ocupacional ou não, necessário ao desempenho do cargo atual. Pressupõe uma condição que assegure desempenho adequado nesse cargo ou possibilidade de promoção, dentro do plano de carreira, para cargo de maior conteúdo, habilidade e/ou responsabilidade.		
Nível	Conceito	Grau
N1	Até um ano, para cargos classificados no grupo ocupacional operacional ou administrativo.	
N2	Acima de um ano, para cargos classificados no grupo ocupacional, operacional ou no grupo ocupacional administrativo.	
N3	Até 2 anos, para cargos classificados no grupo ocupacional de técnicos de nível médio ou de profissional de nível superior.	
N4	Mais de 2 e até 4 anos, para cargos classificados no grupo ocupacional de técnicos de nível médio ou de profissional de nível superior.	
N5	Acima de 4 anos, para cargos classificados no grupo ocupacional de técnicos de nível médio ou de profissionais de nível superior.	
N6	Até 4 anos, cuja experiência anterior seja exigida em cargos do grupo ocupacional de média supervisão.	
N7	Mais de 4 anos de experiência anterior, exigida em cargos do grupo ocupacional de média supervisão.	
N8	Até 8 anos, para cargos cuja experiência anterior seja exigida em cargos do grupo ocupacional gerencial.	
N9	Mais de 8 anos de experiência anterior, exigida em cargos do grupo ocupacional gerencial.	

O Método de Pontos combina uma técnica analítica, na qual os cargos são divididos em partes, ou fatores de avaliação de cargos, com o objetivo de fazer comparações entre elas, com uma técnica quantitativa, na qual são atribuídos valores numéricos para cada parte do cargo e um valor total para o cargo obtido pelo somatório dos valores numéricos de cada parte ou fator de avaliação. O método de pontos exige uma definição muito clara de uma faixa de critérios preestabelecidos que agem como esquema padrão por meio do qual cada cargo é comparado para fins de avaliação. Os critérios utilizados são provenientes da própria constituição dos cargos examinados. Os critérios são conhecidos como fatores de avaliação. O uso de fatores como elementos de comparação tem um inconveniente e provoca algumas limitações ao esquema: os cargos são amplamente diversificados em seu conteúdo, em suas demandas, em seus requisitos

Quadro 2.6 Fator de Avaliação de Cargos.

F5 – Resolução de Problemas		
Este fator avalia a amplitude de habilidade necessária para resolver situações novas e até que grau ela é requerida para atender e/ou antecipar dificuldades e resolvê-las sem receber orientação específica. Leva em consideração a complexidade do trabalho, incluindo criatividade e recursos necessários, e a ponderação dos fatos existentes e as condições para discutir sobre o curso de ação a ser tomado.		
Nível	Conceito	Grau
N1	Trabalho simples, dispensando conhecimentos específicos e experiências anteriores.	
N2	Trabalho repetitivo, sem variações, tempos e movimentos padronizados, seqüenciais e idênticos, exigindo alguma aprendizagem.	
N3	Trabalho repetitivo, com variações, exigindo conhecimento e habilidade na execução das diferentes seqüências de operação.	
N4	Trabalho rotineiro, com diferentes passos ou etapas ou ciclos, exigindo correta interpretação e aplicação das normas em vigor.	
N5	Trabalho diversificado, em que os padrões específicos nem sempre são previstos, exigindo o estudo de precedentes na solução de problemas.	
N6	Trabalho que envolve diversas áreas de atividade da empresa e/ou funções diferentes, exigindo flexibilidade na aplicação e/ou adaptação de conhecimentos, para desenvolver a solução adequada.	
N7	Trabalho que envolve situações originais, sem precedentes, requerendo raciocínio analítico e interpretativo no desenvolvimento de soluções ou projetos novos.	

nos diferentes níveis hierárquicos e entre diferentes funções. Entretanto, uma das vantagens do Método de Pontos é que ele permite estabelecer, com muita precisão, as diferenças de valor entre os cargos, embora essa vantagem seja neutralizada quando os fatores se superpõem ao significado ou a definição, provocando distorções de resultados entre os fatores, por medirem duplamente as mesmas características. Para contornar o problema, dividem-se os cargos em famílias, como cargos operacionais, administrativos, gerenciais e outros, com diferentes esquemas de pontos feitos sob medida para atender cada família de cargos. Os cargos diferem entre si, precisam ser comparados por diferentes fatores. Como a importância desses fatores varia, deve-se verificar qual a importância relativa de cada fator ou de cada conjunto de fatores e atribuir alguma forma de participação, em termos de peso ou de porcentual, para os fatores dentro do esquema. Estabelecida a estrutura de fatores, os cargos podem ser avaliados e quantificados dentro de uma base comparativa.

Quadro 2.7 Fator de Avaliação de Cargos.

F6 – Responsabilidade Analítica		
Este fator avalia a responsabilidade analítica quanto ao exame minucioso do trabalho, no que concerne a sua natureza, requerida pelo cargo para elaborar, avaliar, criar e formular conclusões. Esta análise diminui a medida que o exame é circunscrito, limitado por precedentes ou sujeito ao julgamento de outros.		
Nível	**Conceito**	**Grau**
N1	Responsabilidade analítica pelo exame de ordens de serviço e/ou relatórios e/ou registros, requerendo conferência e/ou transcrição de dados muito simples.	
N2	Responsabilidade analítica pelo exame de ordens de serviço e/ou relatórios e/ou registros, requerendo conferência e/ou transcrição de dados com base em regras rígidas.	
N3	Responsabilidade analítica pelo exame de ordens de serviço e/ou relatórios e/ou registros, requerendo a complementação, a inclusão e o cálculo de dados de informações omitidas, com base em precedentes.	
N4	Responsabilidade analítica pelo exame de ordens de serviço e/ou relatórios e/ou registros, requerendo a elaboração e o desenvolvimento de serviços especializados em que os conceitos são bem definidos.	
N5	Responsabilidade analítica pelo exame de ordens de serviço e/ou relatórios e/ou registros, requerendo elaboração, desenvolvimento e avaliação de serviços técnicos.	
N6	Responsabilidade analítica pelo exame de ordens de serviço e/ou relatórios e/ou registros, requerendo o estudo para implantação e/ou apoio decisório de serviços de natureza técnica para definir critérios alternativos.	
N7	Responsabilidade analítica pelo exame de ordens de serviço e/ou relatórios e/ou registros, requerendo estudo de assessoramento.	

Considerado o mais aperfeiçoado e o mais utilizado dos métodos de avaliação de cargos, o Método de Pontos, um método quantitativo, caracteriza-se pelo fato de apreciar em separado cada um dos fatores de avaliação (identificados na fase de análise de requisitos) que compõem o cargo, cada qual dividido em vários subfatores, que, por sua vez, são subdivididos em diferentes níveis de exigência, recebendo um número respectivo de pontos para cada nível. A soma dos pontos determinará o valor relativo global do cargo.

Quadro 2.8 Fator de Avaliação de Cargos.

F7 – Responsabilidade por Contatos		
Este fator avalia a habilidade de relacionamento humano, considerando a importância e a complexidade dos assuntos tratados interna e externamente, bem como os possíveis efeitos desses contatos nas operações da empresa. Não considerar os contatos de trabalho com o superior imediato, com os subordinados ou com os companheiros de trabalho.		
Nível	**Conceito**	**Grau**
N1	Obter e prestar informações simples, próprias do ambiente de trabalho.	
N2	Obter e prestar informações restritas às rotinas.	
N3	Obter e prestar informações variadas dentro dos limites das normas específicas da área, requerendo facilidade de expressão no trato com terceiros.	
N4	Obter e prestar informações diversificadas, dentro dos limites das normas gerais de assuntos especializados da área, requerendo aceitação e cooperação.	
N5	Obter e prestar informações, solucionando controvérsias na interpretação de políticas funcionais, no tratamento de assuntos técnicos, requerendo discernimento e habilidade para conseguir aceitação de outros.	
N6	Obter e prestar informações, tratando de assuntos de interesses políticos ou comerciais, sem orientação direta, requerendo habilidade e discernimento, a fim de convencer outros a aceitar novas alternativas.	
N7	Obter e prestar informações, compartilhando as necessidades e as idéias dos outros, requerendo absoluto domínio funcional, senso de oportunidade e vivência profissional, para tratar de assuntos preponderantes nas operações da empresa.	
N8	Obter e prestar informações que exigem influência sobre terceiros, envolvendo estratégia para conseguir colaboração irrestrita na resolução de diferenças de opinião e assegurando aceitação e coordenação na orientação das políticas para atingir as metas, que, se estabelecidas e/ou mantidas inadequadamente, podem prejudicar interesses recíprocos.	

Todos os fatores têm os seus conceitos e níveis de exigência definidos em um manual próprio, chamado de manual de avaliação de cargos. Ao se avaliar um cargo, analisam-se todos os fatores, estabelecendo-se um nível de exigência para cada fator e o seu correspondente em pontos. Somando-se os pontos obtidos em cada fator, obtém-se o resultado da avaliação do cargo.

Quadro 2.9 Fator de Avaliação de Cargos.

F8 – Responsabilidade por Número de Subordinados			
Este fator avalia a responsabilidade pela supervisão, em razão da quantidade de subordinados diretos e indiretos. Considera, outrossim, a assessoria prestada, envolvendo a chefia imediata ou aquela prestada para profissionais não subordinados à chefia imediata.			
Nível	**Conceito**	**Grau**
N1	Embora não exerça supervisão direta, presta assessoria ou assistência à chefia imediata, orientando um grupo de pessoas subordinado àquela.	
N2	Embora não exerça supervisão direta, presta assessoria ou assistência à chefia imediata, orientando, tecnicamente, um grupo de pessoas, no exercício de supervisão, não subordinadas à chefia imediata.	
N3	Supervisiona um grupo de até 5 subordinados.	
N4	Supervisiona um grupo de até 25 subordinados.	
N5	Supervisiona um grupo de até 125 subordinados.	
N6	Supervisiona um grupo de até 625 subordinados.	
N7	Supervisiona um grupo de até 3.125 subordinados.	
N8	Supervisiona um grupo de até 15.625 subordinados.	
N9	Supervisiona um grupo acima de 15.625 subordinados.	

Quadro 2.10 Fator de Avaliação de Cargos.

F9 – Responsabilidade por Folha de Pagamento			
Este fator avalia a responsabilidade pela supervisão, em razão do valor monetário dos cargos subordinados, que traduzem o grau de complexidade do trabalho supervisionado, bem como a complexidade do trabalho de assessoria prestado.			
Nível	**Conceito**	**Grau**
N1	O montante da folha de pagamento, dos subordinados ou do pessoal assessorado, pode ser de até 5 salários mínimos.	
N2	O montante da folha de pagamento, dos subordinados ou do pessoal assessorado, pode ser de até 25 salários mínimos.	
N3	O montante da folha de pagamento, dos subordinados ou do pessoal assessorado, pode ser de até 125 salários mínimos.	
N4	O montante da folha de pagamento, dos subordinados ou do pessoal assessorado, pode ser de até 625 salários mínimos.	
N5	O montante da folha de pagamento, dos subordinados ou do pessoal assessorado, pode ser de até 3.125 salários mínimos.	
N6	O montante da folha de pagamento, dos subordinados ou do pessoal assessorado, pode ser de até 15.625 salários mínimos.	
N7	O montante da folha de pagamento, dos subordinados ou do pessoal assessorado, pode ser de até 78.125 salários mínimos.	
N8	O montante da folha de pagamento, dos subordinados ou do pessoal assessorado, pode ser de até 390.625 salários mínimos.	
N9	O montante da folha de pagamento, dos subordinados ou do pessoal assessorado, vai além de 390.625 salários mínimos.	

O método consiste em comparar as descrições e especificações dos diversos cargos com definições previamente elaboradas, com a finalidade de atribuir a cada cargo uma soma de pontos, variando segundo o nível em que cada cargo se enquadra nos requisitos e nas condições previstas no manual de avaliação.

O Método de Pontos se constitui em um padrão para avaliar todas as atividades que compõem os diferentes cargos. Para o desenvolvimento das avaliações as empresas devem formar uma comissão com os seus mais competentes profissionais, assessorados, se possível, por perito em organização, e que dediquem tempo e esforço à análise das tarefas e atividades dos cargos.

O Método de Pontos estabelece que, conhecendo-se o coeficiente de correlação[7] de cada fator de avaliação de cargos (identificados na fase de análise de requisitos), do conjunto de fatores considerados para uma empresa, em seus valores absolutos, ou os coeficientes de determinação,[8] haverá condições de obter a ponderação dos fatores de avaliação de cargos,[9] ou seja, a participação porcentual ou peso porcentual de cada fator, necessários à determinação dos valores absolutos dos cargos.

Após a ponderação dos fatores de avaliação de cargos, estabelecem-se escalas de graduação de fatores,[10] compatíveis com os níveis de exigência de cada fator, considerando o valor relativo dos coeficientes de correlação.

2.2.3 Revisão do Plano de Classificação

Consiste no reestudo das descrições de cargos dos diferentes planos salariais, da ponderação e graduação de escala de fatores, assegurando total atualização e precisão no que diz respeito aos valores relativos dos cargos.

Pelo que tivemos oportunidade de acompanhar, podemos imaginar o quanto de tempo, trabalho e responsabilidade envolve a revisão do plano de classificação de cargos. O ideal seria dispor de um instrumento que identificas-

---

7 Coeficiente de correlação é um índice que indica o grau em que duas variáveis se comportam em determinado sentido, a medida que seus valores são modificados. O índice varia de +1 até −1. Se o índice for positivo, indica correlação positiva; se negativo, indica correlação negativa; e se for 0 (zero), indica a inexistência de correlação.

8 Coeficiente de determinação é o resultado do coeficiente de correlação elevado ao quadrado.

9 Ponderação de fatores de avaliação é a atribuição de peso percentual a cada fator de avaliação de cargos. A ponderação nada mais é do que atribuir a cada um dos fatores de avaliação o seu peso relativo nas comparações entre os cargos. De um modo geral, utiliza-se o peso porcentual com que cada fator entra na avaliação dos cargos, fazendo com que seu somatório seja 100%.

10 Escalas de graduação de fatores nada mais é que a atribuição de valores aos diferentes níveis de exigência dos fatores de avaliação, com base nas ponderações.

se antecipadamente quais cargos estariam em desarmonia com o mercado, não só em termos de estrutura de salários, mas também em razão de estrutura de cargos.

No processo de revisão, normalmente, desenvolve-se uma pesquisa de salários. Logo, os procedimentos mais indicados seriam aqueles presentes na Seção 2.5, uma vez que os cargos que apresentarem disparidades, em termos de posição hierárquica entre estrutura da empresa e estrutura de mercado (ver Fluxograma 2.1), serão revistos, diminuindo-se, significativamente, o tempo dos profissionais envolvidos na realização do trabalho.

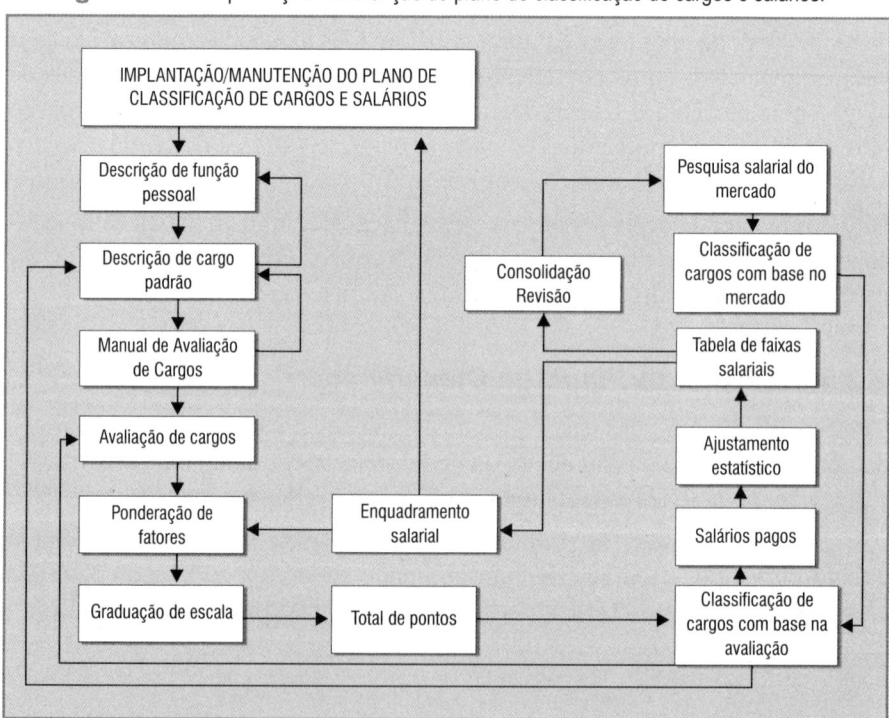

Fluxograma 2.1 Implantação/Manutenção do plano de classificação de cargos e salários.

```
                IMPLANTAÇÃO/MANUTENÇÃO DO PLANO DE
                CLASSIFICAÇÃO DE CARGOS E SALÁRIOS
                              │
                              ▼
                    Descrição de função          Pesquisa salarial do
                         pessoal                      mercado
                              │                          │
                              ▼                          ▼
                    Descrição de cargo           Classificação de
                         padrão        ← Consolidação →  cargos com base no
                              │            Revisão           mercado
                              ▼                          │
                    Manual de Avaliação          Tabela de faixas
                         de Cargos                   salariais
                              │                          │
                              ▼                          ▼
                    Avaliação de cargos           Ajustamento
                              │                    estatístico
                              ▼                          │
                    Ponderação de  ← Enquadramento  Salários pagos
                       fatores          salarial        │
                              │                          ▼
                              ▼                   Classificação de
                   Graduação de escala → Total de pontos → cargos com base na
                                                        avaliação
```

2.2.4 Método de Pontos Atual

O processo de desenvolvimento de um plano de cargos que tenha por base o Método de Pontos atual considera um conjunto de fatores que pode ser exemplificado com as que, a seguir, apresentamos:

a) *conhecimentos*: avalia o nível de formação base exigida pelo cargo;

b) *experiência*: determina o tempo total que deve ser considerado para o pleno desempenho do cargo;

c) *complexidade das tarefas*: avalia o nível de rotina das tarefas, variedade e diversidade de problemas inerentes ao cargo;

d) *esforço físico*: avalia o nível de fadiga física, considerando freqüência, duração e grau de incidência, como conseqüência das atribuições do cargo;

e) *esforço mental/visual*: avalia o nível de fadiga mental e/ou visual, considerando a intensidade exigida na execução de detalhes do trabalho, a fadiga proveniente de análises e solução de problemas, bem como a incidência e duração do esforço;

f) *responsabilidade pelo patrimônio*: avalia o nível das perdas materiais causadas ao patrimônio em decorrência de descuidos normais;

g) *responsabilidade pela segurança de terceiros*: avalia o nível de seriedade dos acidentes que possam envolver terceiros em razão do trabalho desempenhado pelo ocupante do cargo;

h) *responsabilidade pelo trabalho de outros*: avalia o nível de conferência e distribuição de tarefas, considerando o número de pessoas sob a orientação ou sob a subordinação do ocupante do cargo;

i) *ambiente*: avalia o nível de desconforto produzido, pela ação de elementos desagradáveis, no local de trabalho, considerando a incidência, duração e simultaneidade que agridem o ocupante do cargo;

j) *segurança*: avalia o nível de seriedade de acidentes, considerando a possibilidade de ocorrência a que fica sujeito o ocupante do cargo.

No Método de Pontos é obrigatória a construção de uma escala de graduação para cada fator de avaliação que constitui os cargos, ficando claro que, previamente, serão selecionados, para cada tipo de cargo, os fatores considerados preponderantes ou característicos.

Para cada fator de avaliação selecionado é atribuído uma escala em termos de níveis de exigência[11], a qual receberá valores em graus, provenientes da

---

11 O nível de exigência corresponde ao quanto do fator em estudo é exigido do ocupante do cargo. Em princípio, quando o coeficiente de correlação é positivo, quanto mais se exige de determinado fator, mais alto é o salário e vice-versa; quando o coeficiente é negativo, ocorre o contrário, para o caso de função linear.

ponderação e da correlação que cada fator representa no conjunto da importância dos fatores considerados.

A Administração de Salários se preocupa com estruturas salariais e não com os salários tomados individualmente, entretanto, para atingir seu objetivo é necessário considerar em seus estudos cada cargo e cada salário existente para definir a estrutura salarial da empresa.

2.2.5 Visão e Procedimentos Atuais

2.2.5.1 *Avaliação de Cargos*

A avaliação de cargos pelo Método de Pontos é determinada, em princípio, pelo valor relativo de cada cargo do conjunto de cargos de uma empresa, estabelecida a partir do conteúdo da descrição em confronto com um manual composto de fatores de avaliação subdivididos em diferentes níveis de exigência, determinantes do valor do cargo e que contemplam os Requisitos Mentais, Requisitos Físicos, Responsabilidades e Condições de Trabalho.

No que diz respeito aos limites mínimo e máximo de pontuação, Benedito Rodrigues Pontes (1989, p. 144) declara que:

> *pode-se utilizar quaisquer valores como máximo e mínimo de pontos.* De modo geral, as empresas *determinam 100 como mínimo e 500 a 1.000 como máximo.*

Para conhecer o peso ou a participação porcentual dos fatores de avaliação nos resultados da primeira ponderação, Zimpeck (1990) atribui o mesmo peso a cada fator. Com isso, os graus dos fatores obedecem a uma progressão aproximadamente geométrica, em que o peso mínimo é 200 e o máximo é 1.300, estabelecidos arbitrariamente. Os cálculos, de ajustamento linear e de correlação, foram obtidos a partir dos salários médios dos cargos-chave (Tabela 2.1).

Um outro procedimento adotado por profissionais da área consiste em cal-cular os valores absolutos dos coeficientes de correlação linear de cada fator de avaliação, considerando os níveis de exigência e os respectivos salários dos cargos e, com base neles, calcular a ponderação dos fatores.

2.2.5.2 *Plano de Salários*

No que diz respeito à elaboração de planos salariais ou planos de classificação de cargos e salários para uma mesma empresa, Carneiro (1970) se refere a

Paton e Smith quando afirma que os planos mistos para avaliação simultânea de todos os cargos, administrativos e operacionais, de uma mesma empresa não tiveram o sucesso esperado, por não serem suas características comparáveis.

Em razão dessa afirmativa, vários autores têm recomendado a elaboração de diferentes manuais de avaliação para diferentes grupos de cargos.[12] Há inúmeras empresas com dois ou mais planos salariais para atender os diversos tipos de cargos de sua estrutura.

A justificativa para tal procedimento está na recomendação de que os fatores de avaliação devem contemplar todos os cargos a serem avaliados, em diferentes níveis de exigências; portanto, se algum fator não atender esse pré-requisito, deve ser eliminado por não ser suficientemente representativo.[13]

Uma outra abordagem pode ser feita pelo número de fatores que deve compor um manual de avaliação, no qual diferentes autores recomendam a utilização de não menos de oito fatores e nunca mais do que doze, justificando que com menos de oito não se teria a necessária precisão e que com mais de doze não se aumentaria a precisão dos resultados.[14]

Na elaboração e desenvolvimento dos planos salariais, os manuais de avaliação possuem uma importância fundamental, pois, por meio deles se chegará aos valores salariais dos cargos. Na composição dos manuais utilizam-se vários fatores e o que se constata é que alguns fatores de avaliação estão presentes em mais de um manual, recebendo, ao final, ponderações distintas, apesar de avaliarem cargos da mesma empresa.[15]

---

12 Embora nem sempre façam referência a Paton e Smith, vários autores recomendam diferentes manuais de avaliação para diferentes tipos de cargos, entre eles citam-se Paulo Pinto Ferreira, Flávio de Toledo, Ruy Aguiar da Silva Leme, Beverly Glen Zimpeck, Benedito Rodrigues Pontes e o próprio Ennor de Almeida Carneiro.
13 Dentre os defensores desse ponto de vista estão, entre outros, Tomás de Vilanova Monteiro Lopes, Ruy Aguiar da Silva Leme e Beverly Glen Zimpeck.
14 Quanto ao número mínimo e máximo de fatores a serem utilizados no manual de avaliação de cargos, não existe unanimidade de opinião. As sugestões variam de 4 a 15, 8 a 12, e há, também, quem sugira 35 fatores. Dentre os autores pesquisados, citam-se: Flávio de Toledo, Ruy Aguiar da Silva Leme, Beverly Glen Zimpeck, Benedito Rodrigues Pontes, Ennor de Almeida Carneiro e Roberto Santos. Nossa posição é a de que o número de fatores dependerá exclusivamente da situação ou do momento da empresa, em razão dos diferentes tipos de cargos que compõem seu contingente.
15 Na consulta realizada em várias obras, constatou-se que alguns fatores aparecem em diferentes manuais para a mesma empresa, como sugestão dos autores Ruy Aguiar da Silva Leme, Beverly Glen Zimpeck, Benedito Rodrigues Pontes e Ennor de Almeida Carneiro, porém, com ponderações diferentes para os cargos da mesma empresa.

Tabela 2.1 Resumo das avaliações dos cargos.

Títulos de Cargos	Fatores e Níveis										
	F1	F2	F3	F4	F5	F6	F7	F8	F9	F10	Salários R$
1. Auxiliar de Limpeza	1	1	1	3	1	1	1	1	3	2	185
2. Porteiro	2	2	1	2	2	2	1	1	1	1	227
3. Vigia	2	1	1	3	2	2	1	1	3	1	235
4. Ajudante Almoxarifado	2	1	1	6	1	3	2	1	3	3	258
5. Ajudante Cozinheiro	1	2	2	3	1	2	2	1	3	3	263
6. Ajudante Topógrafo	2	3	2	3	1	1	2	1	3	2	268
7. Zelador de Ferramentas	2	2	2	2	2	4	1	1	2	2	283
8. Lavador/Lubrificador de Veículos	2	2	2	3	2	3	2	1	5	4	315
9. Jardineiro	2	4	3	3	2	1	1	1	3	2	332
10. Operador de Empilhadeira	2	3	2	3	3	4	2	1	3	3	340
11. Encadernador	2	4	2	3	3	3	1	1	3	2	343
12. Ajudante de Mecânico	3	3	3	4	2	2	1	1	4	3	351
13. Cozinheiro	2	5	3	3	3	3	2	2	3	3	404
14. Desenhista Copista	4	5	3	1	3	2	1	1	1	1	425
15. Motorista	3	4	2	3	3	4	3	1	3	4	456
16. Impressor *Off-set*	3	5	5	2	3	3	1	1	3	3	466
17. Pintor de Veículos	3	5	2	4	4	3	1	1	5	4	472
18. Lanterneiro	3	5	2	4	4	3	1	1	5	4	478
19. Eletricista de Transformador	4	4	3	3	3	5	2	2	4	3	489
20. Eletricista de Veículos	3	5	3	4	4	3	2	2	4	4	497
21. Garagista	3	5	4	2	2	3	1	1	3	2	507
22. Mecânico de Veículos	4	4	3	4	3	4	3	2	4	4	520
23. Mecânico Ajustador	4	5	4	4	4	4	1	2	4	4	582
24. Torneiro Mecânico	4	5	4	4	4	4	2	1	4	4	596
25. Mecânico Ajust. de Veículo	4	5	4	4	4	4	2	2	4	4	598
26. Fiscal de Obras	5	5	4	3	4	4	1	3	2	2	645
27. Laboratorista	5	5	5	1	4	4	1	2	2	2	648
28. Inspetor de Segurança	5	6	4	4	3	3	3	1	3	2	704
29. Técnico Montador	5	5	4	5	4	4	2	4	3	4	706
30. Topógrafo II	5	5	5	2	4	4	1	2	3	3	723
31. Desenhista Arte-Finalista	5	6	5	1	5	2	1	1	1	1	737
32. Rádio-técnico	5	6	5	3	4	6	1	1	2	4	754
33. Topógrafo I	6	6	5	2	4	5	1	4	3	3	873
34. Programador Artes Gráficas	6	6	5	1	6	3	1	3	1	1	902
35. Eletrotécnico de Manutenção	6	6	5	4	4	5	4	3	3	5	945
36. Inspetor de Materiais	7	6	5	3	5	6	2	1	3	2	1068
37. Desenhista Projetista	6	7	6	1	6	3	1	1	1	1	1145
38. Técnico Eletrônico	6	8	6	1	5	2	2	2	1	2	1180
39. Encarregado de Manutenção Mecânica	6	8	5	3	4	6	3	5	4	4	1270
40. Encarregado de Manutenção Elétrica	6	8	5	3	4	6	4	5	3	5	1282

Fonte: Zimpeck (1990, p. 199).

2.2.6 Plano de Classificação de Cargos

Nesta seção iremos observar, por um conjunto de tabelas, os procedimentos recomendados por Zimpeck (1990) no desenvolvimento do plano de classificação de cargos e salários.

2.2.6.1 Resumo das Avaliações de Cargos

As avaliações dos cargos são puramente exemplificativas, já que estamos considerando uma empresa fictícia. A intenção é desenvolver um plano de classificação de cargos que contenha todas as etapas, para facilitar o entendimento.

2.2.6.2 Outros Procedimentos

Tendo em vista as recomendações de outros autores e profissionais da área, apresentamos outros procedimentos para a ponderação de fatores e graduação de escala na determinação da classificação de cargos. Os limites dos valores mínimos e máximos dos planos de avaliação de cargos são estabelecidos de forma arbitrária.

Para fins de ilustração, em uma das alternativas, desenvolvemos a seqüência de cálculos de forma a se ter uma visão das diferentes etapas de elaboração do plano. Essas etapas contemplam o:

- cálculo do coeficiente de correlação;
- cálculo da ponderação de cada fator de avaliação;
- cálculo dos valores dos graus de cada fator de avaliação;
- cálculo do ajustamento salarial pela função linear;
- procedimento para elaboração de faixas salariais;
- custo de implantação do plano de classificação, por cargo;
- custo de implantação do plano de classificação, por grupo salarial.

Tabela 2.2 Ponderação de fatores, com base em coeficientes de correlação do total de pontos com salários.

Ponderação de Fatores de Avaliação de Cargos									
Fatores	F1	F2	F3	F4	F5	F6	F7	F8	F9
Coeficiente de Correlação	0,92574	0,89869	0,86353	0,25339	0,79080	0,59395	0,36851	0,64301	0,2269
Ponderação	16,6%	16,2%	15,5%	4,6%	14,2%	10,7%	6,6%	11,6%	4,1%

2.2.6.2.1 Resumo das Avaliações, com intervalo arbitrário (100 a 1.000)

Tabela 2.3 Preparação para o cálculo do coeficiente de correlação.

Fator de Avaliação – F2					
Cargo	X	Y	X^2	XY	Y^2
Auxiliar de Limpeza	1	185	1	185	34.225
Porteiro	2	227	4	454	51.529
Vigia	1	235	1	235	55.225
Ajudante Almoxarifado	1	258	1	258	66.564
Ajudante Cozinheiro	2	263	4	526	69.169
Ajudante Topógrafo	3	268	9	804	71.824
Zelador Ferramenta	2	283	4	566	80.089
Lavador/Lubrificador de Veículo	2	315	4	630	99.225
Jardineiro	4	332	16	1.328	110.224
Operador Empilhadeira	3	340	9	1.020	115.600
Encadernador	4	343	16	1.372	117.649
Ajudante de Mecânico	3	351	9	1.053	123.201
Cozinheiro	5	404	25	2.020	163.216
Desenhista Copista	5	425	25	2.125	180.625
Motorista	4	456	16	1.824	207.936
Impressor *Off-set*	5	466	25	2.330	217.156
Pintor de Veículos	5	472	25	2.360	222.784
Lanterneiro	5	478	25	2.390	228.484
Eletricista de Transformador	4	489	16	1.956	239.121
Eletricista de Veículos	5	497	25	2.485	247.009
Garagista	5	507	25	2.535	257.049
Mecânic. de Veículos	4	520	16	2.080	270.400
Mecânico Ajustador	5	582	25	2.910	338.724
Torneiro Mecânico	5	596	25	2.980	355.216
Mec. Ajust. Veículo	5	598	25	2.990	357.604
Fiscal de Obras	5	645	25	3.225	416.025
Laboratorista	5	648	25	3.240	419.904
Inspetor Segurança	6	704	36	4.224	495.616
Técnico Montador	5	706	25	3.530	498.436
Topógrafo II	5	723	25	3.615	522.729
Desenh. Arte-Finalist.	6	737	36	4.422	543.169
Rádio-técnico	6	754	36	4.524	568.516
Topógrafo I	6	873	36	5.238	762.129
Progr Artes Gráficas	6	902	36	5.412	813.604
Eletrotéc de Manut.	6	945	36	5.670	893.025
Inspetor Materiais	6	1.068	36	6.408	1.140.624
Desenhist. Projetista	7	1.145	49	8.015	1.311.025
Técnico Eletrônico	8	1.180	64	9.440	1.392.400
Enc. Man. Mecânica	8	1.270	64	10.160	1.612.900
Enc. Man. Elétrica	8	1.282	64	10.256	1.643.524
40 cargos	183	23.472	969	126.795	17.313.474
n	ΣX	ΣY	ΣX^2	ΣXY	ΣY^2
	4,575	586,8			0,898699

Quadro 2.11 Aplicação de fórmula para cálculo do coeficiente de correlação.

Fórmula geral do coeficiente de correlação:

$$r = \frac{\Sigma(XY) - n(Mx)(My)}{\sqrt{\{\Sigma(X^2) - n(Mx)^2\}\{\Sigma(Y^2) - n(MY)^2\}}}$$

Onde,

N = número de cargos;
Σ = somatório;
Mx = valor médio do somatório dos níveis do fator de avaliação;
My = valor médio do somatório dos salários dos cargos.

Considerando o fator de avaliação F2:

$$Mx = \frac{\Sigma X}{n} = \frac{183}{40} = 4,575 \text{ e } My = \frac{\Sigma Y}{n} = \frac{23472}{40} = 586,8$$

Substituindo por seus valores e calculando, teremos:

$$r = \frac{126795 - 40 \times 4,575 \times 586,8}{\sqrt{(969 - 40 \times 4,575^2) \times (17313474 - 40 \times 586,8^2)}}$$

$$r = \frac{126795 - 107384,4}{\sqrt{(969 - 837,225) \times (17313474 - 13773369,6)}}$$

$$r = \frac{19410,6}{\sqrt{131,775 \times 3540104,4}} = \frac{19410,6}{21598,548} = 0,8986993$$

O mesmo procedimento anterior é repetido em relação a cada fator de avaliação e, com os resultados obtidos, estamos em condições de calcular a ponderação dos fatores, como se vê na Tabela 2.3.

82 GESTÃO ESTRATÉGICA DE PESSOAS

Quadro 2.12 Cálculo dos valores dos graus do fator de avaliação de cargos.

Tomemos o mesmo fator de avaliação – F2, da Tabela 2.3:

O primeiro termo é 16 (arredondamento de 16,2), é proveniente da ponderação do fator, 16,2%;

o último termo é 162, múltiplo de 10, uma vez que estabelecemos, arbitrariamente, que o somatório mínimo dos graus é de 100 pontos e o máximo é de 10 x 100 = 1.000 pontos.

Os meios foram calculados, aplicando-se a fórmula como mostramos a seguir:

$$q = \sqrt[n-1]{\frac{M}{m}} \quad \text{logo, log } q = \frac{\log(M/m)}{n-1} = \text{antilog}\left(\frac{\log(M/m)}{n-1}\right)$$

Onde:

n = número de termos (número de níveis de exigência do fator de avaliação de cargos);

M = valor do maior termo;

m = valor do menor termo.

De posse da razão q, calculamos os meios: $n^1 = m$; $n^2 = mq$; $n^3 = mq_2$; $n^4 = mq_3$;... ; $n^n = mq_{n-1}$

Substituindo por seus valores e calculando, teremos:

$$q = \text{antilog}\left(\frac{\log 162/16,2}{8-1}\right) = \text{antilog}\left(\frac{\log 10}{7}\right) = \text{antilog}\left(\frac{1}{7}\right) = \text{antilog } 0,1428571 = 1,3894955$$

De posse da razão q e substituindo por seus valores, calculamos os meios:

$n_1 = 16,2 \times 1,3894955^0 = 16,2$ → 16

$n_2 = 16,2 \times 1,3894955^1 = 22,5$ → 22

$n_3 = 16,2 \times 1,3894955^2 = 31,3$ → 31

$n_4 = 16,2 \times 1,3894955^3 = 43,5$ → 43

$n_5 = 16,2 \times 1,3894955^4 = 60,4$ → 60

$n_6 = 16,2 \times 1,3894955^5 = 83,9$ → 84

$n_7 = 16,2 \times 1,3894955^6 = 116,5$ → 116

$n_8 = 16,2 \times 1,3894955^7 = 162,0$ → 162

O mesmo procedimento é repetido para os demais fatores.

Tabela 2.4 Ajustamento de salários pela função linear.

Título dos Cargos	Fator de Avaliação – F2				
	Total de Pontos X	Salário Real Y	X^2	XY	Salário Calculado $\hat{y}$
Auxiliar de Limpeza	116	185	13.456	21.460	198,56
Porteiro	131	227	17.161	29.737	225,80
Vigia	138	235	19.044	32.430	238,52
Ajudante Almoxarifado	181	258	32.761	46.698	316,63
Ajudante Cozinheiro	145	263	21.025	38.135	251,24
Ajudante Topógrafo	155	268	24.025	41.540	269,40
Zelador Ferramenta	169	283	28.561	47.827	294,83
Lavador/Lubrificador de Veículo	199	315	39.601	62.685	349,33
Jardineiro	172	332	29.584	57.104	300,28
Operador Empilhadeira	209	340	43.681	71.060	367,49
Encadernador	197	343	38.809	67.571	345,69
Ajudante de Mecânico	185	351	34.225	64.935	323,90
Cozinheiro	235	404	55.225	94.940	414,72
Desenhista Copista	221	425	48.841	93.925	389,29
Motorista	239	456	57.121	108.984	421,99
Impressor *Off-set*	285	466	81.225	132.810	505,55
Pintor de Veículos	271	472	73.441	127.912	480,11
Lanterneiro	271	478	73.441	129.538	480,11
Eletricista de Transformador	297	489	88.209	145.233	527,34
Eletricista de Veículos	274	497	75.076	136.178	485,56
Garagista	235	507	55.225	119.145	414,72
Mecânico de Veículos	295	520	87.025	153.400	523,71
Mecânico Ajustador	342	582	116.964	199.044	609,09
Torneiro Mecânico	341	596	116.281	203.236	607,27
Mecânico de Ajuste de Veículo	350	598	122.500	209.300	623,62
Fiscal de Obras	360	645	129.600	232.200	641,78
Laboratorista	373	648	139.129	241.704	665,40
Inspetor Segurança	358	704	128.164	252.032	638,15
Técnico Montador	419	706	175.561	295.814	748,96
Topógrafo II	382	723	145.924	270.180	681,75
Desenhista Arte-Finalista	392	737	153.664	288.904	699,91
Rádio-técnico	459	754	210.681	346.086	821,62
Topógrafo I	511	873	261.121	446.103	916,07
Programador Artes Gráficas	516	902	266.256	465.432	925,16
Eletrotécnico de Manutenção	553	945	305.809	522.585	992,37
Inspetor Materiais	594	1.068	352.836	634.392	1.066,84
Desenhista Projetista	580	1.145	336.400	664.100	1.041,41
Técnico Eletrônico	580	1.180	336.400	684.400	1.041,41
Encarregado de Manutenção Mecânica	717	1.270	514.089	910.590	1.290,27
Encarregado de Manutenção Elétrica	742	1.282	550.564	951.244	1.335,69
40 (número de cargos)	13.189	23.472	5.398.705	9.646.599	23.471,5
n	ΣX	ΣY	$ΣX^2$	ΣXY	Σŷ

Quadro 2.13 Cálculo dos valores salariais, pela função linear

Temos, com base na Tabela 2.4, as seguintes informações:

Σ = somatório;
X = total de pontos da avaliação de cada cargo;
Y = salário real de cada cargo;
ŷ = salário calculado (ou ajustado);
n = número de termos (no caso, número de cargos avaliados).

Fórmula geral da reta: y = a + bX
Sistema de equações para a determinação do salário calculado, por meio da reta:

$\Sigma Y = na + b\Sigma X$
$\Sigma XY = a\Sigma X + b\Sigma X^2$

Substituindo as incógnitas das equações acima por seus valores:

23472   = 40a + 13189b
9646599   = 13189a + 5398705b

Multiplicando a primeira equação pelo quociente da divisão de 13189/40 = 329,725 e trocando seus sinais e adicionando à segunda equação, teremos:

–7739305,2   = –13189a – 4348743b
9646599   = 13189a + 5398705b
1907293,8   = 1049962b

donde, b = 1907293,8 / 1049962   logo, b = 1,816536

Agora que temos o valor de b, basta substituí-lo numa das equações e encontraremos o valor de a:

23472 = 40a + 13189 x 1,816536 = 40a + 23958,294
40a = 23472 – 23958,294 = – 486,294   donde, a = – 486,294/40   logo, a = –12,15735

Substituindo a e b na fórmula geral da reta, y = bX + a, por seus valores, teremos:

ŷ = 1,816536X – 12,15735

que nos permitirá calcular ao substituirmos X (total de pontos) por seu valor.

O principal objetivo do Quadro 14 é fornecer meios para a elaboração de faixas salariais.

Quadro 2.14 Procedimentos para elaboração de faixas salariais.

Os totais de pontos das avaliações serão dispostos em intervalos de classe de pontos, que servirão de base para a elaboração das faixas salariais, as quais passarão a ser identificadas por grupos salariais.

Os intervalos de classe serão elaborados com base em uma progressão geométrica (PG), cujo número de termos é igual ao número de grupos salariais mais um (GS + 1). A fórmula para cálculo dos intervalos de classe de pontos é a mesma que já tivemos oportunidade de utilizar quando vimos graduação de escalas de fatores de avaliação de cargos.

A determinação do número de intervalos de classe precisa atender ao pressuposto de que no mesmo intervalo não devem coexistir cargos com vinculação de subordinação. Ao se experimentar várias alternativas, optamos por 11 intervalos de classe como o número mínimo de grupos salariais para o caso em estudo.

De acordo com a Tabela 5, de graduação de escala, o menor somatório de pontos é 100 e o maior é 1000. Considerando que 11 seja o número de classes conveniente para o caso em estudo, vamos, seguindo as etapas, determinar os limites Menor e Maior dos intervalos de classe, bem como os valores salariais B (Mínimo) e C (Máximo) das faixas salariais, conforme a Tabela 2.5.

Agora vejamos como encontramos os valores da Tabela 2.5.

Limites Menor e Maior dos intervalos de classe:

O primeiro termo, m, é 100, proveniente do somatório dos graus mais baixos de cada fator de avaliação;

O último termo, M, é 1.000 pontos, proveniente do somatório dos graus mais elevados de cada fator.

Os meios são calculados aplicando a fórmula como a seguir mostramos:

$$q = \sqrt[n-1]{\frac{M}{m}} \quad \text{logo, } \textbf{logo} \quad q = \frac{Log(M/N)}{GS + 1 - 1} = \textbf{antilog}\left(\frac{Log(M/N)}{GS + 1 - 1}\right)$$

Onde:

n = número de termos (número de níveis de exigência do fator de avaliação de cargos);

M = valor do maior termo;

m = valor do menor termo.

De posse da razão **q**, calculamos os meios: $n_1 = m$; $n_2 = mq$; $n_3 = mq^2$; $n_4 = mq^3$; ... ; $n^n = mq^{n-1}$

Substituindo por seus valores e calculando, teremos:

$$q = \textbf{antilog}\left(\frac{\log 1000 / 100}{11 + 1 - 1}\right) = \textbf{antilog}\left(\frac{\log 10}{11}\right) = \textbf{antilog}\left(\frac{1}{11}\right) = \textbf{antilog } 0{,}0909091 = 1{,}2328467$$

De posse da razão **q**, calculamos os meios, n, cujo resultado representa o limite exato do total de pontos que separa um intervalo de classe de outro e deve ser utilizado para o cálculo dos valores salariais **B** (Mínimo) e **C** (Máximo) das faixas salariais.

Os termos da PG são representados por **n**:

(continua)

Quadro 2.14 Procedimentos para elaboração de faixas salariais *(continuação)*.

	MAIOR	MENOR
$n_1 = 100 \times 1{,}2328467^0 = 100{,}00$		100
$n_2 = 100 \times 1{,}2328467^1 = 123{,}28$	123,28	124
$n_3 = 100 \times 1{,}2328467^2 = 151{,}99$	151,99	152
$n_4 = 100 \times 1{,}2328467^3 = 187{,}38$	187,38	188
$n_5 = 100 \times 1{,}2328467^4 = 231{,}01$	231,01	232
$n_6 = 100 \times 1{,}2328467^5 = 284{,}80$	284,80	285
$n_7 = 100 \times 1{,}2328467^6 = 351{,}12$	351,12	352
$n_8 = 100 \times 1{,}2328467^7 = 432{,}88$	432,88	433
$n_9 = 100 \times 1{,}2328467^8 = 533{,}67$	533,67	534
$n_{10} = 100 \times 1{,}2328467^9 = 657{,}93$	657,93	658
$n_{11} = 100 \times 1{,}2328467^{10} = 811{,}13$	811,13	812
$n_{12} = 100 \times 1{,}2328467^{11} = 1000$	1000	

Valores salariais **B – Mínimo** e **C – Máximo** das faixas salariais.

Substituindo X, da fórmula da reta, para salário calculado, referente à Tabela 2.5, pelo seu valor n, total exato de pontos dos limites dos intervalos de classe, calculados acima, obteremos os valores mínimo e máximo das faixas salariais.

$\hat{y} = -12{,}15735 + 1{,}816536 \times 100{,}00$ donde, $\hat{y} = 169{,}32$

$\hat{y} = -12{,}15735 + 1{,}816536 \times 123{,}28$ donde, $\hat{y} = 211{,}62$

$\hat{y} = -12{,}15735 + 1{,}816536 \times 151{,}99$ donde, $\hat{y} = 263{,}78$

$\hat{y} = -12{,}15735 + 1{,}816536 \times 187{,}38$ donde, $\hat{y} = 328{,}09$

$\hat{y} = -12{,}15735 + 1{,}816536 \times 231{,}01$ donde, $\hat{y} = 407{,}37$

$\hat{y} = -12{,}15735 + 1{,}816536 \times 284{,}80$ donde, $\hat{y} = 505{,}10$

$\hat{y} = -12{,}15735 + 1{,}816536 \times 351{,}12$ donde, $\hat{y} = 625{,}60$

$\hat{y} = -12{,}15735 + 1{,}816536 \times 432{,}88$ donde, $\hat{y} = 774{,}15$

$\hat{y} = -12{,}15735 + 1{,}816536 \times 533{,}67$ donde, $\hat{y} = 957{,}29$

$\hat{y} = -12{,}15735 + 1{,}816536 \times 657{,}93$ donde, $\hat{y} = 1183{,}10$

$\hat{y} = -12{,}15735 + 1{,}816536 \times 811{,}13$ donde, $\hat{y} = 1461{,}40$

$\hat{y} = -12{,}15735 + 1{,}816536 \times 1000$ donde, $\hat{y} = 1805{,}00$

Tabela 2.5 Correspondência entre grupos salariais, intervalos de classe e faixas salariais.

Grupo Salarial	Intervalo de Classe do Total de Pontos da Avaliação		Tabela de Faixas Salariais		
			Admissão	Valor Absoluto do Cargo	Desempenho Excepcional
	Menor	Maior	A	B	C	D
1	100	123,28	153,93	169,32	211,62	232,76
2	124	151,99	192,38	211,62	263,78	290,18
3	152	187,38	239,80	263,78	328,09	360,91
4	188	231,01	298,26	328,09	407,37	448,14
5	232	284,80	370,34	407,37	505,10	555,61
6	285	351,12	459,18	505,10	625,60	688,16
7	352	432,88	568,73	625,60	774,15	851,62
8	433	533,67	703,77	774,15	957,29	1.053,03
9	534	657,93	870,26	957,29	1.183,10	1.301,30
10	658	811,13	1.075,55	1.183,10	1.461,40	1.607,10
11	812	1.000	1.328,55	1.461,40	1.805,00	1.985,50

Nota: As posições **A** e **D** da tabela de faixas salariais são estabelecidas a critério da empresa, podendo variar os valores extremos para mais ou para menos (nesse estudo adotamos, para fins de exemplo, 10% abaixo de **B** e 10% acima de **C**).

Tabela 2.6 Custo de implantação do plano de classsficação, por grupo salarial.

Grupo Salarial	Número Func.	Folha Pagamento		Diferença		Faixa Salarial	
		Atual	Proposta	Absoluta	Porc.	B	C
1	5	925,00	925,00	0,00	0,00%	169,32	211,62
2	29	6.699,00	6.699,00	0,00	0,00%	211,62	263,78
3	30	9.352,00	9.375,14	23,14	2,20%	263,78	328,09
4	11	4.011,00	4.050,27	39,27	4,20%	328,09	407,37
5	64	31.147,00	31.150,37	3,37	0,80%	407,37	505,10
6	64	33.014,00	33.464,92	450,92	3,30%	505,10	625,60
7	12	8.293,00	8.293,00	0,00	0,00%	625,60	774,15
8	4	3.283,00	3.323,30	40,30	2,70%	774,15	957,29
9	4	4.338,00	4.350,29	12,29	1,30%	957,29	1.183,08
10	2	2.552,00	2.552,00	0,00	0,00%	1.183,08	1.461,44
11	–	–	–	–	–	1.461,44	1.805,00
TOTAL	225	103.614,00	104.183,29	569,29	14,50%		

No caso em estudo, foram estabelecidos os seguintes critérios:
- as admissões e promoções terão os salários fixados na posição A da faixa salarial;
- os ocupantes dos cargos cujos salários estiverem abaixo da posição B da faixa salarial terão os mesmos enquadrados na posição B;
- os ocupantes de cargos cujos salários forem iguais ou superiores ao valor da posição B da faixa salarial permanecem com o mesmo salário.

Tabela 2.7 Custo de implantação do plano de classificação, por cargo.

Grupo Salarial	Cargo	Nº Func.	Salário Real	Salário Prop.	Folha de Pagamento Atual	Folha de Pagamento Proposta	Diferença Absoluta	Diferença Porc.	Faixa Salarial B	Faixa Salarial C
1	1	5	185,00	185,00	925,00	925,00	0,00	0,0%	169,32	211,62
2	2	25	227,00	227,00	5.675,00	5.675,00	0,00	0,0%	211,62	263,78
2	3	1	235,00	235,00	235,00	235,00	0,00	0,0%	211,62	263,78
2	5	3	263,00	263,00	789,00	789,00	0,00	0,0%	211,62	263,78
3	4	4	258,00	263,78	1.032,00	1.055,14	23,14	2,2%	263,78	328,09
3	6	3	268,00	268,00	804,00	804,00	0,00	0,0%	263,78	328,09
3	7	4	283,00	283,00	1.132,00	1.132,00	0,00	0,0%	263,78	328,09
3	9	15	332,00	332,00	4.980,00	4.980,00	0,00	0,0%	263,78	328,09
3	12	4	351,00	351,00	1.404,00	1.404,00	0,00	0,0%	263,78	328,09
4	8	3	315,00	328,09	945,00	984,27	39,27	4,2%	328,09	407,37
4	10	2	340,00	340,00	680,00	680,00	0,00	0,0%	328,09	407,37
4	11	2	343,00	343,00	686,00	686,00	0,00	0,0%	328,09	407,37
4	14	4	425,00	425,00	1.700,00	1.700,00	0,00	0,0%	328,09	407,37
5	13	1	404,00	407,37	404,00	407,37	3,37	0,8%	407,37	505,10
5	15	5	456,00	456,00	2.280,00	2.280,00	0,00	0,0%	407,37	505,10
5	16	6	466,00	466,00	2.796,00	2.796,00	0,00	0,0%	407,37	505,10
5	17	14	472,00	472,00	6.608,00	6.608,00	0,00	0,0%	407,37	505,10
5	18	3	478,00	478,00	1.434,00	1.434,00	0,00	0,0%	407,37	505,10
5	20	12	497,00	497,00	5.964,00	5.964,00	0,00	0,0%	407,37	505,10
5	21	23	507,00	507,00	11.661,00	11.661,00	0,00	0,0%	407,37	505,10
6	19	28	489,00	505,10	13.692,00	14.142,92	450,92	3,3%	505,10	625,60
6	22	27	520,00	520,00	14.040,00	14.040,00	0,00	0,0%	505,10	625,60
6	23	6	582,00	582,00	3.492,00	3.492,00	0,00	0,0%	505,10	625,60
6	24	2	596,00	596,00	1.192,00	1.192,00	0,00	0,0%	505,10	625,60
6	25	1	598,00	598,00	598,00	598,00	0,00	0,0%	505,10	625,60
7	26	2	645,00	645,00	1.290,00	1.290,00	0,00	0,0%	625,60	774,15
7	27	2	648,00	648,00	1.296,00	1.296,00	0,00	0,0%	625,60	774,15
7	28	3	704,00	704,00	2.112,00	2.112,00	0,00	0,0%	625,60	774,15
7	29	2	706,00	706,00	1.412,00	1.412,00	0,00	0,0%	625,60	774,15
7	30	2	723,00	723,00	1.446,00	1.446,00	0,00	0,0%	625,60	774,15
7	31	1	737,00	737,00	737,00	737,00	0,00	0,0%	625,60	774,15
8	32	2	754,00	774,15	1.508,00	1.548,30	40,30	2,7%	774,15	957,29
8	33	1	873,00	873,00	873,00	873,00	0,00	0,0%	774,15	957,29
8	34	1	902,00	902,00	902,00	902,00	0,00	0,0%	774,15	957,29
9	35	1	945,00	957,29	945,00	957,29	12,29	1,3%	957,29	1.183,08
9	36	1	1.068,00	1.068,00	1.068,00	1.068,00	0,00	0,0%	957,29	1.183,08
9	37	1	1.145,00	1.145,00	1.145,00	1.145,00	0,00	0,0%	957,29	1.183,08
9	38	1	1.180,00	1.180,00	1.180,00	1.180,00	0,00	0,0%	957,29	1.183,08
10	39	1	1.270,00	1.270,00	1.270,00	1.270,00	0,00	0,0%	1.183,08	1.461,44
10	40	1	1.282,00	1.282,00	1.282,00	1.282,00	0,00	0,0%	1.183,08	1.461,44
		225			103.614,00	104.183,28	569,28	0,55%		

Nota importante: os exemplos apresentados neste capítulo têm a finalidade de mostrar que as arbitrariedades tanto no cálculo de diferentes ponderações quanto no estabelecimento de limites mínimo e máximo de totais de pontos de avaliação, tendo em vista o confronto que se pode fazer entre eles, conduzem a resultados de classificação e de determinação de salários, os quais não transmitem segurança e confiabilidade para serem adotados pela empresa. Muitas empresas continuam praticando esses mesmos procedimentos.

Questões para Reflexão

1) Qual a diferença entre o método de escalonamento simples e o método de escalonamento binário?

2) Quais são os procedimentos para se utilizar o método dos graus predeterminados?

3) Como funciona o método de comparação de fatores?

4) Em que consiste a avaliação de cargos?

5) O que é plano de salários?

2.3 Método de Pontos Proposto

Revendo os conceitos de Administração de Cargos e Salários, recordamos que a seleção de fatores de avaliação deve recair sobre os mais significativos, de maneira que os diferentes níveis de exigência possam exprimir as várias parcelas de que se compõe o salário do cargo. O salário calculado do cargo é resultado de um somatório de parcelas provenientes dos fatores de avaliação.

Um fator isolado de avaliação de cargos não possui características suficientes que o indiquem como único determinante do valor do cargo. Entretanto, um conjunto de fatores, com características e amplitudes próprias, pode proporcionar o resultado esperado.

Assim sendo, cada fator de avaliação, em conformidade com sua ponderação ou peso porcentual médio, contribui de forma determinante no cálculo de cada parcela do salário do cargo.

Os fatores de avaliação de cargos, quando submetidos ao ajustamento estatístico, apresentam características inconfundíveis de tendência, extensão e valores.

Aplicando a cada valor ajustado do fator de avaliação o porcentual médio do peso de participação, obtém-se para cada nível de exigência um valor que será utilizado como valor do grau, cujo somatório é o total de pontos da avaliação, ou o valor relativo do cargo. Dessa forma, a determinação estatística e matemática dos salários dos trabalhadores, de qualquer nível hierárquico, pode ser calculada com maior precisão.

A aplicação inadequada e equivocada da estatística no cálculo de salários conduz a resultados diferentes dos valores desejados. O erro pode refletir-se tanto na classificação quanto no salário calculado para o cargo.

Portanto, o método sugerido neste trabalho pretende minimizar o erro na prática de classificação de cargos, determinando salários que proporcionem meios à direção das empresas, no processo de tomada de decisão para análise e aprovação da estrutura hierárquica dos cargos e dos valores absolutos dos salários atribuídos aos ocupantes dos cargos, como conseqüência imediata de uma maior precisão matemático-estatística na determinação dos valores relativos dos cargos.

As escalas de graduação de fatores de avaliação de cargos devem ser estabelecidas com a aplicação da estatística e não arbitrariamente. Se estabelecidas arbitrariamente, podem resultar em prejuízos para a empresa e para os empregados.

Os valores, para mais ou para menos, das tabelas de salários ou de faixas salariais são conseqüências imediatas das escalas de graduação dos fatores estabelecidos para a empresa. Cada empresa possui características próprias que a distinguem das demais. A determinação dos salários dos cargos de cada empresa é diferente em razão das práticas e políticas salariais traçadas para elas, bem como da relação entre pontos de avaliação e salários pagos, como se verá mais adiante. Por outro lado, a empresa que conhece a situação dos cargos e dos salários, em determinado momento, pode, pela ação de seus dirigentes, estabelecer práticas que alterem os valores dos fatores de avaliação em seus pesos, por entender que certos fatores devam valer mais ou menos que outros no confronto final.

Assim sendo, é fundamental que se disponha de instrumental mais seguro e confiável, com base matemático-estatística para tal fim.

Para o cálculo da ponderação e da graduação de escala, sugere-se a mesma abordagem, a da Regressão Simples, utilizada por vários autores, dentre eles B. R. Pontes, Idalberto Chiavenato, Robert R. Gilmour e Beverly Glen Zimpeck, e profissionais da área, sendo, entretanto, diferenciada das demais pela não obrigatoriedade de utilização exclusiva da função linear, devido à preocupação da busca da função que parece melhor ajustar a curva e explicar os dados em estudo.

2.3.1 Princípios em Administração de Cargos e Salários

Os Princípios de Administração de Cargos e Salários[16] são estabelecidos como conseqüência de estudos do autor ao observar as variações nos resultados pro-

---
16 Em diversas obras consultadas, entre elas as de Zimpeck (1990), Chiavenato (1980), Ferreira (1979), Larsen & Marx (1981), Lawler III (1992), Leme (1968), Lopes (1980), Pontes (1989), Santos (1975), não se localiza nenhuma referência a princípios.

venientes de alterações arbitrárias executadas, para melhor se conhecer o método proposto.

Os Princípios[17] em Administração de Cargos e Salários são os seguintes:

a) as bases de cálculo das ponderações são os coeficientes de determinação na obtenção dos pesos ou participações percentuais;

b) os fatores de avaliação de cargos não possuem, necessariamente, a mesma participação porcentual em toda a sua extensão, ou seja, o valor porcentual representa um valor médio do fator;

c) cada fator tem uma participação específica na determinação dos valores relativos (ver Tabela 2.17) ou pontos e dos valores absolutos ou salários, portanto, sua extensão e elasticidade variam, de forma distinta, em relação aos demais fatores;

d) o somatório do mínimo e do máximo de pontos não é determinado nem estabelecido arbitrariamente, é resultado direto de cálculos estatísticos (ver Seção 2.3.2 Avaliação de Cargos pelo Método Proposto);

e) a participação porcentual do grau de menor valor de cada fator não é necessariamente igual à participação porcentual do grau de maior valor do mesmo fator;

f) alterações salariais significativas, como as provenientes de acordos ou de pesquisas salariais de mercado, implicam revisão do manual de avaliação de cargos, no que diz respeito às ponderações e graduação de escalas dos fatores, sob pena de o manual perder sua precisão e validade;

g) os valores numéricos atribuídos aos graus guardam uma relação direta com: 1. os salários médios ajustados estatisticamente; 2. o coeficiente de determinação; e 3. com o percentual médio do fator.

2.3.2 Avaliação de Cargos pelo Método Proposto

O processo de desenvolvimento de um plano de cargos que tenha por base o método de pontos proposto é, em linhas gerais, o seguinte:

a) *estabelecimento de uma comissão central* de avaliação representativa, composta de executivos experientes e de alto nível de diferentes áreas, com responsabilidade para avaliar os cargos-chave nos fatores

---
17 Propostos e desenvolvidos pelo autor.

escolhidos. Se necessário, formar comissões setoriais para avaliar os outros cargos, segundo o processo de interpolação;

b) *análise de uma significativa amostra de cargos*, incluindo preparação das descrições e especificações ou de fichas de informações sobre os cargos;

c) *seleção e definição dos fatores considerados os mais críticos* na determinação dos níveis relativos de dificuldade e responsabilidade entre os cargos. Os fatores devem ser objetivos, medir requisitos diferentes, contribuir na determinação correta da remuneração, propiciar avaliações segundo um número razoável de níveis de exigência e aplicáveis à maioria dos cargos a avaliar. Para as avaliações deve ser elaborado o manual de avaliação, descrevendo todos os fatores e os seus respectivos níveis de exigência em linguagem clara.

A diferença do método proposto em relação ao método utilizado por muitas empresas está na ponderação e na graduação das escalas dos fatores, o que será, a seguir, examinado.

d) *Ponderação dos fatores* de conformidade com sua importância relativa, uma vez que os fatores contribuem com diferentes intensidades médias no desempenho dos cargos, requerendo ajustamentos sem compensação nem alterações arbitrárias. Fatores com alto poder estimativo recebem pesos mais elevados e fatores que resultam em baixa correlação com salários devem receber peso baixo. Fatores de correlação negativa não devem ser eliminados do sistema, pois determinam quanto a parcela do salário deve ser menor em relação ao maior nível de exigência.[18] A determinação dos pesos médios dos fatores, em um plano de avaliação de cargos, é representada no máximo e no mínimo de pontos estatisticamente calculado. Os valores mínimo e máximo são provenientes de cálculos. Os valores numéricos dos graus dos fatores de avaliação são obtidos a partir dos valores ajustados dos salários em cada fator de avaliação multiplicados pelo correspondente peso porcentual médio que o fator de avaliação obteve. Esse artifício se baseia no conceito de que o cargo de maior salário deveria receber as mais elevadas avaliações e vice-versa o cargo de menor salário.

---

18 Ver Tabela 2.17.

O processo consiste em calcular os coeficientes de determinação dos níveis de exigência dos fatores com os salários e atribuir os pesos correspondentes, sem fazer experimentações. Não se alteram os pesos dos fatores em nenhuma circunstância, pois, se assim se fizer, o resultado final apresentará um coeficiente de determinação menor que o originalmente calculado, o que indica que a alteração foi inconveniente e o resultado não reflete mais a situação da empresa no momento da coleta dos dados. Não há necessidade de fazer ponderações sucessivas, aumentando o peso dos fatores de coeficientes mais elevados e diminuindo os de coeficientes mais baixos. Após uma única ponderação passa-se a conhecer, através de uma regra de três, o porcentual de participação de cada coeficiente de correlação e, por extensão, o peso médio de cada fator de avaliação de cargos.

No processo proposto houve a oportunidade de verificar que os fatores de avaliação de cargos possuem características próprias, além do conteúdo, que os diferenciam entre si também em termos de amplitude e de variação do porcentual entre os níveis de exigência de um mesmo fator.

e) *Graduação dos fatores*. Calculada a ponderação média relativa dos fatores de avaliação de cargos, é necessário estabelecer os valores numéricos da escala de graus para cada nível de exigência de cada fator.

O processo proposto para graduar escalas estabelece o seguinte:

a) determinação da amplitude numérica diferenciada do valor de cada fator, representando a contagem máxima e a mínima a partir do cálculo de ajustamento de funções estatísticas que expliquem o fenômeno, obtida para cada cargo;
b) subdivisão de cada fator de avaliação em níveis de exigência;
c) atribuição de um valor de pontos estatisticamente calculado para cada nível de exigência, de modo que o nível de maior exigência passe a corresponder ao valor máximo para aquele fator e, da mesma forma, o nível de menor exigência corresponderá ao mínimo desse mesmo fator. Com isso, monta-se uma série numérica matematicamente calculada dos valores para cada fator de avaliação e seus níveis de exigência. Os valores numéricos dos graus dos fatores são calculados com base nos valores ajustados dos salários encontrados para cada nível de exigência dos fatores, multiplicado pelo peso porcentual médio calculado para cada fator de avaliação de cargos.

Os valores numéricos dos níveis de exigência crescem ou decrescem, de conformidade com o sinal, positivo ou negativo, do coeficiente de correlação, em uma progressão própria, de conformidade com a função estatística que explique o fenômeno. Os níveis de exigência representam simplesmente indicações da intensidade de presença de um subfator em um determinado cargo. Os níveis de exigência são estabelecidos para que, com base em pontos de referência, possamos atribuir valores numéricos a cada cargo em razão da sua utilização naquele fator.

2.3.3 Ajustamento de Curvas e os Coeficientes de Correlação e de Determinação

Justifica-se neste momento apresentar algumas considerações e tecer comentários sobre a utilização de ajustamento de funções estatísticas que normalmente são aplicados em Administração de Cargos e Salários. O ajustamento se faz necessário para que seja possível estabelecer uma seqüência de valores salariais, com base na classificação de cargos e nos salários pagos, retratando a situação da empresa no momento da coleta dos dados. O que se pretende é, em uma primeira fase, conhecer a situação da empresa. É saber a quais fatores de avaliação, no momento, a empresa está atribuindo maior ou menor valor, para que, de posse de tais informações, em uma segunda fase, seja decidida a alteração a ser proposta, no perfil de cada cargo, em conformidade com a importância que cada fator representa para a consecução dos objetivos da empresa.

Se determinado fator apresentou um peso porcentual considerado baixo e a direção da empresa entende que tal fator é importante e deve ter seu peso aumentado, essa alteração provocará mudanças salariais compatíveis com a mudança de peso. Após conhecer a situação em que se encontra a empresa, os dirigentes podem tomar a decisão de manter ou alterar o perfil dos cargos, propondo a alteração dos pesos porcentuais dos fatores que lhes pareçam convenientes com o objetivo de alcançar os resultados esperados pela instituição.

A decisão em manter ou alterar os pesos dos fatores poderá ser facilitada a partir do momento em que se conheça a situação dos cargos e salários da empresa.

Ao desenvolver um plano de classificação de cargos e salários, é necessário levar em consideração que a classificação deve atender, ao mesmo tempo, trabalhadores e empregadores.

Há um método, utilizado por diversos autores, que procura ajustar aos salários uma determinada função estatística, como faz, por exemplo, Zimpeck (1990).

No método empregado por Zimpeck (1990), procura-se atribuir aos fatores determinados pesos, experimentalmente, até obter um coeficiente de determinação próximo de 1, considerado nesse caso como a classificação mais adequada. É um método de ajustamento salarial, em que aparentemente se procura obter valores salariais ajustados tão próximos quanto possível dos valores reais em detrimento da classificação de cargos que parece não estar sendo privilegiada.

Com o intuito de modificar essa prática, que parece privilegiar e manipular apenas os salários, está-se propondo um novo método imparcial e isento, no qual os cargos são privilegiados em sua classificação e em que também os salários são conseqüência da classificação.

No método de construção de modelo, serão empregados cálculos estatísticos, com base em planilha eletrônica, procurando ajustar aos salários funções que servirão de base para a escolha dos porcentuais de ponderação dos fatores de avaliação de cargos.

Questões para Reflexão

1) Cite os Princípios em Administração de Cargos e Salários.

2) Qual a importância do cálculo do coeficiente de determinação na Administração de Cargos e Salários?

2.4 Construção do Modelo Proposto

Cada modelo matemático ajustado aos salários proporciona um coeficiente de determinação.

Com base nos coeficientes de determinação em que os fenômenos salariais possam ser explicados, será estabelecida a escala de graduação de fator.

A partir do momento em que se tenha todas as escalas de graduação de cada fator, substituem-se os níveis de exigência por seus valores correspondentes. A seguir, somam-se os valores dos fatores de avaliação de cada cargo para se obter o total de pontos, que corresponde ao valor relativo do cargo.

Na seqüência, utilizam-se as mesmas funções estatísticas, onde x^i corresponderá ao total de pontos, para que se possa escolher qual função melhor explicará a classificação de cargos.

2.4.1 O Novo Método de Pontos

Os métodos usados em Administração de Cargos e Salários são muitos e bastante variados. Vão desde o empirismo até modelos matemáticos e estatísticos complexos, em que se utilizam, inclusive, a regressão linear múltipla.

A intenção é apresentar um método contemporâneo, fruto de estudos, proporcionando ao profissional um novo modelo sem necessidade de fazer experimentações diversas para decidir qual ponderação será utilizada.

Pela proposta em estudo, o cálculo da ponderação dos fatores de avaliação de cargos é único e traz a vantagem de, simultaneamente, fornecer os valores para a escala de graduação, independent de ponderações sucessivas, para se encontrar aquela de maior coeficiente de determinação e menor dispersão salarial.

A escala de graduação, por sua vez, procura contemplar cada fator de avaliação de cargos, de acordo com seu peso porcentual, com valores numéricos proporcionais aos salários ajustados com que a empresa remunera seus empregados.

Essa escala trata os fatores de avaliação, no caso de função linear, em conformidade com os coeficientes de correlação obtidos, ou seja, se os coeficientes são positivos, os salários crescem na medida em que cresce a ordem dos níveis de exigência do fator; se negativos, os salários decrescem na medida em que cresce a ordem seqüencial dos níveis de exigência do fator. Entretanto, se uma outra função estatística também explicar o fenômeno, e somente se o explicar, tem-se os salários crescendo ou decrescendo, em conformidade com essa outra função estatística, no intervalo estabelecido pelos parâmetros, isto é, do nível de menor exigência até o nível de exigência mais elevado, considerado pelo fator de avaliação de cargos.

Para demonstrar a nova proposta, ela será comparada com as técnicas amplamente conhecidas, aplicadas e divulgadas por profissionais da área.

2.4.1.1 Ponderação de Fatores e Graduação de Escalas

Ponderar fatores é estabelecer um peso porcentual médio para cada fator de avaliação, que auxiliará na determinação do salário, e graduar escala de fatores é atribuir um valor numérico de acordo com o nível de exigência do fator de avaliação de cargos.

É preciso, a partir de agora, estabelecer alguns procedimentos:

- com base nas avaliações dos cargos (identificação dos níveis de exigência[19] dos fatores para cada cargo), proceder ao ajustamento das diferentes curvas estatísticas e apresentar seus respectivos coeficientes de determinação;

- selecionar as funções estatísticas mais adequadas para cada fator, com base no coeficiente apresentado, e ponderá-los,[20] podendo-se, nesse momento, propor algumas alternativas com referência ao conjunto de curvas;

- com base nas ponderações, calcular as escalas de graduação dos fatores. O valor do grau para cada nível de fator representa o valor porcentual ou ponderação do respectivo salário médio ajustado na curva estatística selecionada para cada fator de avaliação;

- calcular o total de pontos através do somatório dos graus dos diferentes fatores dos cargos avaliados, em conformidade com o conjunto de curvas previamente selecionadas;

- cada conjunto de curvas de fatores proporcionará um total de pontos específicos para os cargos, que redundará na classificação dos cargos;

- para essa classificação de cargos, é necessário calcular os salários estimados ou ajustados, o que poderá ser realizado pelo cálculo de ajustamento dos dados por meio de diversas funções estatísticas que fornecerão, inclusive, os respectivos índices de coeficientes de determinação;

- a seleção final deverá recair, em princípio, no conjunto de funções que apresentar o mais elevado coeficiente de determinação, quando a função estatística explicar o fenômeno.

Ao desenvolver esses procedimentos, foi necessário ter em mente tanto os profissionais de cargos e salários quanto os estatísticos.

Para os administradores de cargos e salários, é preciso considerar que os graus das escalas, em quaisquer fatores de avaliação, são sempre crescentes. Para os estatísticos, deve-se considerar que o conjunto de curvas a ser trabalha-

---

19 Os níveis de exigência representam o quanto de cada fator de avaliação é exigido como requisito mínimo para cada cargo.

20 Ponderar fatores de avaliação de cargos é atribuir um peso porcentual ao conjunto de fatores, tomando por base o somatório dos coeficientes de determinação.

do para um resultado final deve ter o maior coeficiente de determinação e explicar o fenômeno.

Convém recordar que, quando o coeficiente de correlação linear é positivo, a relação entre os graus é direta e, quando negativo, é inversa, isto é, os graus são crescentes ou decrescentes, respectivamente, em relação ao sinal dos coeficientes. Por outro lado, ao considerar os coeficientes das diferentes curvas para cada fator de avaliação de cargos, serão selecionadas, em princípio, aquelas que apresentarem os valores mais elevados, exceto as que, na mesma escala, apresentem simultaneamente valores crescentes e decrescentes, ou vice-versa, o que, para fins de atribuição salarial, não é conveniente, por contrariar a estrutura hierárquica de cargos.

O método está apoiado na utilização de um conjunto de fatores de avaliação que definem os valores dos cargos. Cada fator de avaliação merece um tratamento especial e personalizado, com características próprias, pois representa um papel importante, específico e determinante no cálculo do salário total dos cargos, que é composto de parcelas provenientes de cada fator.

A nova proposta recomenda que, para a ponderação dos fatores, calcule-se os coeficientes de determinação no sentido de se apurar quais deles, em conjunto, proporcionam melhores resultados para a classificação final. Quaisquer alterações artificiais provocadas nas ponderações resultarão em diminuição do índice de coeficiente da classificação final. A eliminação de qualquer fator de avaliação, mesmo que se recalcule rigorosamente a ponderação dos fatores remanescentes, redundará em um índice de coeficiente menor que o anterior, o que nos faz recomendar a manutenção de fatores representativos, apesar de sua baixa participação porcentual.

O procedimento a seguir consiste em determinar os salários médios dos cargos em estudo, por nível de exigência do fator de avaliação.

Exemplo:

Considerando o fator F1 e o nível 1 (N1), da Tabela 2.1, identificam-se os seguintes cargos (posteriormente compare com o resultado do encontro da linha F1 e da coluna N1, da Tabela 2.8):

1. Auxiliar de Limpeza   185
5. Ajudante de Cozinheiro   263
Total: 448   Salário Médio: 224

Ao fazer o ajustamento salarial por fator de avaliação, em seus diferentes níveis de exigência, os cargos e respectivos salários pagos ficam agrupados por níveis e apresentam um valor médio real e um valor médio ajustado, sendo que este servirá de base para o cálculo da escala de graduação, juntamente com a ponderação própria do fator.

Assim, tem-se a Tabela 2.8, com os salários médios reais dos cargos avaliados, em cada nível de fator, obtidos com base em planilha eletrônica. A ponderação de fatores e a graduação de escalas dependerão diretamente dessas informações.

Tabela 2.8 Salários médios reais dos cargos, por nível de exigência dos fatores.

Fatores de Avaliação	Salários Médios dos Cargos, por Nível dos Fatores							
	N1	N2	N3	N4	N5	N6	N7	N8
F1 Conhecimentos	224,0	300,5	461,0	535,0	702,4	1.085,3	1.068,0	
F2 Experiência	226,0	272,0	319,7	428,0	553,7	854,7	1.145,0	1.244,0
F3 Complexidade	226,3	357,6	431,1	619,7	878,9	1.162,5		
F4 Esforço Físico	840,0	513,0	541,0	574,0	706,0	258,0		
F5 Esforço Mental/Visual	243,5	321,4	460,8	737,8	995,0	1.023,5		
F6 Resp. p/Patrimônio	261,7	488,3	540,9	554,3	769,0	1.093,5		
F7 Resp. Seg. Terceiros	538,7	537,1	737,5	1.113,5				
F8 Resp. p/Trab. Outros	467,0	626,8	830,7	789,5	1.276,0			
F9 Ambiente	769,3	582,5	545,2	612,9	421,7			
F10 Riscos	611,8	560,3	463,0	603,7	1.113,5			

De posse dos dados da Tabela 2.8, estamos em condições de calcular o ajustamento de cada fator pelas funções estatísticas.

Tal procedimento permite visualizar o valor ajustado de cada cargo, considerando cada fator isoladamente. Está claro que o valor do cargo é estabelecido em razão de um conjunto de fatores e não de um único apenas, tomado como referência final e determinante.

Ao fazer o ajustamento, estamos em condições de obter o coeficiente de determinação de cada fator, base do cálculo da ponderação. A ponderação é, portanto, conseqüência direta de informações colhidas internamente na própria empresa, ou seja, nada foi imposto de fora para dentro.

A etapa seguinte consiste em calcular os coeficientes de determinação e os de correlação de cada fator de avaliação de cargos para obter as ponderações dos fatores, o que é mostrado nas Tabelas 2.9 e 2.10.

Tabela 2.9 Coeficientes de determinação dos fatores de avaliação.

Fatores de Avaliação	Função Linear	Função Potência	Função Exponencial	Parábola sem Intercepte	Função Parábola
F1	0,857	0,8702	0,9075	0,8699	0,8846
F2	0,8077	0,7642	0,8869	0,8652	0,8965
F3	0,7457	0,7909	0,8299	0,7561	0,778
F4	0,0642	0,0739	0,049	– 0,3335	0,0789
F5	0,6254	0,6979	0,7375	0,6278	0,629
F6	0,3528	0,3761	0,3993	0,3276	0,3863
F7	0,1358	0,0725	0,1046	– 0,0264	0,2051
F8	0,4135	0,3734	0,3697	0,3304	0,4175
F9	0,0515	0,0375	0,0284	– 0,2543	0,0585
F10	0,0278	0,0251	0,0496	– 0,1986	0,1621

Os coeficientes inadequados de funções estatísticas que não explicam os fenômenos, por apresentarem valores que crescem e decrescem, ou vice-versa, estão sublinhados e foram excluídos do estudo.

As curvas selecionadas devem apresentar um único sentido de evolução salarial para que possam ser utilizadas nas escalas de graduação de fatores de avaliação de cargos; assim sendo, são selecionados os casos que merecem verificação, a fim de dar consistência à proposição.

Na Tabela 2.10, a seguir, estão em negrito os numerais mais elevados das funções estatísticas que possam explicar o fenômeno. Os coeficientes inadequados de funções estatísticas que não explicam os fenômenos, por apresentarem valores que crescem e decrescem, ou vice-versa, estão sublinhados e foram excluídos do estudo.

2.4.1.2 *Estudos Comparativos das Alternativas Selecionadas*

Antes de abordarmos o assunto específico, estudos comparativos, vamos relembrar alguns aspectos de planejamento.

O planejamento é a primeira função administrativa, por servir de base para as demais funções. O planejamento é a função administrativa que determina antecipadamente qual objetivo deve ser atingido e como fazer para alcançá-lo. Tem início com a determinação de objetivos e detalha os planos para atingi-los

Tabela 2.10 Coeficientes de determinação dos fatores de avaliação.

Fatores de Avaliação	Função Linear	Função Potência	Função Exponencial	Parábola sem Intercepte	Função Parábola
F1	0,9257	0,93285	0,95263	0,93268	0,94053
F2	0,8987	0,87419	0,94175	0,93016	0,94684
F3	0,948	0,93498	0,97044	0,96445	0,97306
F4	0,9293	0,94304	0,95446	0,9325	0,9392
F5	0,7908	0,8354	0,85878	0,79234	0,7931
F6	0,594	0,61327	0,6319	0,57236	0,62153
F7	0,3685	0,26926	0,32342	0,16248	0,45288
F8	0,643	0,61106	0,60803	0,5748	0,64614
F9	0,2269	0,19365	0,16852	0,50428	0,2419
F10	0,1667	0,15843	0,22271	0,44564	0,4026

da melhor forma possível. Planejar é definir objetivos e escolher o curso de ação mais adequado. O planejamento define o que se pretende, o que deve ser feito, como e em que seqüência.

Para atingir o objetivo, várias alternativas podem ser desenvolvidas, porém, a seleção final será de apenas uma dentre elas, ou seja, aquela que for mais adequada à situação.

O objetivo dos estudos comparativos é analisar a teoria e propor uma mudança que assegure procedimentos mais confiáveis na determinação do peso ou participação porcentual dos fatores de avaliação de cargos e de uma escala adequada de graduação de fatores que resulte em tabelas de salários ou de faixas salariais compatíveis, proporcionando planos de cargos que retratem com maior fidelidade a situação dos cargos e salários a ser praticada na empresa.

Várias alternativas se apresentaram e dentre elas selecionamos aquela que *a priori* parecia reunir as melhores condições de satisfazer as exigências técnicas. O Estudo se caracteriza por utilizar, em toda a sua execução, os mais elevados resultados obtidos nos coeficientes de determinação de cada fator de avaliação, as funções estatísticas que explicam o fenômeno, e também o mais elevado coeficiente de determinação obtido com o total de pontos. Ou seja, trabalhando com os melhores resultados parciais de funções estatísticas que expliquem o fenômeno, obteremos o melhor resultado final para ponderação de fatores de avaliação de cargos e a mais adequada escala de graduação de fatores, o que resultará em uma classificação de cargos e determinação de salários isenta de influências externas que distorceriam a situação atual, que precisamos conhecer com maior precisão, e tomar a decisão mais apropriada e de acordo com a política de recursos humanos.

Os fatores de avaliação de cargos foram ajustados por diferentes funções (linear, potência, exponencial, parábola sem intercepte e parábola). Dos estudos, selecionamos o Estudo Atual e o Estudo Proposto, que serão mostrados:

- Estudo Atual – seção 2.4.2.1, cada fator foi ajustado pela função linear. Com o total de pontos dos cargos, fez-se o ajustamento final pela função linear e obtivemos $R_2 = 0,9018$. Este estudo foi desenvolvido considerando que a prática dominante é a de utilização de ajustamento pela função linear.

- Estudo Proposto – seção 2.4.2.2, cada fator foi ajustado pelas funções de coeficientes de determinação mais elevados. Com o total de pontos dos cargos, fez-se o ajustamento final por várias funções e encontramos o coeficiente de determinação mais elevado na função Potência e obtivemos $R_2 = 0,9854$.

Analisando o resultado dos estudos, podemos concluir que o Estudo Proposto é o que apresenta, para a situação estudada, o coeficiente de determinação mais elevado, $R_2 = 0,9854$, dentre aqueles que foram examinados, o que o recomenda para aplicação no caso dessa simulação fictícia.

Os números e valores obtidos até agora são, em conformidade com o novo modelo, todos eles provenientes da própria empresa, ou seja, não foram impostos de fora para dentro, portanto, não sofreram interferência externa.

Tabela 2.11 Coeficientes de determinação das funções de ajuste final de salários.

Ajuste Final dos Salários pelas Funções	Ajuste dos Fatores De Avaliação Pelas Funções			
	Linear	Potência	Exponencial	Melhores R^2
Linear	$R^2 = 0,9018$	$R^2 = 0,8846$	$R^2 = 0,9710$	$R^2 = 0,9735$
Potência	$R^2 = 0,9355$	$R^2 = 0,9360$	$R^2 = 0,9840$	$R^2 = 0,9854$
Exponencial	$R^2 = 0,9816$	$R^2 = 0,9776$	$R^2 = 0,9603$	$R^2 = 0,9607$
Parábola sem intercepte	$R^2 = 0,9531$	$R^2 = 0,9397$	$R^2 = 0,9824$	$R^2 = 0,9849$
Parábola	$R^2 = 0,9758$	$R^2 = 0,9643$	$R^2 = 0,9828$	$R^2 = 0,9851$

Tabela 2.12 Fórmulas das funções de ajuste final de salários.

Ajuste Final dos Salários pelas Funções	Ajuste dos Fatores de Avaliação pelas Funções			
	Linear	Potência	Exponencial	Melhores R^2
Linear	$y = 1{,}3905x - 229{,}15$	$y = 1{,}5387x - 303{,}7$	$y = 1{,}3347x - 197{,}32$	$y = 1{,}3783x - 220{,}7$
Potência	$y = 0{,}2048x^{1{,}2427}$	$y = 0{,}0808x^{1{,}3902}$	$y = 0{,}1258x^{1{,}3199}$	$y = 0{,}0939x^{1{,}3659}$
Exponencial	$y = 120{,}87e^{0{,}0025x}$	$y = 104{,}57e^{0{,}0028x}$	$y = 136{,}55e^{0{,}0023x}$	$y = 131{,}44e^{0{,}0023x}$
Parábola sem intercepte	$y = 0{,}001x^2 + 0{,}3563x$	$y = 0{,}0013x^2 + 0{,}2103x$	$y = 0{,}0006x^2 + 0{,}6169x$	$y = 0{,}0006x^2 + 0{,}5838x$
Parábola	$y = 0{,}002x^2 - 0{,}8827x + 347{,}37$	$y = 0{,}0026x^2 - 1{,}4112x + 443{,}73$	$y = 0{,}0007x^2 + 0{,}4512x + 49{,}95$	$y = 0{,}0007x^2 + 0{,}4573x + 38{,}104$

No momento em que se trabalha na determinação da ponderação, está-se simultaneamente trabalhando para estabelecer a graduação de escala dos fatores.

A ponderação representa um peso ou participação percentual médio do fator na fixação do valor relativo do cargo. Esse peso ou participação percentual não é obrigatoriamente igual em toda a seqüência do escalonamento, bem como a amplitude de cada fator de avaliação de cargos (Tabela 2.13).

Os totais de pontos das avaliações serão dispostos em intervalos de classe de pontos, de modo que não haja cargos de carreira ou com relação de subordi-

Tabela 2.13 Participação Percentual dos Graus dos Fatores, por Níveis Extremos, no Estudo Proposto (1).

Fator de Avaliação		F1	F2	F3	F4	F5	F6	F7	F8	F9	F10	S
Ponderação		19,8%	19,6%	18,2%	1,6%	16,2%	8,7%	4,5%	9,1%	1,1%	1,1%	100,0%
Nível			N1	N1	N1	N6	N1	N1	N1	N1	N5	N1
Grau	Menor	44,7	39,6	43,4	6,2	37,9	25,4	20,4	38,7	5,0	4,7	265,9
	%	16,8%	14,9%	16,3%	2,3%	14,2%	9,6%	7,7%	14,6%	1,9%	1,8%	100,0%
Nível			N7	N8	N6	N1	N6	N6	N4	N5	N1	N5
Grau	Maior	264,5	250,3	210,2	10,1	211,3	84,4	36,4	116,8	6,8	6,9	1.197,8
	%	22,1%	20,9%	17,5%	0,8%	17,6%	7,0%	3,0%	9,8%	0,6%	0,6%	100,0%
Amplitude do Fator		5,92	6,32	4,85	1,63	5,58	3,32	1,79	3,02	1,37	1,48	

(1) As ponderações dos fatores, referentes ao Estudo Proposto, serviram de base para a demonstração.

nação no mesmo intervalo, que servirão de base para a elaboração das faixas salariais, as quais passarão a ser identificadas por grupos (ou níveis, ou classes) salariais.

De acordo com o quadro de graduação de escalas do Estudo Proposto, o menor somatório de pontos possível é 265,9 e o maior, 1.197,8, conforme a Tabela 2.13.

Convém esclarecer que o número mínimo de intervalos de classe que se pretenda adotar precisa, necessariamente, manter em classes distintas cargos que pertençam a uma mesma carreira, bem como cargos que mantenham relação de subordinação. Após uma série de verificações, considera-se que 11 grupos salariais na simulação parecem convenientes para a demonstração.

Conhecendo-se os extremos 265,9 e 1.197,8 (ver Tabela 2.13, em conformidade com o Estudo Proposto, Seção 2.4.2.2, aplicando a Função Potência para ajuste final de salários), mínimo e máximo, respectivamente, do somatório possível de pontos, faz-se a distribuição dos limites dos intervalos, por meio de cálculos matemático-estatísticos, de modo que se contemple, na medida do possível, as concentrações de cargos de avaliações aproximadas. Para isso, pode-se lançar mão, por exemplo, de uma progressão geométrica e estabelecer os intervalos de classe, conforme se vê na Tabela 2.14, fruto do novo modelo:

Tabela 2.14 Faixas Salariais, de conformidade com os Intervalos de Classe (1).

Grupo Salarial	Intervalo de Classe		Faixa Salarial	
	Menor	Maior	Mínimo (b)	Máximo (c)
1	265,86	304,85	192,53	232,10
2	304,85	349,55	232,10	279,80
3	349,55	400,81	279,80	337,31
4	400,81	459,59	337,31	406,63
5	459,59	526,99	406,63	490,20
6	526,99	604,27	490,20	590,95
7	604,27	692,88	590,95	712,40
8	692,88	794,49	712,40	858,81
9	794,49	911,00	858,81	1.035,31
10	911,00	1.044,59	1.035,31	1.248,08
11	1.044,59	1.197,77	1.248,08	1.504,58

(1) Os valores de Mínimo (B) e de Máximo (C) foram calculados através da fórmula da função Potência ($y = 0,0939x^{1,3659}$), com coeficiente de determinação $R^2 = 0,9854$.

Os graus são, conforme prática usual, números inteiros, e o total de pontos de cada cargo é também um número inteiro, portanto, os limites adjacentes dos intervalos de classe apresentam diferença de uma unidade. No cálculo dos valores separatrizes dos intervalos de classe, normalmente encontram-se números fracionários; nesse caso, considera-se a parte inteira como limite maior da classe e soma-se 1 para encontrar o limite menor da classe seguinte. Entretanto, no caso dos valores salariais das faixas, deve-se considerar, para fins de determinação dos salários limites **y**, o valor exato (número fracionário, se for o caso) do total de pontos **x** que estabelece a separação entre uma classe e outra, de modo que o limite máximo (C) de uma faixa seja exatamente igual ao limite mínimo (B) da faixa seguinte, estabelecendo-se, com isso, os valores absolutos dos cargos dentro do intervalo de classe.

A tabela de faixas salariais, independentemente do formato adotado em diferentes empresas, pode contemplar três partes:

a) Faixa Salarial do Valor Absoluto;

b) Faixa Salarial de Transição (admissão e/ou promoção);

c) Faixa Salarial do Desempenho Excepcional.

A Tabela 2.14 pode, portanto, ser transformada em uma tabela de faixas salariais completas, como se vê na Tabela 2.15.

Considerando os dados e informações contidas nas Tabelas 2.14 ou 2.15, pode-se realizar a classificação dos cargos na estrutura hierárquica da empresa (Tabela 2.16). Essa classificação tem por base o total de pontos da avaliação obtido para cada cargo, confrontado com o intervalo de classe de pontos de avaliação que define cada grupo salarial, estabelecendo uma estrutura hierárquica.

A comparação das classificações de cargos pode ser verificada ao examinar-se as Tabelas 2.15 e 2.26, que apresentam os resultados finais de classificação, com base na nova proposta e na atual, respectivamente. A classificação de cargos é proveniente da avaliação de cargos, sendo representada em valores relativos e, quando os cargos são ordenados, ocupam um grupo salarial de acordo com o total de pontos.

2.4.1.3 *Estruturas de Cargos e suas Faixas Salariais*

Até que ponto estruturas de cargos elaboradas a partir de um mesmo manual de avaliação de cargos com estudos e avaliações rigorosamente iguais resul-

Tabela 2.15 Faixas Salariais, de conformidade com os intervalos de Classe (1).

Grupo Salarial	Intervalo de Classe do Total de Pontos de Avaliação		Faixa Salarial, com Base nos Dados da Empresa			
			Admissão e/ou Promoção	Valor Absoluto do Cargo Excepcional		Desempenho
	Menor	Maior	A	B	C	D
1	265,86	304,85		192,533	232,10	
2	304,85	349,55		232,10	279,80	
3	349,55	400,81		279,80	337,31	
4	400,81	459,59		337,31	406,63	
5	459,59	526,99		406,63	490,20	
6	526,99	604,27		490,20	590,95	
7	604,27	692,88		590,95	712,40	
8	692,88	794,49		712,40	858,81	
9	794,49	911,00		858,81	1.035,31	
10	911,00	1.044,59		1.035,31	1.248,08	
11	1.044,59	1.197,77		1.248,08	1.504,58	

(1) Os valores de A e D são arbitrários e definidos pela empresa de conformidade com sua política de recursos humanos.

Tabela 2.16 Resumo da Classificação de Cargos (nova proposta) (1).

Grupo Salarial	Total de Pontos		Faixa Salarial		Relação dos Cargos, por Grupo Salarial (Identificados por seus códigos)
	Mín.	Máx.	Menor	Maior	
1	265,86	304,85	192,53	232,10	1
2	304,85	349,55	232,10	279,80	2 3 4 5 6
3	349,55	400,81	279,80	337,31	7 8 9
4	400,81	459,59	337,31	406,63	10 11 12
5	459,59	526,99	406,63	490,20	13 14 15 17 18 21
6	526,99	604,27	490,20	590,95	16 19 20 22 24
7	604,27	692,88	590,95	712,40	23 25 26 27 28 29
8	692,88	794,49	712,40	858,81	30 31 32
9	794,49	911,00	858,81	1.035,31	33 34 35
10	911,00	1.044,59	1.035,31	1.248,08	36 37 38 39 40
11	1.044,59	1.197,77	1.248,08	1.504,58	

(1) Com base no Estudo Proposto.

tam em estruturas iguais? A variação dos valores mínimo e máximo, como proposto por vários autores e profissionais da área, altera a posição hierárquica dos cargos e determinam, para esses mesmos cargos, faixas salariais de valores diferentes em razão de diferentes propostas de mínimo e máximo de pontos.

Revendo as afirmativas de Pontes (1989), de que as empresas determinam o valor mínimo de 100 e o valor máximo de 500 a 1.000; ou a de Zimpeck (1990), que propõe peso mínimo de 200 e máximo de 1.300, pode-se fazer a comparação entre elas, considerando que ambos dispusessem dos mesmos valores salariais extremos. Veja que, quando da elaboração dos intervalos de classe, eles trabalham com progressão geométrica e os salários calculados das faixas salariais estão vinculados, conseqüentemente, aos limites dos intervalos de classe, resultando em faixas salariais distintas para cada situação.

Ao se observar as Tabelas 2.18 e 2.19, percebe-se que os valores das faixas salariais são iguais, apesar de os valores dos intervalos de classe serem diferentes. Isso se dá em virtude de a razão entre o maior e o menor ser a mesma nas duas situações, ou seja, 10, resultado da divisão de 1.000/100 e de 1.300/130.

A demonstração anterior caracteriza bem o fato de não se poder atribuir arbitrariamente os valores mínimo e máximo de pontos, sob pena de se remu-

Tabela 2.17 Faixas Salariais, segundo Pontes (1989), de conformidade com os Intervalos de Classe (1).

Grupo Salarial	Intervalo de Classe		Faixa Salarial	
	Menor	Maior	Mínimo (b)	Máximo (c)
1	100	115	165	226
2	116	133	226	297
3	134	155	297	379
4	156	179	379	473
5	180	207	473	583
6	208	240	583	710
7	241	278	710	857
8	279	322	857	1.027
9	323	373	1.027	1.224
10	374	431	1.224	1.452
11	432	500	1.452	1.716

(1) Conforme sugestão de Pontes (1989): mínimo de 100 e máximo de 500 pontos.

108 GESTÃO ESTRATÉGICA DE PESSOAS

Tabela 2.18 Faixas Salariais, segundo Pontes (1989), de conformidade com os Intervalos de Classe (1).

Grupo Salarial	Intervalo de Classe		Faixa Salarial	
	Menor	Maior	Mínimo (b)	Máximo (c)
1	100	123	165	205
2	124	151	205	255
3	152	187	255	316
4	188	231	316	391
5	232	284	391	483
6	285	351	483	598
7	352	432	598	739
8	433	533	739	912
9	534	657	912	1.127
10	658	811	1.127	1.391
11	812	1.000	1.391	1.716

(1) Conforme sugestão de Pontes (1989): mínimo de 100 e máximo de 1.000 pontos.

Tabela 2.19 Faixas Salariais, segundo Zimpeck (1990), de conformidade com os Intervalos de Classe.

Grupo Salarial	Intervalo de Classe		Faixa Salarial	
	Menor	Maior	Mínimo (b)	Máximo (c)
1	130	160	165	205
2	161	197	205	255
3	198	243	255	316
4	244	300	316	391
5	301	370	391	483
6	371	456	483	598
7	457	562	598	739
8	563	693	739	912
9	694	855	912	1.127
10	856	1.054	1.127	1.391
11	1.055	1.300	1.391	1.716

Fonte: Zimpeck (1990) com base no trabalho desenvolvido na fonte e que serviu como modelo de comparação, na quarta ponderação (mínimo de 130 e máximo de 1.300 pontos, estabelecidos arbitrariamente).

Tabela 2.20 Faixas Salariais, segundo Zimpeck (1990), de conformidade com os Intervalos de Classe (1).

Grupo Salarial	Intervalo de Classe		Faixa Salarial	
	Menor	Maior	Mínimo (b)	Máximo (c)
1	200	237	165	217
2	238	281	217	279
3	282	333	279	353
4	334	395	353	440
5	396	468	440	543
6	469	555	543	666
7	556	658	666	811
8	659	780	811	903
9	781	924	983	1.187
10	925	1.096	1.187	1.429
11	1.097	1.300	1.429	1.716

(1) Conforme sugestão de Zimpeck (1990): mínimo de 200 e máximo de 1.300 pontos.

nerar os ocupantes dos cargos de forma equivocada ora para mais, ora para menos.

A nova proposta procura aperfeiçoar a classificação de cargos, com o objetivo de obter os salários mais corretos. Por meio da Ciência Estatística, identifica as funções mais apropriadas para obtenção das ponderações e das escalas de graduação dos fatores de avaliação, informações fundamentais na classificação de cargos, uma vez que a determinação dos salários dos cargos, objetivo primordial da Administração de Cargos e Salários, é uma conseqüência imediata da classificação. O salário (**Y**) é a variável dependente, e o total de pontos (**X**), a variável independente, ou se quiser, variável determinante.

O que se busca com os novos procedimentos é determinar os valores dos cargos, de tal forma que se obtenha uma classificação que retrate o perfil dos cargos na empresa.

A nova proposta, diferentemente da atual, determina o início, os meios e o término da escala de graduação, através de cálculos matemático-estatísticos, proveniente, única e exclusivamente, dos dados e informações da própria em-

Quadro 2.15 Procedimentos para o cálculo da escala de graduação.

O procedimento da montagem da tabela de graduação de escala consiste no cálculo da participação percentual do fator na determinação do valor salarial.

Para exemplificar, considerem-se as ponderações (percentuais) dos fatores e os salários médios ajustados dos níveis de exigências do fator de avaliação e se calcule o valor do grau do fator de avaliação de cargos correspondente àquele nível.

Considerando o fator de avaliação de cargos F1, no Estudo Atual, temos que no ajustamento dos níveis de exigência com os salários dos cargos, obteve-se a função linear $y = 168{,}09x - 51{,}929$ e o coeficiente de determinação $R^2 = 0{,}8492$, que forneceu a ponderação 20,85%.

Aplicando a fórmula da função linear e substituindo x por seu valor, temos os seguintes salários ajustados:

para x = 1	y = 168,09 x 1 – 51,929	y = 116,2
para x = 2	y = 168,09 x 2 – 51,929	y = 284,3
para x = 3	y = 168,09 x 3 – 51,929	y = 452,3
para x = 4	y = 168,09 x 4 – 51,929	y = 620,4
para x = 5	y = 168,09 x 5 – 51,929	y = 788,5
para x = 6	y = 168,09 x 6 – 51,929	y = 956,6
para x = 7	y = 168,09 x 7 – 51,929	y = 1124,7

Multiplicando os salários ajustados pela ponderação do fator (20,85%), obteremos o valor do grau correspondente a cada nível de exigência:

para n_1 = 116,2 x 20,85% = 24,2

para n_2 = 284,3 x 20,85% = 59,3

para n_3 = 452,3 x 20,85% = 94,3

para n_4 = 620,4 x 20,85% = 129,3

para n_5 = 788,5 x 20,85% = 164,4

para n_6 = 956,6 x 20,85% = 199,4

para n_7 = 1124,7 x 20,85% = 234,5

O cálculo dos graus dos níveis de exigência dos fatores de avaliação de cargos segue os preceitos estabelecidos. Logo, os fatores F4 e F9, por exemplo, não poderiam ser graduados de forma diferente (escala decrescente), pois são provenientes de dados e informações da própria empresa, ou seja, não foram impostos, artificialmente, de fora para dentro.

presa. Portanto, os limites da escala não são determinados arbitrariamente pela vontade do profissional responsável, em outras palavras, o mínimo e o máximo da escala não são impostos de fora para dentro.

O passo seguinte refere-se ao cálculo do valor relativo dos cargos, que corresponde a um numeral que estabelecerá a posição do cargo dentro da estrutura hierárquica de cargos da empresa. Esse numeral é obtido a partir do somatório dos graus, correspondentes aos níveis de exigência dos fatores, na avaliação de cada cargo (Tabela 2.1 e Tabela 2.24), em que o resultado é o total de pontos de avaliação do cargo e representa seu valor relativo. De posse dos totais de pontos e dos salários médios reais dos respectivos cargos (Tabela 2.24), fazer o ajuste final dos salários, segundo a função estatística adotada no Estudo.

Uma vez que se dispõe do valor relativo (ou do total de pontos) dos cargos (Tabela 2.24), a classificação de cargos consiste em colocar em ordem seqüencial do somatório de pontos e, a seguir, formar conjuntos de cargos que passarão a receber idêntico tratamento salarial (ver Tabela 2.26).

2.4.2 Estudos do Método Proposto

Nesta seção iremos observar, por meio de um conjunto de tabelas, os procedimentos que foram sugeridos para o desenvolvimento do plano de classificação de cargos e salários. Os limites dos valores mínimo e máximo dos planos de avaliação de cargos são estabelecidos com base em cálculos matemático-estatísticos.

Os estudos realizados se propõem a estabelecer de forma científica qual a alternativa mais apropriada, tendo em vista a situação que a empresa apresenta. Dependendo da situação, isto é, da avaliação e dos salários pagos aos ocupantes, tanto a ponderação quanto a graduação de escala sofrem alterações, o que se reflete no resultado final de classificação de cargos.

O Estudo Proposto é a alternativa selecionada, dentre as apresentadas e desenvolvidas, por atingir o objetivo traçado.

As fórmulas para o cálculo das escalas de graduação foram obtidas com a utilização de planilha eletrônica e estão registradas na Tabela 2.21.

Tabela 2.21 Resumo das diferentes fórmulas estatísticas dos fatores de avaliação de cargos.

FATORES	F1	F2	F3	F4	F5
Funções	y =	y =	y =	y =	y =
Linear	168,09 x − 51,929	147,3 x − 87,102	175,3 x − 17,998	− 65,63x + 778,77	185,41 x − 25,053
Potência	162,01$x^{0,9476}$	161,49x ^{0,8273}	193,84x ^{0,8736}	684,77$x^{-0,2882}$	193,13x ^{0,8963}
Exponencial	167,7$e^{0,2963x}$	154,84$e^{0,2635x}$	173,95$e^{0,3157x}$	688,47e $^{-0,0979x}$	166,28e ^{0,3438x}
Parábola sem Intercepte	7,7988x^2 + 117,53x	11,063 x^2 + 67,181x	7,5901 x^2 + 136,85x	− 65,242 x^2 + 407,35x	4,4835 x^2 + 160,23x
Parábola	22,46 x^2 − 5,5975x + 224,01	21,221 x^2 − 36,9x + 241,54	27,895x^2 − 13,4x + 241,11	19,421 x^2 − 180,3x + 922,41	8,8772 x^2 + 127,52x + 55,035
Maiores R^2	167,7$e^{0,2963x}$	21,221 x^2 − 36,9x + 241,54	173,95e ^{0,3157x}	684,77$x^{-0,2882}$	166,28e ^{0,3438x}
FATORES	F6	F7	F8	F9	F10
Funções	y =	y =	y =	y =	y =
Linear	132,07x + 137,76	129,26x + 370,29	171,14x + 291,58	− 61,699 x + 768,81	42,782 x + 465,94
Potência	238,87$x^{0,6821}$	458,15x ^{0,2989}	410,66x ^{0,5934}	635,75x $^{-0,209}$	443,11x ^{0,1651}
Exponencial	228,71$e^{0,2399x}$	373,77e ^{0,1937x}	321$e^{0,2763x}$	651,27e $^{-0,0783x}$	392,43$e^{0,0976x}$
Parábola sem Intercepte	− 3,8976 x^2 + 184,13x	− 62,235 x^2 + 464,55x	− 45,07 x^2 + 438,2x	− 75,693 x^2 + 442,26x	− 38,082x^2 + 322,28x
Parábola	24,689 x^2 − 43,924x + 406,55	96,253 x^2 − 288,28x + 730,38	14,353 x^2 + 95,469x + 361,47	16,367x^2 − 153,89x + 878,74	84,324x^2 − 429,64x + 1014,2
Maiores R^2	228,71$e^{0,2399x}$	96,253 x^2 − 288,28x + 730,38	14,353 x^2 + 95,469x + 361,47	− 61,699 + 768,81	392,43$e^{0,0976x}$

Tabela 2.22 Resumo dos coeficientes de determinação dos fatores de avaliação.

Fatores	F1	F2	F3	F4	F5	F6	F7	F8	F9	F10
Linear	0,8492	0,8077	0,7457	0,064	0,6254	0,3528	0,1358	0,4135	0,0515	0,0278
Potência	0,8625	0,7642	0,7909	0,074	0,6979	0,3761	0,0725	0,3734	0,0375	0,0251
Exponencial	0,9051	0,8869	0,8299	0,049	0,7375	0,3993	0,1046	0,3697	0,0284	0,0496
Paráb. s/intercepte	0,8645	0,8652	0,7561	−0,334	0,6278	0,3276	− 0,026	0,3304	− 0,2543	− 0,1986
Parábola	0,8818	0,8965	0,778	0,079	0,629	0,3863	0,2051	0,4175	0,0585	0,1621
Maiores R^2	0,9051	0,8965	0,8299	0,079	0,7375	0,3993	0,2051	0,4175	0,0585	0,1621

2.4.2.1 Estudo 1

Tabela 2.23 Ponderação de fatores, com base em coeficientes de determinação do grau do fator com respectivo salário.

Ponderação de fatores de avaliação de cargos, com base no Coeficiente de Determinação Linear										
Fatores	F1	F2	F3	F4	F5	F6	F7	F8	F9	F10
Coef. Determinação	0,8492	0,8077	0,7457	0,0642	0,6254	0,3528	0,1358	0,4135	0,052	0,0278
Ponderação	20,85%	19,83%	18,31%	1,58%	15,35%	8,66%	3,33%	10,15%	1,26%	0,68%

Tabela 2.24 Total de pontos, considerando função linear para cada fator, com ajuste final pela Função Linear (1).

Cargo	Pontos	R$	S Ajustado	Gr Sal	Cargo	Pontos	R$	S Ajustado	Gr Sal
1	196,871	185	44,6	1	21	532,422	507	511,2	7
2	303,323	227	192,6	3	22	569,795	520	563,2	8
3	271,523	235	148,4	3	23	650,938	582	676,0	8
4	256,286	258	127,2	2	24	637,875	596	657,8	8
5	274,206	263	152,1	3	25	655,247	598	682,0	8
6	326,723	268	225,2	4	26	705,361	645	751,7	9
7	357,801	283	268,4	5	27	722,148	648	775,0	9
8	347,882	315	254,6	4	28	666,724	704	697,9	9
9	412,175	332	344,0	5	29	724,778	706	778,7	9
10	418,259	340	352,4	6	30	720,626	723	772,9	9
11	431,426	343	370,7	6	31	740,059	737	799,9	9
12	427,925	351	365,9	6	32	755,374	754	821,2	9
13	514,695	404	486,5	7	33	831,055	873	926,4	10
14	554,702	425	542,2	7	34	849,747	902	952,4	10
15	522,148	456	496,9	6	35	825,125	945	918,2	10
16	593,269	466	595,8	8	36	856,865	1.068	962,3	10
17	522,128	472	496,9	7	37	876,299	1.145	989,3	10
18	522,128	478	496,9	7	38	887,575	1.180	1.005,0	10
19	577,667	489	574,1	8	39	925,373	1.270	1.058,0	11
20	576,679	497	572,7	8	40	930,754	1.282	1.065,0	11

(1) Função linear de ajuste final de salários Y = 1,3905X 229,15, com R^2 = 0,9018

Tabela 2.25 Escala de graduação de fatores, considerando função linear para cada fator.

Níveis	Escala de Graduação de Fatores de Avaliação, por Nível de Exigência									
	F1	F2	F3	F4	F5	F6	F7	F8	F9	F10
1	24,2	11,9	28,8	11,2	24,6	23,4	16,7	47,0	8,9	3,5
2	59,3	41,1	60,9	10,2	53,1	34,8	21,0	64,3	8,2	3,8
3	94,3	70,3	93,0	9,2	81,5	46,2	25,3	81,7	7,4	4,1
4	129,3	99,6	125,1	8,1	110,0	57,7	29,6	99,1	6,6	4,3
5	164,4	128,8	157,2	7,1	138,5	69,1		116,5	5,8	4,6
6	199,4	158,0	189,2	6,1	166,9	80,6				
7	234,5	187,2								
8		216,4								

Tabela 2.26 Classificação dos cargos, considerando função linear para cada fator, com ajuste salarial final pela Função Linear.

Grupo Salarial	Total de Pontos		Faixa Salarial		Relação dos Cargos, por Grupo Salarial (Identificados por seus códigos)
	Mínimo	Máximo	Menor	Maior	
1	191,900	224,125	37,71	82,50	1 3 4 5
2	224,125	261,762	82,50	134,83	2 6
3	261,762	305,719	134,83	195,95	7 8
4	305,719	357,058	195,95	267,34	9 10 11 12
5	357,058	417,018	267,34	350,71	13
6	417,018	487,046	350,71	448,09	14 15 16 17 18 19 20 21 22
7	487,047	568,835	448,09	561,81	23 24 25 28
8	568,835	664,358	561,81	694,64	26 27 29 30 31 32
9	664,358	775,922	694,64	849,77	33 34 35 36 37 38
10	775,922	906,221	849,77	1.030,95	39 40
11	906,221	1.058,400	1.030,95	1.242,62	

Tabela 2.27 Constantes "a" e "b" da função linear Y = a + bX, por fator de avaliação de cargos.

Fórmula Y = a + bX	Registro dos valores ""a" e "b" das funções lineares, por fator de avaliação									
	F1	F2	F3	F4	F5	F6	F7	F8	F9	F10
a	−51,929	−87,102	−17,998	778,77	−25,053	137,76	370,29	291,58	768,810	465,94
b	168,090	147,300	175,300	−65,63	185,410	132,07	129,26	171,14	−61,699	42,782

2.4.2.2 Estudo Proposto

Tabela 2.28 Ponderação de fatores, com base nos coeficientes de determinação mais elevados dos fatores de avaliação.

Ponderação de fatores de avaliação de cargos, com base no Coeficiente de Determinação Exponencial										
Fatores	F1	F2	F3	F4	F5	F6	F7	F8	F9	F10
Coef. Determinação	0,9051	0,8965	0,8299	0,0739	0,7375	0,3993	0,205	0,4175	0,0515	0,0496
Ponderação	19,8%	19,6%	18,2%	1,6%	16,2%	8,7%	4,5%	9,1%	1,1%	1,1%

Tabela 2.29 Total de pontos, considerando as funções de coeficientes mais elevados para cada fator, com ajuste final pela Função Exponencial (1).

Cargo	Pontos	R$	S Ajustado	Gr Sal	Cargo	Pontos	R$	S Ajustado	Gr Sal
1	270,3	185	197	1	21	500,9	507	457	5
2	322,4	227	251	2	22	527,3	520	491	6
3	309,7	235	237	2	23	606,1	582	593	7
4	307,1	258	234	2	24	599,1	596	584	6
5	314,1	263	242	?	25	612,5	598	602	7
6	338,6	268	268	2	26	663,4	645	671	7
7	363,4	283	295	3	27	691,5	648	710	7
8	356,6	315	287	3	28	637,4	704	636	7
9	395,1	332	331	3	29	691,3	706	710	7
10	407,4	340	345	4	30	693,6	723	713	8
11	412,6	343	351	4	31	741,1	737	781	8
12	404,8	351	342	4	32	749,8	754	794	8
13	480,2	404	432	5	33	833,0	873	916	9
14	506,1	425	464	5	34	893,3	902	1.008	9
15	487,1	456	440	5	35	829,3	945	911	9
16	559,8	466	532	6	36	918,5	1.068	1.047	10
17	496,0	472	451	5	37	969,2	1.145	1.127	10
18	497,0	478	453	5	38	975,1	1.180	1.136	10
19	533,3	489	498	6	39	996,7	1.270	1.171	10
20	538,2	497	504	6	40	1.005,2	1.282	1.184	10

(1) Função Exponencial de ajuste final de salários **Y = 0,0939.x^{1,3659}**, com R^2 = 0,9854

Tabela 2.30 Escala de graduação de fatores, considerando as funções de coeficientes mais elevados para cada fator.

Níveis	Escala de Graduação de Fatores de Avaliação, por Nível de Exigência									
	F1	F2	F3	F4	F5	F6	F7	F8	F9	F10
	Exp	Parábola	Exp	Potência	Exp	Exp	Linear	Parábola	Linear	Exp
1	44,7	39,6	43,3541	10,1	37,9	25,4	20,38	38,7	6,8	4,7
2	60,1	51,5	59,4480	9,2	53,4	32,3	24,73	51,0	6,3	5,2
3	80,9	67,0	81,5162	8,3	75,3	41,1	30,02	67,2	5,8	5,7
4	108,7	87,2	111,7770	7,5	106,2	52,2	36,44	88,6	5,4	6,3
5	146,3	113,5	153,2700	6,8	149,8	66,4		116,8	5,0	6,9
6	196,7	147,7	210,1670	6,2	211,3	84,4				
7	264,5	192,3								
8		250,3								

Tabela 2.31 Classificação dos cargos, considerando as funções de coeficientes mais elevados para cada fator, ajuste final pela Função Exponencial.

Grupo Salarial	Total de Pontos		Faixa Salarial		Relação dos Cargos, por Grupo Salarial (Identificados por seus códigos)
	Mínimo	Máximo	Menor	Maior	
1	265,86	304,85	192,533	232,10	1
2	304,85	349,55	232,10	279,80	2 3 4 5 6
3	349,55	400,81	279,80	337,31	7 8 9
4	400,81	459,59	337,31	406,63	10 11 12
5	459,59	526,99	406,63	490,20	13 14 15 17 18 21
6	526,99	604,27	490,20	590,95	16 19 20 22 24
7	604,27	692,88	590,95	712,40	23 25 26 27 28 29
8	692,88	794,49	712,40	858,81	30 31 32
9	794,49	911,00	858,81	1.035,31	33 34 35
10	911,00	1.044,59	1.035,31	1.248,08	36 37 38 39 40
11	1.044,59	1.197,77	1.248,08	1.504,58	

Tabela 2.32 Constantes "a", "b" e "c" das diferentes funções, por fator de avaliação de cargos

Fórmulas diversas	Registro dos valores "a", "b" e "c" das diferentes funções, por fator de avaliação									
	F1	F2	F3	F4	F5	F6	F7	F8	F9	F10
a	22,4600	21,221	173,9500	19,421	166,2800	228,7100	96,253	14,353	16,367	84,324
b	−5,5975	−36,900	0,3157	−180,300	0,3438	0,2399	−288,280	95,469	−153,890	−429,640
c	224,0100	241,540		922,410			730,380	361,470	878,740	1014,200

Veja uma síntese da análise comparativa entre o Método Atual e a Nova Proposta no Quadro 2.16, a seguir.

Tabela 2.16 Análise Comparativa.

Método Atual	Nova Proposta
Fatores de correlação negativa, mesmo com peso mínimo, devem ser eliminados do sistema.	Podem permanecer. A retirada de qualquer fator implica a diminuição do coeficiente de determinação.
O ponto de partida para a determinação dos pesos está, portanto, no máximo e mínimo de pontos que um plano de avaliação deverá ter. Tais valores são arbitrários e devem conter números que, divididos entre os fatores, não resultem em decimais.	Os valores não são arbitrários. São determinados por meio de cálculos matemático-estatísticos. O cálculo da ponderação é único e traz a vantagem de, simultaneamente, fornecer os valores para a escala de graduação.
Outro método, muito utilizado ainda, consiste em obter os coeficientes de correlação dos graus dos fatores com os salários e dar lhes pesos correspondentes, na base da experimentação. A partir daí, mudam-se os pesos dos fatores sucessivamente para verificar como eles influenciam os resultados. Após várias ponderações, chega-se à definitiva, que provê a menor dispersão e a melhor correlação.	Não há cálculo experimental; o cálculo é definitivo. Não se mudam os pesos dos fatores. Não se fazem várias ponderações. Independe de ponderações sucessivas para encontrar aquela de maior coeficiente de determinação e menor dispersão.
Diagramas de dispersão de várias ponderações; a sexta ponderação, das apresentadas, é a que deveria ser selecionada. As experiências são necessárias porque, no princípio, não se sabe que peso deve corresponder a uma determinada correlação.	Qualquer alteração no peso dos fatores implicará, automaticamente, a redução do coeficiente de determinação. Quaisquer propostas para modificar os percentuais de ponderação provenientes dos cálculos estatísticos devem ser eliminadas, pois se utilizadas provocarão diminuição no coeficiente de determinação e aumento no índice de dispersão.
Com este procedimento, consegue-se reduzir a dispersão final. No entanto, mormente quando os pontos dos graus adjacentes se aproximam muito, o processo merece restrições. De fato, não seria recomendável alterar a "harmonia" das distribuições de pontos por causa de detalhes técnicos que, segundo nosso julgamento, poderiam ser deixados de lado.	A não aceitação ou não inclusão de detalhes técnicos fatalmente comprometerá a qualidade do produto final.
Novas ponderações ainda poderiam ser experimentadas, além da quarta; no entanto, os resultados não seriam muito mais significativos do que o elevado coeficiente de correlação obtido nesta última (r = 0,9969).	Como base de cálculo das ponderações, temos os coeficientes de determinação, tomados por seus valores absolutos, na determinação dos pesos ou participações percentuais.
Pode-se utilizar quaisquer valores como máximo e mínimo de pontos. De modo geral, as empresas determinam 100 como mínimo e de 500 a 1.000 como máximo. Primeira Ponderação A fim de conhecer a influência de cada fator sobre os resultados, todos eles recebem nesta altura o mesmo peso. Os graus dos fatores, conforme se pode ver pelas figuras 57 (no texto, ver Tabela 8) e 58, obedecem a uma progressão aproximadamente geométrica. Os pesos mínimo e máximo são respectivamente 200 e 1.300, como se observa pela Figura 57. As referências às Figuras 57 e 58, aqui citadas, pertencem ao texto de ZIMPECK (1990, p. 198).	Os fatores de avaliação de cargos não possuem, necessariamente, a mesma participação percentual em toda a sua extensão, ou seja, o valor percentual representa um valor médio do fator. Cada fator tem uma participação específica na determinação dos valores relativos ou pontos e dos valores absolutos ou salários, portanto, sua extensão e elasticidade variam, de forma distinta, em relação aos demais fatores. O somatório do mínimo e do máximo de pontos não é determinado nem estabelecido arbitrariamente, é resultado direto de cálculos estatísticos. A participação percentual do grau de menor valor de cada fator não é necessariamente igual à participação percentual do grau de maior valor do mesmo fator.
Procura obter valores salariais ajustados tão próximos quanto possível dos valores salariais reais, pagos aos ocupantes dos cargos.	Procura obter a classificação de cargos, proporcionando o cálculo de salários ajustados, compatível com as avaliações dos cargos.

2.4.3 Conclusão

Nesta Seção foi possível desenvolver um plano de classificação de cargos e salários que atenda tanto ao funcionário quanto ao empregador e que traduza os valores relativos dos cargos, instrumento determinante da estrutura hierárquica e dos salários dos ocupantes sem manipulações e/ou distorções indesejáveis e externas.

Como se procurou demonstrar, no Método de Pontos, em planos de avaliação e classificação de cargos e salários, provenientes de dados e informações da empresa, a ponderação e a graduação de escala de fatores proporcionam um resultado sem necessidade de sucessivos cálculos de ponderação, nem da utilização de interferências externas, quando recebem tratamento estatístico adequado, de forma direta, imediata e única.

Portanto, a ponderação de fatores de avaliação de cargos e a graduação de escala dos fatores, em planos de avaliação de cargos e salários, devem ser provenientes, exclusivamente, de dados e informações colhidos na empresa, sem manipulações ou influências externas, dando-se a eles tratamento estatístico adequado, para obtenção de resultados que traduzam a situação que a empresa está vivenciando naquele momento.

Quaisquer propostas para modificar os porcentuais de ponderação provenientes dos cálculos estatísticos devem ser eliminadas, pois se utilizadas provocarão a diminuição no coeficiente de determinação e o aumento no índice de dispersão.

Com os procedimentos que foram desenvolvidos, estabeleceu-se a harmonia interna referente aos valores dos cargos e a partir de agora necessário se torna estabelecer o equilíbrio externo, o que se fará por meio de uma pesquisa salarial de mercado, para que os salários a serem pagos pela empresa estejam em harmonia com a concorrência.

Questões para Reflexão

1) Na avaliação de cargos, quais procedimentos devem ser adotados no método proposto?

2) O que é e em que consiste o processo da ponderação de fatores de avaliação de cargos?

3) Para que serve a graduação de escala de fatores de avaliação de cargos?

4) É importante fazer a revisão dos planos de classificação de cargos para atualizá-los pelo método proposto? Justifique.

2.5 Pesquisa Salarial de Mercado

Consiste no levantamento dos dados do mercado, referente aos cargos da empresa pesquisadora, bem como tratamento estatístico que possibilite ação consistente por parte da direção da instituição.

A pesquisa salarial tem por objetivo informar qual a situação do mercado concorrente e comparar com os dados da empresa pesquisadora. Essa comparação deve ser conduzida de modo a permitir à pesquisadora conhecer salários e estrutura de cargos na concorrência, em confronto com suas práticas.

Na elaboração da pesquisa salarial, temos que proceder de acordo com as virtudes estabelecidas pela Metodologia da Pesquisa: precisão, veracidade e honestidade. Ocorre que nem sempre os resultados obtidos são satisfatórios, em virtude de vários motivos. A identificação desses motivos é imprescindível para uma análise criteriosa.

A operacionalização da pesquisa se faz por meio das seguintes etapas:

- montando o manual de coleta de dados;
- convidando empresas significativas do mercado;
- estabelecendo roteiro de visitas;
- procedendo à distribuição;
- orientando o preenchimento do manual de coleta.

Manual de coleta de dados – instrumento que permite registrar de forma criteriosa os dados necessários à realização de uma pesquisa.

Convite às empresas – agendar antecipadamente com as empresas participantes, tendo em vista que estamos acrescentando serviço extra aos nossos colaboradores.

Roteiro de visitas – atender às necessidades da empresa e às conveniências dos participantes, racionalizando a coleta para evitar desperdício de tempo.

Distribuição, orientação, preenchimento e devolução – estabelecer as datas de entrega e devolução do manual de coleta de dados.

2.5.1 Tabulação da Pesquisa Salarial

As tabulações de pesquisa salarial apresentam os mais variados formatos; entretanto, o conteúdo costuma ser o mesmo, salvo algumas exceções que são praticadas por algumas empresas.

As medidas de tendência utilizadas são:

- menor salário pago;
- maior salário pago;
- salário médio;
- 1º quartil;
- 2º quartil (ou mediana);
- 3º quartil;
- moda;
- desvio-padrão.

A pesquisa salarial é o instrumento de comparação da empresa com o mercado. Portanto, quando da tabulação, os dados da pesquisadora não se misturam com os do mercado. Isso significa que, embora mereçam tratamento estatístico, os dados são registrados de forma que se estabeleça o confronto, a fim de conhecer a posição dos cargos da empresa em relação ao mercado concorrente.

A pesquisa salarial tem por objetivo conhecer o mercado e permitir que a empresa pesquisadora promova o equilíbrio externo por meio de salários compatíveis com as outras empresas, evitando, em contrapartida, a prática de salários defasados para maior ou menor em relação ao mercado.

O equilíbrio interno é importante porque determina tratamento salarial igual para cargos iguais; o equilíbrio externo é importante porque coloca a empresa em igualdade de condições com as demais do mercado.

Mostramos a seguir um modelo de coleta de dados e um modelo de tabulação de pesquisa salarial, com os cargos indicados por códigos e a "**sua empresa**" por "**pesquisadora**".

Quadro 2.17 Manual de coleta de dados – informações da empresa pesquisada.

Empresa Pesquisadora									
Empresa Pesquisada									
Endereço									
Telefone									
Contato									
Características principais do Plano de Classificação dos cargos respondidos									
Mínimo de Pontos				Máximo de Pontos					
Título do cargo								Código	
Valor Relativo ou Total de Pontos de Avaliação do Cargo Pesquisado								Pontos	
Func	Salário	Func	Salário	Func	Salário	Func	Salário	Func	Salário

Tabela 2.33 Resumo de tabulação por cargo.

Cargo / Dados		Número de		Valores Pagos			Medidas de Tendência			Faixa Salarial	
		Empresa	Func.	Menor	Médio	Maior	1º Q	2º Q	3º Q	Min.	Máx.
20101	M.Inf	9	82	174	311	540	264	283	328	261	341
	M.Dep	6	75	234	313	540	265	283	321	278	359
Pesquisadora			1	233	233	233				214	229
20102	M.Inf	9	12	254	328	590	261	307	321	303	424
	M.Dep	8	11	254	304	392	260	307	321	282	401
Pesquisadora			1	246	246	246				246	282
20105	M.Inf	8	24	247	341	414	284	355	383	297	419
	M.Dep	4	11	300	360	388	321	368	379	304	432
Pesquisadora			2	297	318	339				246	282
20123	M.Inf	4	6	300	695	993	300	612	809	560	859
	M.Dep	3	5	480	775	993	480	743	828	665	1.043
Pesquisadora			1	495	495	495				374	525

2.5.1.1 Procedimentos

Uma pesquisa salarial deve oferecer, além da tabulação de salários por cargo, uma análise da pesquisa por cargo e relatório conclusivo ou final, de acordo com as práticas e políticas da empresa.

Analisar uma pesquisa não significa apenas verificar qual a situação salarial de um cargo em relação ao mercado ou qual a tendência do cargo no mercado. Significa muito mais. Significa saber, além das virtudes de coleta e de tratamento estatístico, se os dados tabulados são seguros, confiáveis e representativos, além de honestos e verdadeiros.

Ao se examinar uma pesquisa salarial, tem-se um sentimento ou percepção do que está bom ou ruim, isto é, se se considera confiável e segura a tabulação para que seja ou não recomendada à empresa. Esse sentimento ou percepção se dá quando, no exame da tabulação, se verifica: o número de empresas, dentre as participantes, que responderam determinado cargo; amplitudes salariais praticadas pelo mercado para cada cargo; índice de permanência de empresas e de salários após a depuração (corte de salários maiores e menores, conforme critério adotado que pode ser por desvio-padrão, por quartis etc.).

Se em uma pesquisa salarial com vários cargos universais[21] em que, por hipótese, 15 empresas participem, conseguir-se para cada cargo número de respostas inferior ao das empresas participantes, até que ponto as empresas que responderam representam com segurança e confiabilidade o mercado pesquisado? Quanto maior o número de empresas que responderem ao cargo, maior a representatividade de mercado e vice-versa.

Se, por outro lado, se examinar as amplitudes salariais para cada cargo, até que ponto se pode confiar nas informações do mercado para que se façam recomendações à direção da empresa para tomada de decisão? Quanto mais concentrados, isto é, quanto menor a amplitude salarial, maior segurança e confiabilidade teremos para recomendar alterações salariais. Por outro lado, quanto mais dispersos, ou seja, quanto maior a amplitude salarial, menor é a segurança e confiabilidade. Pode-se considerar que, se os salários estão concentrados, o mercado identifica bem o cargo e pratica salários adequados. Entretanto, se os salários estiverem dispersos, dependendo dessa dispersão, pode-se entender que o cargo tem mais de um significado, isto é, pode ser mais de um cargo ou mais de um *status* de cargo ou mais de um cargo em uma carreira de cargos.

Quando há variação no número de empresas informantes e redução desse número em relação às empresas remanescentes, após a depuração, até que ponto de redução em números absolutos e porcentuais essas empresas continuam representando o mercado com segurança e confiabilidade? Quanto maior o

---

21 Cargos universais são aqueles que são comuns à maioria das empresas.

porcentual de aproveitamento de empresas após a depuração, maior a segurança e confiabilidade para considerar a tabulação representativa do mercado.

A análise da pesquisa, como se observa, constitui uma fase da mais alta importância, uma vez que traduz com muito mais clareza o verdadeiro significado dos dados tabulados para conhecimento do mercado. É imprescindível, portanto, que a análise da pesquisa seja realizada. Entretanto, essa mesma análise só tem significado maior e mais amplo quando se examina todo um conjunto de informações.

De posse da tabulação e do necessário estudo dela, deve-se preparar um relatório conclusivo ou final da pesquisa salarial, de acordo com as práticas e políticas da empresa, que consiste em um relatório, normalmente de poucas páginas, que é apresentado em reunião de diretoria, traduzindo: a) a situação do mercado; b) a posição da empresa em relação ao mercado; c) as tabelas de faixas salariais elaboradas a partir das práticas e políticas; e d) os custos salariais, tendo em vista as novas tabelas salariais.

Uma das atividades, ao se elaborar o relatório final, consiste em registrar os valores salariais dos cargos, com base no mercado, na estrutura de cargos da empresa e, a seguir, ajustar estatisticamente os salários em diferentes curvas estatísticas e selecionar aquela de maior coeficiente de determinação. Isso é realizado para cada medida de tendência do mercado ou para uma delas em particular, tendo em vista as práticas e políticas da empresa.

Toma-se a curva estatística de maior coeficiente de determinação, da medida de tendência (curva mestra), adotada pela empresa (com base no mercado, de preferência) e constrói-se em torno dela a tabela de faixas salariais.

Construída a tabela de faixas salariais da empresa, representativa do mercado, o passo seguinte é adequar os salários dos cargos às suas faixas, verificando o custo absoluto e porcentual por cargo e por grupo salarial, bem como o total geral.

A pesquisa salarial pode fornecer a revisão do plano de classificação de cargos e salários da empresa pesquisadora, com base no mercado pesquisado. O sistema, assim elaborado e desenvolvido, pode oferecer uma informação condensada da estrutura da empresa comparada à do mercado, permitindo uma conclusão sobre a tendência da empresa em relação às empresas pesquisadas.

A base da classificação de cargos se fundamenta na projeção das estruturas de cada empresa pesquisada na estrutura de cargos da empresa pesquisadora.

O procedimento para projetar a estrutura de uma empresa sobre a de uma outra é semelhante ao da determinação do salário médio de um cargo no mercado. Para demonstrar, vejamos os gráficos das Figuras 2.2 e 2.3.

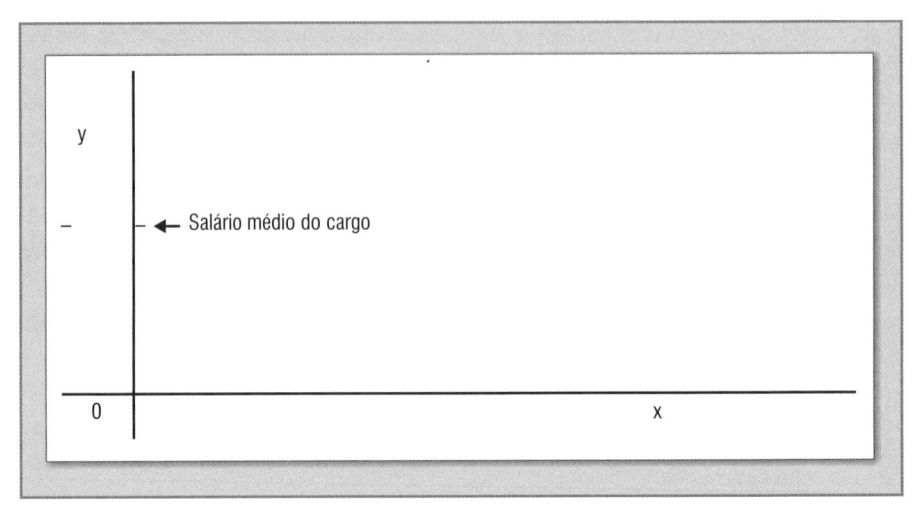

Figura 2.2 Posição do salário médio do cargo.

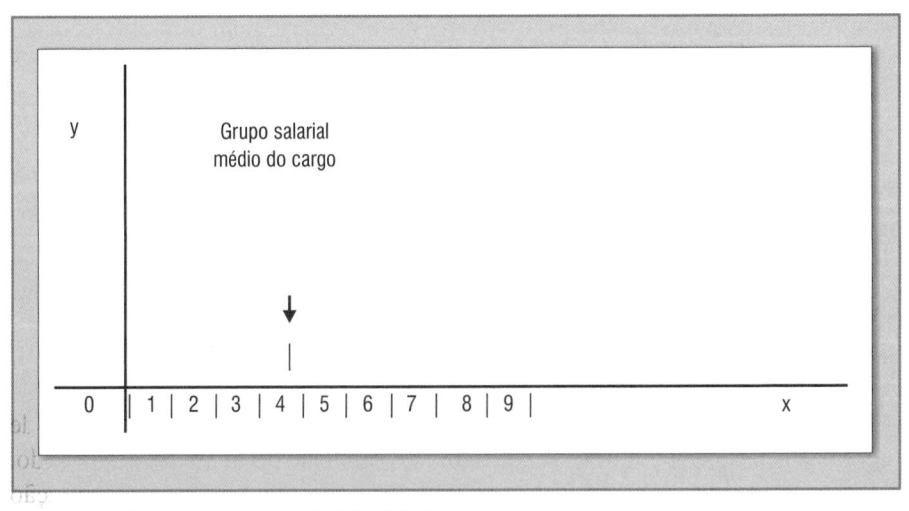

Figura 2.3 Posição do grupo salarial médio do cargo.

Valores salariais no eixo de **Y**, assinalado o valor médio, no mercado, de cargo em estudo.

Grupos salariais no eixo de **X**, assinalado o grupo médio, no mercado, de cargo em estudo.

Como se pode observar nas Figuras 2.2 e 2.3, o cálculo do salário médio é independente do cálculo do grupo salarial médio e vice-versa. Portanto, dispondo-se do grupo salarial convertido de cada cargo pesquisado, estamos em condições de estabelecer a estrutura hierárquica de cargos com base no mercado.

A conversão da estrutura de cargos de empresas pesquisadas na estrutura de cargos da empresa pesquisadora pressupõe conhecer, de cada empresa pesquisada, os limites mínimo e máximo de pontos do plano de avaliação, o valor relativo ou total de pontos do cargo e o grupo salarial.

Para a conversão de estrutura de cargos propriamente dita, ou projeção de estrutura, aplica-se a seguinte fórmula:

$$PONTOS_{Pdora} = \frac{(MÁXIMO_{Pdora} - MÍNIMO_{Pdora})(PONTOS_{Pdora} - MÍNIMO_{Pdora})}{MÁXIMO_{Pdora} - MÍNIMO_{Pdora}} + MÍNIMO_{Pdora}$$

Onde,

$PONTOS_{Pdora}$ = total de pontos do cargo, da pesquisada, convertido em pontos da pesquisadora;

$PONTOS_{Psada}$ = total de pontos do cargo informado pela empresa pesquisada;

$MÁXIMO_{Pdora}$ = limite máximo de pontos do plano de avaliação de cargos da empresa pesquisadora;

$MÍNIMO_{Pdora}$ = limite mínimo de pontos do plano de avaliação de cargos da empresa pesquisadora;

$MÁXIMO_{Psada}$ = limite máximo de pontos do plano de avaliação de cargos da empresa pesquisada;

$MÍNIMO_{Psada}$ = limite mínimo de pontos do plano de avaliação de cargos da empresa pesquisada.

Conhecida a estrutura hierárquica dos cargos do mercado, necessitamos, a partir desse momento, de informações adicionais que nos permitam agir com segurança e confiabilidade. Essas informações adicionais fazem parte da análise da classificação de cargos.

A análise da classificação de cargos representa, na verdade, uma radiografia do cargo. Por meio da análise, estamos em condições de diagnosticar cada cargo e, inclusive, propor medidas mais seguras e confiáveis em harmonia com o mercado pesquisado.

Para uma melhor compreensão da análise da classificação do cargo, recordemos o seguinte: quando em uma pesquisa salarial procede-se à depuração, de um modo geral, eliminam-se tanto os menores quanto os maiores salários, pelas medidas estatísticas, como, por exemplo, o desvio-padrão.

Se representarmos, em uma pesquisa salarial, os diferentes salários de um cargo por uma coluna vertical, teremos a Figura 2.4. Se, nessa mesma pesquisa salarial, utilizarmos o procedimento de determinação do grupo salarial médio de um cargo e obtivermos aquele gráfico numa barra horizontal, teremos a Figura 2.5.

Para a análise da classificação consideram-se, simultaneamente, os dois raciocínios anteriores. Pode-se, portanto, juntar as duas Figuras em uma só (Figura 2.6). Nos campos definidos pela Figura 2.6, têm-se as posições que o cargo, em diferentes empresas, pode estar ocupando, em razão do salário e do grupo salarial (ou classificação do cargo).

Na análise da classificação de cargos, é importante a informação do número de empresas que classificaram o cargo em um determinado grupo salarial. A Tabela 2.35 mostra quais são os padrões percentuais considerados em uma distribuição normal. Esses padrões são provenientes das interações de duas distribuições normais, consideradas simultaneamente, sendo uma no eixo de **X** e outra em **Y**.

Considerando-se a Tabela 2.34 de dupla entrada com os percentuais da distribuição normal (ou curva de Gauss), teremos:

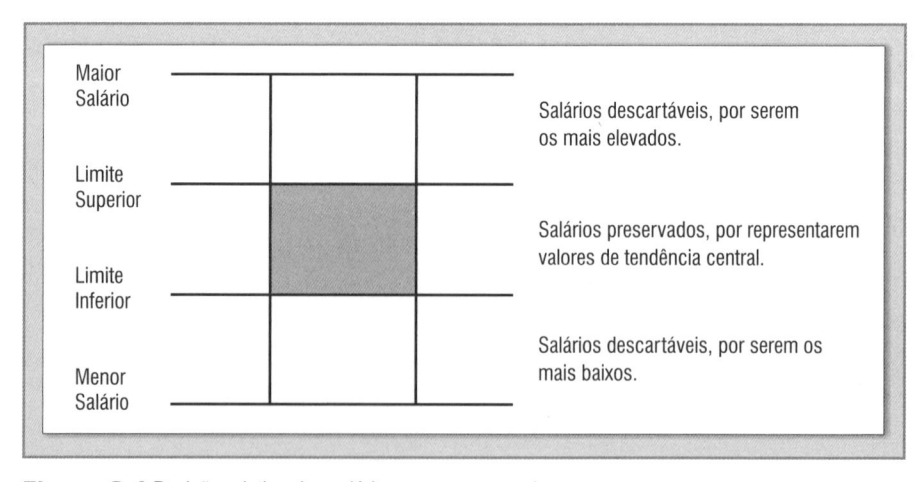

Figura 2.4 Posição relativa dos salários, em uma pesquisa.

Grupos Salariais abaixo da média de mercado	Grupo Salarial Médio no Mercado	Grupos Salariais acima da média de mercado

Figura 2.5 Posição relativa dos grupos salariais, em uma pesquisa.

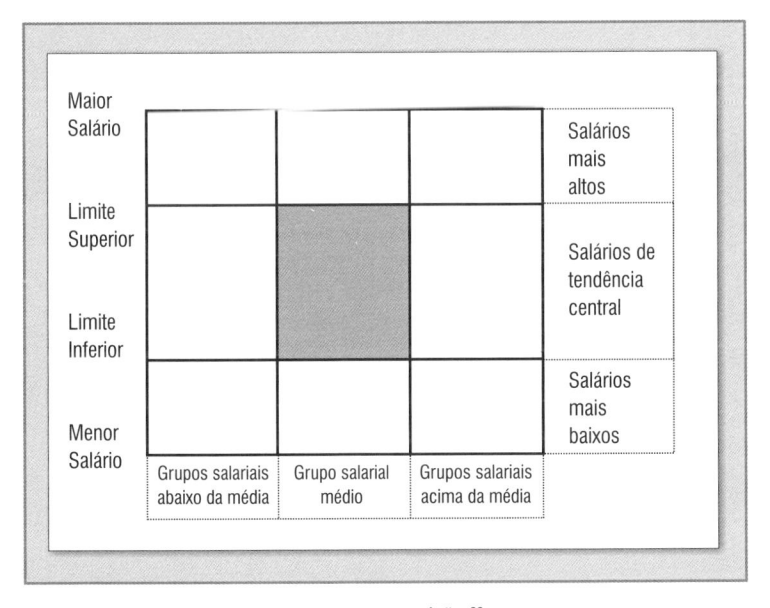

Figura 2.6 Posição relativa dos cargos, em uma posição.[22]

Observando as Tabelas 2.34 e 2.35 concluímos que, por exemplo, para uma pesquisa salarial com 15 empresas, se tivermos, pelo menos, 7 empresas que se situem na área privilegiada, ou seja, 46,6%, estaremos em condições de afirmar que o cargo em estudo está bem representado no mercado e sua classificação pode ser adotada, após revisão de avaliação, se necessário, pela empresa pesquisadora com mais segurança e confiabilidade.

---

22 A área sombreada representa a região privilegiada tanto para a classificação quanto para o salário do cargo. A figura representa o que se pode chamar de "radiografia do cargo".

Tabela 2.34 Distribuição normal, numa tabela de dupla entrada (1).

X \ Y	15,87	68,26	15,87
15,87	251,8569	1083,2862	251,8569
68,26	1083,2862	4659,4276	1083,2862
15,87	251,8569	1083,2862	251,8569

(1) Os resultados apresentados são provenientes da multiplicação dos valores da coluna X pelos valores da linha Y.

Tabela 2.35 Distribuição normal, considerando salário e grupo salarial.

2,52%	10,83%	2,52%
10,83%	46,6%	10,8%
2,52%	10,83%	2,52%

Fica claro que o estudo realizado com base na Tabela 2.35 proporciona um volume de informações úteis às quais, anteriormente, não se tinha acesso. Pode-se, por esse estudo, visualizar um cargo com perfil bem definido ou informações que nos permitam visualizar, pelo menos, dois *status* diferentes de um cargo ou, mais precisamente, de dois cargos. Para exemplificar, suponhamos que o cargo pesquisado seja o de AUDITOR e para ele encontremos duas concentrações distintas que poderiam indicar Auditor Jr. e Auditor Sênior.

Concluída a análise da classificação de cargos, esclarecida a posição hierárquica, estabelecida ou não a nova classificação com base no mercado, o passo seguinte é elaborar o relatório conclusivo da nova situação.

É possível que a classificação de cargos da empresa com base nos salários de mercado seja diferente da que estava em vigor. Portanto, a tabela de faixas salariais deverá ser recalculada, uma vez que a curva estatística ajustada tem novos valores. Como os salários foram alterados, a ponderação dos fatores também será alterada. Conseqüentemente, as escalas de graduação dos fatores terão novos valores em graus e os cargos terão novos valores relativos ou novos totais de pontos. A partir desse momento, os procedimentos a serem aplicados incluem as alterações das novas posições relativas dos cargos, bem como dos salários pagos, em conformidade com as práticas e políticas da empresa, levando-se em consideração as novas faixas salariais.

O valor relativo do cargo será alterado com base nas alterações salariais adotadas pela empresa, com base no mercado. O procedimento seguinte consiste em modificar os salários dos ocupantes dos cargos, em conformidade com as práticas e políticas da empresa, calcular os totais de folha de pagamento antes e após a pesquisa, verificar as diferenças absoluta e porcentual, por cargo e por grupo salarial.

Para ter uma idéia prática do que foi apresentado anteriormente a respeito de pesquisa salarial, veremos mais adiante quais os procedimentos necessários.

A coleta de informações referentes a cada cargo pesquisado em termos de total de pontos e salário médio nos conduz às Tabelas 2.36 e 2.37, nas quais vemos um resumo dos dados (trata-se de uma simulação e os dados são fictícios).

Conhecendo a estrutura de pontos do plano de avaliação de cargos de cada empresa, aplicamos a fórmula para conversão de pontos na estrutura da pesquisadora e registramos em que grupo salarial cada cargo foi posicionado. Uma visão global do mercado pode ser observada na Tabela 2.38, em que se registrou o número de empresas que classificou por grupo salarial cada cargo pesquisado, enquanto a posição relativa do cargo da pesquisadora está assinalada por um asterisco (*) na coluna correspondente ao grupo salarial. Na última coluna à direita, vê-se o grupo salarial médio do cargo, no mercado pesquisado.

130 GESTÃO ESTRATÉGICA DE PESSOAS

Tabela 2.36 Resumo dos salários por cargo, pagos pelas empresas pesquisadoras.

Cargo	Emp1	Emp2	Emp3	Emp4	Emp5	Emp6	Emp7	Emp8	Emp9	Emp10	Emp11	Emp12	Emp13	Emp14	Emp15
1	108	140	124	144	151	140	152	160	165	132	142	151	133	168	178
2	137	178	158	178	186	174	186	196	199	159	171	181	165	208	228
3	163	212	187	207	218	206	218	228	230	184	195	204	188	230	260
4	175	228	201	221	232	220	232	243	244	195	208	218	203	251	291
5	184	239	212	232	243	231	243	254	254	204	218	229	217	273	323
6	198	257	228	248	260	248	260	271	271	217	232	243	234	295	355
7	202	263	232	252	265	252	264	276	276	220	237	249	237	298	368
8	203	264	233	253	266	254	266	278	277	221	236	247	241	306	386
9	234	304	269	289	304	291	303	316	313	265	284	297	277	351	441
10	250	325	288	308	323	310	322	345	341	288	306	317	286	357	457
11	259	337	298	318	334	321	326	349	345	291	310	323	299	373	483
12	273	355	314	334	351	338	343	367	361	304	320	331	316	396	516
13	279	363	321	341	358	345	350	374	369	310	325	337	314	389	519
14	280	364	322	342	359	346	351	376	370	353	373	386	319	398	538
15	283	368	325	345	363	350	355	379	373	356	377	390	329	416	566
16	299	389	344	364	382	369	374	399	393	373	394	408	343	431	591
17	300	390	345	365	383	370	375	401	394	374	396	410	343	431	601
18	327	425	376	396	416	402	407	439	430	427	447	461	376	473	653
19	333	433	383	403	423	410	415	447	438	434	457	471	376	470	660
20	347	451	399	419	440	426	431	465	455	449	472	486	392	490	690
21	348	452	400	420	441	428	445	480	469	482	502	515	387	480	690
22	368	478	423	443	465	452	469	506	493	504	527	542	414	517	737
23	384	499	442	462	485	471	488	527	513	522	550	566	438	550	780
24	414	538	476	496	521	507	524	566	551	556	579	594	470	587	827
25	452	588	520	540	567	552	569	616	598	598	630	648	509	633	883
26	502	653	577	597	627	612	629	667	647	682	712	728	557	685	945
27	588	764	676	696	731	716	733	781	755	779	806	822	647	787	1.057
28	600	780	690	710	746	730	747	797	770	793	818	835	656	796	1.076
29	640	832	736	756	794	778	795	850	820	838	873	893	707	862	1.152
30	798	1.037	918	938	985	968	985	1.058	1.018	1.066	1.091	1.111	862	1.031	1.331
31	824	1.071	948	968	1.016	999	1.029	1.107	1.064	1.108	1.145	1.168	901	1.084	1.394
32	923	1.200	1.061	1.081	1.136	1.118	1.148	1.240	1.191	1.222	1.254	1.275	993	1.182	1.502
33	1.040	1.352	1.196	1.216	1.277	1.258	1.288	1.392	1.335	1.352	1.392	1.416	1.122	1.332	1.662
34	1085	1.411	1.248	1.268	1.331	1.312	1.342	1.450	1.391	1.402	1.443	1.462	1.148	1.349	1.689
35	1.126	1.464	1.295	1.315	1.381	1.361	1.391	1.503	1.441	1.447	1.489	1.516	1.216	1.444	1.794
36	1247	1.621	1.434	1.454	1.527	1.506	1.536	1.660	1.590	1.810	1.852	1.880	1.341	1.586	1.946
37	1.305	1.697	1.501	1.521	1.597	1.576	1.606	1.735	1.662	1.885	1.928	1.957	1.404	1.660	2.030
38	1320	1.716	1.518	1.538	1.615	1.594	1.624	1.755	1.680	1.904	1.948	1.979	1.429	1.695	2.075
39	1.668	2.168	1.918	1.938	2.035	2.012	2.042	2.206	2.109	2.354	2.400	2.433	1.790	2.102	2.492
40	2.028	2.636	2.332	2.352	2.470	2.444	2.474	2.672	2.552	2.819	2.867	2.904	2.171	2.536	2.936

Tabela 2.37 Limite mínimo e máximo do plano e total de pontos dos cargos, por empresa.

Cargo	Emp1	Emp2	Emp3	Emp4	Emp5	Emp6	Emp7	Emp8	Emp9	Emp10	Emp11	Emp12	Emp13	Emp14	Emp15
	146	100	100	100	130	160	90	80	100	120	80	90	115	95	120
	1.341	500	800	1.000	900	1.400	550	900	1.100	920	600	750	900	950	1.000
1	168	102	102	120	130	168	102	102	120	130	102	102	120	110	130
2	206	120	130	140	140	206	120	130	140	140	120	130	140	140	140
3	208	116	116	116	116	208	116	116	116	116	116	116	116	116	116
4	247	134	134	137	137	247	134	134	137	137	134	134	137	137	137
5	302	140	170	170	170	302	140	170	170	170	140	170	170	170	170
6	235	155	160	186	186	235	155	160	186	186	155	160	186	186	186
7	264	168	178	180	180	264	168	178	180	180	168	178	180	180	180
8	217	149	155	200	200	217	149	155	200	200	149	155	200	200	200
9	296	185	210	230	230	296	185	210	230	230	185	210	230	230	230
10	271	179	174	190	190	271	179	174	190	190	179	174	190	190	190
11	273	192	210	210	210	273	192	210	210	210	192	210	210	210	210
12	303	163	163	228	228	303	163	163	228	228	163	163	228	228	228
13	320	154	100	180	180	329	154	180	180	180	154	180	180	180	180
14	360	203	203	203	203	360	203	203	203	203	203	203	203	203	203
15	384	212	212	250	250	384	212	212	250	250	212	212	250	250	250
16	413	208	235	235	235	413	208	235	235	235	208	235	235	235	235
17	317	220	225	230	230	317	220	225	230	230	220	225	230	230	230
18	384	200	220	270	270	384	200	220	270	270	200	220	270	270	270
19	395	232	232	232	232	395	232	232	232	232	232	232	232	232	232
20	350	225	245	245	245	350	225	245	245	245	225	245	245	245	245
21	373	205	205	205	205	373	205	205	205	205	205	205	205	205	205
22	384	228	250	250	250	384	228	250	250	250	228	250	250	250	250
23	600	280	270	300	300	600	280	270	300	300	280	270	300	300	300
24	455	239	239	310	310	455	239	239	310	310	239	239	310	310	310
25	725	320	320	320	320	725	320	320	320	320	320	320	320	320	320
26	621	299	280	305	305	621	299	280	305	305	299	280	305	305	305
27	586	265	290	330	330	586	265	290	330	330	265	290	330	330	330
28	595	250	310	310	310	595	250	310	310	310	250	310	310	310	310
29	778	345	380	380	380	778	345	380	380	380	345	380	380	380	380
30	590	250	360	360	360	590	250	360	360	360	250	360	360	360	360
31	868	370	440	440	440	858	370	440	440	440	370	440	440	440	440
32	602	320	400	400	400	602	320	400	400	400	320	400	400	400	400
33	1.050	400	470	470	470	1.050	400	470	470	470	400	470	470	470	470
34	1.044	410	355	355	355	1.044	410	355	355	355	410	355	355	355	355
35	933	420	520	520	520	933	420	520	520	520	420	520	520	520	520
36	1.092	425	550	550	550	1.092	425	550	550	550	425	550	550	550	550
37	950	431	580	580	580	950	431	580	580	580	431	580	580	580	580
38	960	435	640	640	640	950	435	640	640	640	435	640	640	640	640
39	1.341	460	681	720	720	1.341	460	681	720	720	460	681	720	720	720
40	1.296	480	742	850	850	1.296	480	742	850	850	480	742	850	850	850

De posse dos dados, procedemos à sua tabulação para obtenção das informações necessárias ao conhecimento do mercado e, com base em uma análise dos resultados, tomar a decisão mais apropriada e compatível com a política de recursos humanos da empresa.

Para ter uma idéia de conjunto, faremos a simulação de uma pesquisa, com 15 empresas fictícias, apresentando de forma completa a tabulação dos dados, para que se tenha uma visão do mercado em que a empresa está concorrendo, pelas informações que a tabulação fornece.

A Tabela 2.38, como já dissemos, apresenta uma visão geral do mercado, assemelhando-se a um gráfico, no qual vemos o número de empresas que informaram cada cargo, após a aplicação da fórmula de conversão, a posição da empresa pesquisadora assinalada por um asterisco (*) e o grupo salarial médio do cargo no mercado.

A tabulação a seguir, Tabela 2.39, oferece as seguintes informações:

- C 40, C39, (...), C 1 = código de cargo;
- Emp. Tab = empresas tabuladas;
- Inf. = dados informados;
- Dep. = dados depurados com utilização do desvio-padrão;
- Ajtd = dados ajustados, segundo uma função estatística;
- Pdora = dados da empresa pesquisadora (a sua empresa);
- GS Conv = grupo salarial convertido na estrutura da pesquisadora;
- Total de Pontos = Pontos médios convertidos na estrutura de pontos da pesquisadora;
- Menor = menor salário;
- M-1DP = salário médio menos um desvio-padrão;
- Médio = salário médio;
- M+1DP = salário médio mais um desvio-padrão;
- Maior = maior salário.

A Tabela 2.39 mostra, na prática, o que foi explicado teoricamente em termos de tabulação de dados de uma pesquisa salarial e a Tabela 2.40 apresenta os resultados que proporcionam a análise para cada cargo pesquisado.

Tabela 2.38 Resumo da projeção dos cargos do mercado, na estrutura de cargos da pesquisadora.

Cargo	Projeção dos níveis salariais das pesquisadas, na estrutura de cargos da pesquisadora											Niv.Sal. Médio
	1	2	3	4	5	6	7	8	9	10	11	
1	14*	1										1
2	6	9*										2
3	11	4*										1
4	5*	8	2									2
5		7*	8									3
6		7*	7	1								3
7		6	6*	3								3
8		3*	12									3
9			6*	7	2							4
10		3	9*	3								3
11			9	3*	3							4
12			9*	6								3
13		5	8	2	*							3
14			7	5	3*							4
15				12*	2	1						4
16			3	7	5	*						4
17			5	6	2*	2						4
18				11	4*							4
19			4	6	2*	3						4
20				10	2*	3						4
21			7	5	3*							4
22				9	3*	3						5
23				10	1*	4						6
24				12	3*							5
25				7	3*	–	5					6
26				9	1	3*	2					6
27				9	3	3*						6
28				7	6	2*						6
29					7	3*	4	1				7
30					2	9	4*					6
31						1	7	3*	4			8
32						7	4	4*				7
33						7	2	3*	3			8
34					5	6	2	–	1*	4		7
35							1	7	5*	2		9
36							1	6	3*	5		9
37								3	9	3*		9
38								1	10	0*	1	9
39									2	9*	4	10
40										5*	10	11

* Indica o grupo salarial do cargo, na empresa pesquisadora.

134 GESTÃO ESTRATÉGICA DE PESSOAS

Tabela 2.39 Tabulação da pesquisa simulada dos cargos das empresas fictícias

C 40	Emp Tab	GS Conv	Total Pontos	Medidas de Tendência					C 39	Emp Tab	GS Conv	Total Pontos	Medidas de Tendência				
				Menor	M-1DP	Médio	M+1DP	Maior					Menor	M-1DP	Médio	M+1DP	Maior
Inf	15	11	1.102	2.028	2.280	2.546	2.813	2.936	Inf	15	10	1.0133	1.668	1.873	2.111	2.349	2.492
Dep	6	11	1.126	2.280		2.482		2.813	Dep	6	10	984	1.873		2.040		2.349
Ajtd	6	11	1.126	2.353		2.535		2.882	Ajtd	6	10	984	1.846		2.018		2.293
Pdora	1	10	971			1.282			Pdora	1	10	967			1.270		

C 38	Emp Tab	GS Conv	Total Pontos	Medidas de Tendência					C 37	Emp Tab	GS Conv	Total Pontos	Medidas de Tendência				
				Menor	M-1DP	Médio	M+1DP	Maior					Menor	M-1DP	Médio	M+1DP	Maior
Inf	15	9	909	1.320	1.481	1.693	1.904	2.075	Inf	15	9	860	1.305	1.463	1.671	1.878	2.030
Dep	6	9	875	1.481		1.684		1.904	Dep	5	9	848	1.463		1.614		1.878
Ajtd	6	9	875	1.494		1.654		1.879	Ajtd	5	9	848	1.412		1.569		1.781
Pdora	1	10	954			1.180			Pdora	1	10	954			1.145		

C 36	Emp Tab	GS Conv	Total Pontos	Medidas de Tendência					C 35	Emp Tab	GS Conv	Total Pontos	Medidas de Tendência				
				Menor	M-1DP	Médio	M+1DP	Maior					Menor	M-1DP	Médio	M+1DP	Maior
Inf	15	9	849	1.247	1.398	1.599	1.801	1.946	Inf	15	9	806	1.126	1.260	1.412	1.564	1.794
Dep	2	9	839	1.398		1.547		1.801	Dep	4	9	862	1.260		1.415		1.564
Ajtd	2	9	839	1.386		1.542		1.751	Ajtd	4	9	862	1.456		1.615		1.834
Pdora	1	9	901			1.068			Pdora	1	9	799			945		

C 34	Emp Tab	GS Conv	Total Pontos	Medidas de Tendência					C 33	Emp Tab	GS Conv	Total Pontos	Medidas de Tendência				
				Menor	M-1DP	Médio	M+1DP	Maior					Menor	M-1DP	Médio	M+1DP	Maior
Inf	15	7	683	1.085	1.213	1.355	1.498	1.689	Inf	15	8	771	1.040	1.165	1.309	1.452	1.662
Dep	2	7	624	1.213		1.355		1.498	Dep	2	8	738	1.165		1.294		1.452
Ajtd	2	7	624	802		916		1.042	Ajtd	2	8	738	1.096		1.235		1.402
Pdora	1	9	874			902			Pdora	1	9	811			873		

C 32	Emp Tab	GS Conv	Total Pontos	Medidas de Tendência					C 31	Emp Tab	GS Conv	Total Pontos	Medidas de Tendência				
				Menor	M-1DP	Médio	M+1DP	Maior					Menor	M-1DP	Médio	M+1DP	Maior
Inf	15	7	635	923	1.034	1.168	1.303	1.502	Inf	15	8	714	824	923	1.055	1.187	1.394
Dep	2	7	650	1.034		1.151		1.303	Dep	3	8	760	923		1.087		1.187
Ajtd	2	7	650	864		984		1.119	Ajtd	3	8	760	1.156		1.298		1.474
Pdora	1	8	730			754			Pdora	1	8	721			737		

C 30	Emp Tab	GS Conv	Total Pontos	Medidas de Tendência					C 29	Emp Tab	GS Conv	Total Pontos	Medidas de Tendência				
				Menor	M-1DP	Médio	M+1DP	Maior					Menor	M-1DP	Médio	M+1DP	Maior
Inf	15	6	573	798	891	1.013	1.136	1.331	Inf	15	7	648	640	708	822	935	1.152
Dep	8	6	564	891		1.015		1.136	Dep	3	7	642	708		826		935
Ajtd	8	6	564	660		759		866	Ajtd	3	7	642	846		964		1.097
Pdora	1	7	672			723			Pdora	1	7	665			706		

Tabela 2.40 Análise da pesquisa salarial simulada.

Cargo 40	Abaixo	Tend Central	Acima	Salários	Cargo 39	Abaixo	Tend Central	Acima	Salários
Lim Superior	2	2	0	2813	Lim Superior	1	2	1	2349
Tend Central	3	6	0	2546	Tend Central	1	6	2	2111
Lim Inferior	0	2	0	2280	Lim Inferior	0	1	1	1873
Gr Salarial	<<	11	>>		Gr Salarial	<<	10	>>	
Total Pts		1102			Total Pts		1013		
15 empresas	Abaixo	Tend Central	Acima		15 empresas	Abaixo	Tend Central	Acima	
Maior	13,3%	13,3%	0,0%	26,7%	Maior	6,7%	13,3%	6,7%	26,7%
Tend Central	20,0%	40,0%	0,0%	60,0%	Tend Central	6,7%	40,0%	13,3%	60,0%
Menor	0,0%	13,3%	0,0%	13,3%	Menor	0,0%	6,7%	6,7%	13,3%
	33,3%	66,7%	0,0%	100,0%		13,3%	60,0%	26,7%	100,0%

(continua)

Tabela 2.40 Análise da pesquisa salarial simulada (*continuação*).

Cargo 38	Abaixo	Tend Central	Acima	Salários	Cargo 37	Abaixo	Tend Central	Acima	Salários
Lim Superior	0	2	1	1904	Lim Superior	1	2	1	1878
Tend Central	1	6	3	1693	Tend Central	2	5	2	1671
Lim Inferior	0	2	0	1481	Lim Inferior	0	2	0	1463
Gr Salarial	<<	9	>>		Gr Salarial	<<	9	>>	
Total Pts		909			Total Pts		860		
15 empresas	Abaixo	Tend Central	Acima		15 empresas	Abaixo	Tend Central	Acima	
Maior	0,0%	13,3%	6,7%	20,0%	Maior	6,7%	13,3%	6,7%	26,7%
Tend Central	6,7%	40,0%	20,0%	66,7%	Tend Central	13,3%	33,3%	13,3%	60,0%
Menor	0,0%	13,3%	0,0%	13,3%	Menor	0,0%	13,3%	0,0%	13,3%
	6,7%	66,7%	26,7%	100,0%		20,0%	60,0%	20,0%	100,0%
Cargo 36	Abaixo	Tend Central	Acima	Salários	Cargo 35	Abaixo	Tend Central	Acima	Salários
Lim Superior	2	1	1	1801	Lim Superior	1	0	0	1564
Tend Central	4	2	3	1599	Tend Central	6	4	2	1412
Lim Inferior	1	0	1	1398	Lim Inferior	1	1	0	1260
Gr Salarial	<<	9	>>		Gr Salarial	<<	9	>>	
Total Pts		849			Total Pts		806		
15 empresas	Abaixo	Tend Central	Acima		15 empresas	Abaixo	Tend Central	Acima	
Maior	13,3%	6,7%	6,7%	26,7%	Maior	6,7%	0,0%	0,0%	6,7%
Tend Central	26,7%	13,3%	20,0%	60,0%	Tend Central	40,0%	26,7%	13,3%	80,0%
Menor	6,7%	0,0%	6,7%	13,3%	Menor	6,7%	6,7%	0,0%	13,3%
	46,7%	20,0%	33,3%	100,0%		53,3%	33,3%	13,3%	100,0%
Cargo 34	Abaixo	Tend Central	Acima	Salários	Cargo 33	Abaixo	Tend Central	Acima	Salários
Lim Superior	1	0	0	1498	Lim Superior	1	0	0	1452
Tend Central	6	2	4	1355	Tend Central	5	2	5	1309
Lim Inferior	1	0	1	1213	Lim Inferior	1	0	1	1165
Gr Salarial	<<	7	>>		Gr Salarial	<<	8	>>	
Total Pts		683			Total Pts		771		
15 empresas	Abaixo	Tend Central	Acima		15 empresas	Abaixo	Tend Central	Acima	
Maior	6,7%	0,0%	0,0%	6,7%	Maior	6,7%	0,0%	0,0%	6,7%
Tend Central	40,0%	13,3%	26,7%	80,0%	Tend Central	33,3%	13,3%	33,3%	80,0%
Menor	6,7%	0,0%	6,7%	13,3%	Menor	6,7%	0,0%	6,7%	13,3%
	53,3%	13,3%	33,3%	100,0%		46,7%	13,3%	40,0%	100,0%
Cargo 32	Abaixo	Tend Central	Acima	Salários	Cargo 31	Abaixo	Tend Central	Acima	Salários
Lim Superior	1	0	0	1303	Lim Superior	1	0	0	1187
Tend Central	6	2	4	1168	Tend Central	6	3	3	1055
Lim Inferior	0	2	0	1034	Lim Inferior	1	0	1	923
Gr Salarial	<<	7	>>		Gr Salarial	<<	8	>>	
Total Pts		635			Total Pts		714		
15 empresas	Abaixo	Tend Central	Acima		15 empresas	Abaixo	Tend Central	Acima	
Maior	6,7%	0,0%	0,0%	6,7%	Maior	6,7%	0,0%	0,0%	6,7%
Tend Central	40,0%	13,3%	26,7%	80,0%	Tend Central	40,0%	20,0%	20,0%	80,0%
Menor	0,0%	13,3%	0,0%	13,3%	Menor	6,7%	0,0%	6,7%	13,3%
	46,7%	26,7%	26,7%	100,0%		53,3%	20,0%	26,7%	100,0%

(*continua*)

136 GESTÃO ESTRATÉGICA DE PESSOAS

Tabela 2.40 Análise da pesquisa salarial simulada. *(continuação)*

Cargo 30	Abaixo	Tend Central	Acima	Salários	Cargo 29	Abaixo	Tend Central	Acima	Salários
Lim Superior	1	0	0	1136	Lim Superior	1	0	0	935
Tend Central	1	8	3	1013	Tend Central	5	3	4	822
Lim Inferior	0	1	1	891	Lim Inferior	1	0	1	708
Gr Salarial	<<	6	>>		Gr Salarial	<<	7	>>	
Total Pts		573			Total Pts		648		
15 empresas	Abaixo	Tend Central	Acima		15 empresas	Abaixo	Tend Central	Acima	
Maior	6,7%	0,0%	0,0%	6,7%	Maior	6,7%	0,0%	0,0%	6,7%
Tend Central	6,7%	53,3%	20,0%	80,0%	Tend Central	33,3%	20,0%	26,7%	80,0%
Menor	0,0%	6,7%	6,7%	13,3%	Menor	6,7%	0,0%	6,7%	13,3%
	33,3%	60,0%	26,7%	100,0%		46,7%	20,0%	33,3%	100,0%

Legenda:

- Cargo 40, (...), Cargo 1 = código do cargo pesquisado;
- Lim Superior = limite superior do número de informações eliminadas da tabulação;
- Tend Central = tendência central dos dados mantidos, em princípio, na tabulação;
- Lim Inferior = limite inferior do número de informações eliminadas da tabulação;
- Gr Salarial = grupo salarial após a conversão;
- < = grupo salarial menor que o grupo salarial médio convertido;
- > = grupo salarial maior que o grupo salarial médio convertido;
- Total Pts = total de pontos médios convertidos na estrutura da empresa pesquisadora;
- 15 empresas = número de empresas que informaram dados do cargo pesquisado;
- Maior = percentual de informações eliminadas da tabulação;
- Tend Central = tendência central do percentual de informações mantidas, em princípio, na tabulação;
- Menor = percentual de informações eliminadas da tabulação;
- Geral = somatório dos percentuais, por grupo salarial;
- Abaixo = informações cujo grupo salarial está abaixo do grupo salarial médio convertido;
- Tendência Central = informações cujo grupo salarial está no grupo salarial médio convertido;
- Acima = informações cujo grupo salarial está acima do grupo salarial médio convertido;
- Salário = salários limites acima e abaixo dos quais não foram considerados e o salário médio;

Além de termos a análise da pesquisa por cargo, podemos ter uma visão da pesquisa como um todo, conforme a Tabela 2.41, o que nos fornecerá informações muito úteis para a tomada de decisão.

Tabela 2.41 Análise da pesquisa salarial, informações gerais.

Todos os Cargos	Abaixo	Tendência Central	Acima	
Limite Superior	34	24	4	
Tendência Central	148	219	110	
Limite Inferior	17	28	16	
Grupo Salarial	<<	Médio	>>	
15 x 40 = 600 cargos	Abaixo	Tendência Central	Acima	Geral
Maior	5,7%	4,0%	0,7%	10,3%
Tendência Central	24,7%	36,5%	18,3%	79,5%
Menor	2,8%	4,7%	2,7%	10,2%
Geral	33,2%	45,2%	21,7%	100,0%

Observando a Tabela 2.41, notamos alguns porcentuais que gostaríamos de comentar.

Por exemplo:

- No encontro da linha "Maior Salário" com a coluna "Abaixo", encontramos o porcentual de 5,7%, que nos informa que 34 cargos das 15 empresas pesquisadas foram classificados abaixo da média do mercado pesquisado em termos de grupo salarial e, apesar da subavaliação, são remunerados com salários mais elevados;
- No encontro da linha "Geral" com a coluna "Abaixo", encontramos o porcentual de 33,2%, que nos informa que 199 cargos das 15 empresas pesquisadas foram classificados abaixo da média do mercado pesquisado em termos de grupo salarial;

- No encontro da linha "Geral" com a coluna "Acima", encontramos o porcentual de 21,7%, que nos informa que 130 cargos das 15 empresas pesquisadas foram classificados acima da média do mercado pesquisado em termos de grupo salarial;

- No encontro da linha "Geral" com a coluna "Tendência Central", o porcentual de 45,2% encontrado nos informa que 271 cargos das 15 empresas pesquisadas foram classificados na média do mercado pesquisado em termos de grupo salarial. No encontro da linha "Tendência Central" com a coluna "Geral", encontramos o porcentual de 79,5%, que nos informa que 477 cargos das 15 empresas pesquisadas são remunerados na média do mercado pesquisado.

De um modo geral, nesta simulação, as empresas precisam rever seus planos de avaliação e reavaliar os cargos para obterem uma estrutura mais equilibrada.

Observe, na Tabela 2.40, os cargos de número 39, 36, 34, 33 e 30, e faça você mesmo a análise, tomando como base as informações das Tabelas 2.35 e 2.38.

2.5.1.2 Enquadramento dos salários da empresa aos do mercado

De posse dos dados da pesquisa, o passo seguinte é enquadrar os salários dos cargos da empresa aos salários resultantes da pesquisa, em conformidade com a política em vigor na instituição (ver Fluxograma 2.1 e Seção 2.4).

Se a empresa considerar que as avaliações dos cargos não necessitam de revisão e que os salários médios de mercado serão os adotados, a transposição dos salários de mercado será realizada tomando como base a função estatística que ajustou os salários de mercado, substituindo-se o **X** da fórmula pelo valor relativo do cargo, na empresa em total de pontos, e calculando-se o valor **Y** do salário ajustado pelo mercado (ver Tabela 2.42).

Caso a empresa considere que os cargos precisam de revisão em suas avaliações, essas serão feitas e, nesse caso, teremos que reponderar os fatores de avaliação, recalcular as escalas de graduação, determinar os novos valores relativos (totais de pontos) de cada cargo e reprojetar a estrutura de pontos (mínimo e máximo de pontos) na nova estrutura de pontos da empresa, recalculando os totais de pontos médios dos cargos do mercado (utilizando a fórmula de conversão de pontos), e, finalmente, ajustando os salários médios depurados de

Tabela 2.42 Ajustamento dos salários da empresa aos do mercado, conforme a Seção 2.5.12.

Empresa Pesquisadora				Salário de Mercado				Empresa Pesquisadora				Salário de Mercado		
				Sal/empr	Mercado							Sal/empr	Mercado	
Cargo	Pts	R$	Ajtd	p/mercado	Pts	Ajtd	Cargo	Pts	R$	Ajtd	p/mercado	Pts	Ajtd
1	270,3	185	197	106,56	272	109,78	21	500,9	507	457	602,24	414	401,74
2	322,4	227	251	208,41	316	195,50	22	527,3	520	491	666,44	470	529,07
3	309,7	235	237	182,91	278	121,22	23	606,1	582	593	867,30	598	846,02
4	307,1	258	234	177,91	317	197,50	24	599,1	596	584	849,01	476	543,12
5	314,1	263	242	191,72	364	293,88	25	612,5	598	602	884,09	563	755,77
6	338,6	268	268	241,23	365	295,98	26	663,4	645	671	1.021,90	534	683,04
7	363,4	283	295	292,62	367	300,19	27	691,5	648	710	1.130,20	578	794,12
8	356,6	315	287	278,31	362	289,68	28	637,4	704	636	930,93	567	765,95
9	395,1	332	331	360,28	416	406,16	29	691,3	706	710	1.099,80	642	963,30
10	407,4	340	345	387,19	358	281,30	30	693,6	723	713	1.106,20	564	758,32
11	412,6	343	351	398,61	417	408,38	31	741,1	737	781	1.243,00	760	1.298,80
12	404,8	351	342	381,53	369	304,41	32	749,8	754	794	1.268,80	650	985,08
13	480,2	404	432	552,89	375	317,13	33	833,0	873	916	1.521,90	738	1.234,00
14	506,1	425	464	614,84	409	390,70	34	893,3	902	1.008	1.7'4,80	624	914,81
15	487,1	456	440	569,34	419	412,82	35	829,3	945	911	1.5'·0,20	862	1.613,60
16	559,8	466	532	747,73	422	419,50	36	918,5	1.068	1.047	1.757,70	839	1.540,60
17	496,0	472	451	590,60	412	397,32	37	969,2	1.145	1.127	1.969,10	848	1.569,00
18	497,0	478	453	593,00	433	444,16	38	975,1	1.180	1.136	1.969,30	875	1.655,30
19	533,3	489	498	681,39	421	417,27	39	996,7	1.270	1.171	2.064,20	984	2.020,10
20	538,2	497	504	693,39	415	403,95	40	1.005,2	1.282	1.184	2.094,00	1.126	2.534,50

A função estatística que melhor ajustou os salários de mercado foi a função parábola, $y = 0,0011x^2 + 1,3014x - 325,54$, com $R^2 = 0,9512$.

mercado aos novos pontos médios de cada cargo, encontrando os novos valores de ajustamento e utilizando a nova fórmula da mesma forma que indicado no parágrafo precedente.

Se, por ventura, a empresa deseja tomar uma posição acima ou abaixo do mercado, em um determinado porcentual, a prática determina que os salários ajustados do mercado sejam alterados conforme o que for estabelecido. De posse dos salários alterados e dos pontos médios dos cargos, faz-se o ajustamento e aplica-se a nova fórmula como indicado no parágrafo anterior.

A título de exemplo, na nossa simulação, vamos considerar que a empresa tenha como política estabelecer sua tabela de faixas salariais com base na média do mercado e tenha considerado acertado manter as avaliações dos cargos sem alterações. Assim, temos a Tabela 2.42, que mostra a situação da empresa ao adotar sua decisão. A execução do enquadramento salarial pode ser realizada de forma similar ao exemplo do que foi realizado nas Tabelas 2.6 e 2.7 (da Seção 2.6.2.1).

Como tivemos oportunidade de observar, as mudanças salariais com base no mercado nos conduzem de volta aos procedimentos da Seção 2.4. Entretanto, antes de prosseguir, deve-se analisar bem as informações da Tabela 2.42 e verificar se a decisão tomada de não fazer a revisão das avaliações deve ou não ser mantida.

Para o cálculo do salário ajustado da empresa, foram considerados os totais de pontos de avaliação dos cargos e seus respectivos salários médios.

Para o cálculo do salário ajustado do mercado, foram considerados os totais de pontos médios, após depuração, dos cargos e seus respectivos salários, também depurados.

Para o salário de Admissão (**A**), sugere-se o ajustamento, considerando os menores totais de pontos dos cargos, após depuração, e seus respectivos salários, também depurados.

Para o salário de desempenho excepcional (**D**), sugere-se o ajustamento, considerando os maiores totais de pontos dos cargos, após depuração, e seus respectivos salários, também depurados.

A empresa, ao adotar e desenvolver os procedimentos até então apresentados, conseguiu estabelecer tanto o equilíbrio interno quanto o externo. Cabe agora a ela promover um movimento que estimule a motivação e o trabalho em equipe, incentivando a prática da parceria entre os profissionais.

Quadro 2.18 Procedimentos para o cálculo do desvio-padrão amostral.

Para o cálculo do desvio-padrão amostral, representado pela letra grega σ (sigma minúsculo), temos a fórmula:

Desvio-padrão amostral de $x = \sigma = \sqrt{Var(x)}$ logo, $\sigma = \sqrt{\dfrac{(x_1 - x)^2 + \ldots (x_n - x)^2}{n-1}}$

Considerando os valores do Cargo 1 na Tabela 2.36, calcular a média, a diferença entre salário e média, elevando a seguir ao quadrado. De posse do quadrado da diferença, dividir pelo número de termos menos 1 e, em seguida, extrair a raiz quadrada para obter o valor do desvio-padrão amostral.

Empresa	Salário	Média	Diferença	Quadrado
Empr. 1	108	145,86667	–38	1.433,884
Empr. 2	140	145,86667	–6	34,41778
Empr. 3	124	145,86667	–22	478,1511
Empr. 4	144	145,86667	–2	3,484444
Empr. 5	151	145,86667	5	26,35111
Empr. 6	140	145,86667	–6	34,41778
Empr. 7	152	145,86667	6	37,61778
Empr. 8	160	145,86667	14	199,7511
Empr. 9	165	145,86667	19	366,0844
Empr. 10	132	145,86667	–14	192,2844
Empr. 11	142	145,86667	–4	14,95111
Empr. 12	151	145,86667	5	26,35111
Empr. 13	133	145,86667	–13	165,5511
Empr. 14	168	145,86667	22	489,8844
Empr. 15	178	145,86667	32	1.032,551
Soma (dos quadrados das diferenças)				4.535,733

Substituindo as incógnitas por seus valores, temos:

$\sigma = \sqrt{\dfrac{4.535.733}{15-1}} = \sqrt{\dfrac{4.535.733}{14}} = \sqrt{323,9809}$, donde s = 17,99947

Encontrado o valor do desvio-padrão amostral s = 17,99947 soma-se e subtrai-se do valor da média para encontrarmos os valores limites acima e abaixo dos quais os salários serão eliminados da pesquisa.
Assim:
Média menos 1 desvio-padrão amostral: M–1DP = 145,86667 – 17,999741 = 127,867196 = 128
Média mais 1 desvio-padrão amostral: M+1DP = 145,86667 + 17,999741 = 163,8661 = 164

Questões para Reflexão

1) É importante conhecer os salários dos cargos pagos pelo mercado concorrente? Por quê?

2) Você considera que a tabulação da pesquisa salarial pode prestar um serviço de maior utilidade para as empresas do que informar apenas cargos e salários pagos no mercado concorrente? Justifique.

2.6 Administração Estratégica do Salário Fixo

Um dos assuntos que mais tem chamado a atenção dos estudiosos e profissionais da área de recursos humanos é a remuneração estratégica, considerando inclusive a parte variável do salário. Concomitantemente, os planos de classificação de cargos, que determinam os salários fixos para os cargos e que continuam sendo utilizados pela maioria das empresas, vêm sofrendo críticas por não acompanhar e atender plenamente às mudanças organizacionais e tecnológicas pelas quais as empresas estão passando. Essas mudanças exigem que os planos de classificação de cargos e salários se harmonizem com os novos tempos.

Contribuir com idéias próprias e diferenciadas, como é o caso deste estudo, significa sermos confrontados com uma força poderosa, uma cultura que foi desenvolvida há muito tempo. Aceitar pura e simplesmente o que já está em vigor é muito mais fácil se pretendemos interagir na organização social, mas precisamos lutar para contribuir com a mudança, mesmo que para romper com os laços da cultura tenhamos que ficar sozinhos. A verdade vigente não é a verdade perene.

Vários aspectos em administração estratégica precisam e devem ser considerados para que a empresa obtenha sucesso e atinja a excelência, dentre eles o salário a ser determinado para os diferentes cargos existentes em sua estrutura.

A determinação de salários para diferentes cargos pressupõe a utilização de planos de classificação de cargos e salários (PCCS), entretanto, para fins estratégicos, o PCCS por si só não basta. É necessário um novo procedimento que, a partir da identificação de quais cargos são estratégicos ou não para a empresa, indique qual o valor que o cargo – e não a pessoa que ocupa o cargo – assume na faixa salarial praticada pelo mercado.

Um cargo existente em duas empresas pode ter tratamento salarial completamente distinto ao considerar que em uma das empresas ele é mais estratégico e na outra é menos estratégico.

Não se pode mais afirmar que, em um PCCS, dois ou mais cargos que ocupam o mesmo grupo salarial, para o qual existe apenas uma faixa salarial, devam ser remunerados com o mesmo salário fixo, mas sim com um salário diferenciado dentro da faixa salarial estabelecida para o grupo salarial, em razão de um ou mais cargos serem estratégicos para a empresa e os demais não.

O objetivo deste estudo é estabelecer procedimentos para a determinação de qual valor estratégico diferenciado deve assumir o salário fixo, dentro da faixa salarial, para cada cargo que está sendo focado.

Dando apoio a essa diferenciação estratégica no salário fixo, dentro da faixa salarial, deve-se observar, por analogia, o que ocorre na sociedade quando a estudamos sob o enfoque de extratos ou de classes sociais.

A sociedade vive uma situação de desigualdade social apesar da educação que recebe. Todos os indivíduos são informados de que a igualdade de oportunidades é para todos. O difícil, entretanto, é perceber que a desigualdade está enraizada na natureza da própria sociedade e que somos, cada um de nós, parte de estruturas sociais que impedem que se viva com igualdade de oportunidades.

Na sociedade algumas pessoas são privilegiadas e uma grande maioria é constituída de pobres, tudo fruto da herança de classe nas famílias e de oportunidades limitadas pela própria classe em quase todos os aspectos da vida em termos de lei, governo, educação, assistência médica, moradia etc.

A desigualdade de renda e riqueza tem caracterizado diversos países. No Brasil, essa desigualdade pode ser observada na Tabela 2.44, que mostra a renda familiar em 1999. Os 20% mais ricos (quinto superior), em termos de renda, receberam 63% da renda total. Isso significa que esse quinto recebeu mais renda que todos os quatro quintos da população somados.

Tabela 2.43 Parcela de renda recebida pelas famílias brasileiras, por número de salários mínimos, 1999.

Até 1 SM	> 1 a 2 SM	> 2 a 3 SM	> 3 a 5 SM	>5 a 10 SM	> 10 a 20 SM	> 20 SM
28%	23%	16%	13%	12%	5%	3%

Fonte: ISSN 0101-6822. Pesq. Nac. Amost. de Domic., Rio de Janeiro, v. 21, p. 1-113, 1999, p. 14.

Tabela 2.44 Parcela de renda recebida pelas famílias brasileiras, por quintos, 1999.

Quinto inferior (20% mais pobres)	Segundo Quinto	Terceiro Quinto	Quarto Quinto	Quinto Superior (20% mais ricos)
4%	6%	10%	17%	63%

Fonte: uma inferência a partir da Tabela 2.1.

Esses números mostram a desigualdade em renda mensal recebida pelas famílias.

Ao observar os resultados de uma pesquisa salarial, vemos que a desigualdade social está, mais uma vez, presente na remuneração dos ocupantes de cada cargo, mesmo dentre aqueles que trabalham na mesma empresa.

Cada cargo possui um conjunto de atribuições assemelhadas que permite que seus ocupantes possam prestar serviços, naquele cargo, em diferentes empresas, em momentos distintos. Entretanto, os salários dos ocupantes de cargo que se transferem de uma empresa para outra apresentam, muitas vezes, diferenças significativas para mais ou para menos.

Essas diferenças de salário, para um mesmo cargo que se observa em uma pesquisa salarial de mercado, são comparáveis às diferenças de renda ou à *classe social* que uma pessoa ocupa na estrutura de classes da sociedade. A "posição de classe" depende de vários critérios, dentre eles o econômico. Toda estrutura de classes possui muitas posições ou graduações.

Embora possua inúmeras definições, a classe possui um rico significado em sociologia. Ela se assemelha a todas as demais posições na organização social, em que quanto mais alta a classe de uma pessoa, mais poder ela possui. A classe também proporciona prestígio, privilégios, além de expectativas de papel, identidade e perspectivas.

O cenário que se visualiza aponta para a prática de diferentes salários para um mesmo cargo, tanto em uma empresa quanto em diferentes empresas. Qual o valor do salário, dentro da faixa salarial do mercado pesquisado, mais adequado estrategicamente que a empresa deverá praticar? Um dos fatores determinantes do posicionamento do salário fixo é se o cargo é ou não estratégico para os negócios da empresa. Um outro aspecto que pode ser considerado é se o ocupante possui o perfil e conhecimentos desejáveis compatíveis com os requisitos do cargo. Se o candidato ainda não possui o perfil nem os conhecimentos exigidos, não deverá ocupar o cargo, a menos que seja devidamente preparado para o posto.

Muitas empresas justificariam os salários praticados em razão da política de recursos humanos ou, mais precisamente, da política de salários que determina uma "posição" dentro da faixa salarial de mercado, como, por exemplo, pagar no 1º quartil de mercado. A pergunta que se faz é: até que ponto a empresa, ao determinar pagar no 1º quartil de mercado (ou outra qualquer posição de faixa salarial), estaria praticando um valor estratégico adequado de salário fixo? Com certeza, os cargos, embora de um só grupo salarial, não possuem, necessária e obrigatoriamente, o mesmo valor estratégico para a empresa; portanto, não deveriam receber tratamento igual. Estabelecer as faixas salariais da instituição com base exclusiva em uma medida de tendência de mercado – por exemplo, tomar a mediana para a determinação de suas faixas salariais – pode se constituir em um erro estratégico.

Antecipadamente pode-se pensar em dividir, só para fins de exemplificação, as faixas salariais pesquisadas em quintos, que mostrariam cinco classes salariais, desde a classe dos salários mais baixos até a classe dos salários mais elevados, para cada cargo.

Ao se observar faixas salariais divididas em cinco classes de salário ou de renda mensal, uma indagação se apresenta: quais variáveis levaram as empresas a pagar salários tão distintos para cargos de atribuições tão semelhantes? Com certeza não foram as atribuições e nem as atividades do cargo pesquisado, pois estas são assemelhadas, não justificando, portanto, diferença que determine pagamento de salário fixo tão desigual. O mais provável é que algumas variáveis tenham sido consideradas de forma isolada e não padronizada, procurando destacar diferenças existentes em relação a alguns cargos dentro da estrutura de cargos da organização, ou atender necessidades imperiosas e estratégicas inadiáveis.

Ao analisar a questão, a hipótese que se apresenta é que, se o que se observa no mercado realmente acontece e estabelece as diferenças salariais, então, se conhecermos as variáveis envolvidas e os tratarmos de forma adequada, poderemos chegar a um valor estratégico do cargo – e não da pessoa que ocupa o cargo – que proporcione à empresa maior segurança e confiabilidade na determinação dos salários fixos a pagar.

2.6.1 Fatores Determinantes do Valor Estratégico do Cargo

As variáveis envolvidas a serem apresentadas não se constituem em um rol definitivo e imutável. A empresa, a seu critério, poderá manter, aumentar ou diminuir o número de variáveis. O importante é que a empresa disponha de fatores que transmitam segurança e confiabilidade para a tomada de decisão.

Fatores que podem influenciar a determinação do valor estratégico do cargo, em termos de salário fixo:

- objetivos do mercado;
- objetivos do produto/serviço;
- treinamento e desenvolvimento;
- recrutamento e seleção;

- disponibilidade de recursos humanos;
- contingente de pessoal.

Para a empresa, o principal aspecto que precisa ser observado, no que diz respeito a salário fixo, é se o cargo é ou não estratégico para o seu negócio, ou melhor, o quanto o cargo é estratégico.

O cargo, após ser analisado e avaliado, pode ser posicionado em um *continuum* que estabeleça qual o nível de estratégia que ele possui. Em razão desse nível de estratégia, será atribuído ao cargo um salário fixo, dentro dos limites de valores praticados no mercado, que seja compatível com o nível obtido.

Em sendo positivo, toda uma atenção especial deve ser desenvolvida para estabelecer uma remuneração que não represente uma situação que provoque turbulência nos negócios da empresa. Nesse caso, o salário fixo estratégico deve ocupar uma posição superior dentro da faixa salarial estabelecida para o grupo salarial ao qual pertence o cargo em estudo. Se o cargo não é estratégico, ou é menos estratégico, o salário fixo estratégico deve ocupar uma posição inferior dentro da mesma faixa salarial.

2.6.1.1 Objetivos do Mercado

Profissionais de cargos envolvidos com produtos e/ou serviços e sua penetração no mercado.

São três as situações que se identificam com os objetivos do mercado:

- *sem mudança no mercado* – a empresa não altera sua produção, procurando apenas produzir de acordo com sua capacidade atual, atendendo ao mercado de consumidores, sem pretensões de crescimento;

- *mercado fortalecido* – a empresa procura aumentar sua participação relativa de mercado dentro da região do próprio mercado atual, sem alterar sua linha de produtos e/ou serviços, atendendo ao mercado de consumidores, com pretensões de crescimento;

- *novo mercado* – a empresa procura aumentar sua participação relativa de mercado, buscando novas frentes de mercado ainda não exploradas por ela, além de ampliar sua linha de produtos e/ou serviços oferecidos, atendendo ao mercado de consumidores atuais e futuros, com pretensões de crescimento.

Os ocupantes de cargos diretamente envolvidos com uma das três situações anteriormente descritas teriam seus salários fixos estrategicamente estabelecidos pela empresa de modo que, para a situação de: *sem mudança no mercado*, os valores seriam mais baixos; *mercado fortalecido*, valores intermediários; e *novo mercado*, valores mais altos, dentro da faixa salarial de mercado.

2.6.1.2 Objetivos do Produto/Serviço

Profissionais de cargos envolvidos com conhecimento de produtos e/ou serviços.

São três as situações que se identificam com os objetivos do produto/serviço:

- *sem mudança tecnológica* – a empresa não incorpora novos conhecimentos ou tecnologia aos negócios de sua linha de produção e/ou serviços;

- *tecnologia aperfeiçoada* – a empresa procura ampliar seus conhecimentos a respeito da tecnologia que pratica, ou trazer esses aperfeiçoamentos já utilizados por outras empresas, melhorando e/ou incorporando, inclusive, novos usos, em sua linha de produtos e/ou serviços;

- *nova tecnologia* – a empresa procura adquirir novos conhecimentos ou tecnologias, por meio de esforço próprio, ou cópia de outras empresas, para desenvolver e ampliar sua linha de produtos e/ou serviços oferecidos.

Os ocupantes de cargos diretamente envolvidos com uma das três situações anteriormente descritas teriam seus salários fixos estrategicamente estabelecidos pela empresa de modo que, para situação de: *sem mudança tecnológica*, os valores seriam mais baixos; *tecnologia aperfeiçoada*, valores intermediários; e *nova tecnologia*, valores mais elevados, dentro da faixa salarial de mercado.

2.6.1.3 Treinamento e Desenvolvimento

Existem empresas que fazem investimentos maciços em treinamento e desenvolvimento como forma de aperfeiçoar seus profissionais, enquanto outras só contratam, para certas posições, profissionais treinados pela concorrência, mas existem empresas que praticam a contratação de profissionais sem treinamento e sem experiência.

Defendemos o treinamento e desenvolvimento para todos os ocupantes de cargos na empresa como estratégia de aumentar sua competitividade, porém, reconhecemos que a intensidade do treinamento não precisa ser igual em todos os cargos, mesmo que pertencentes a um mesmo grupo salarial.

O treinamento, para ser efetivo, precisa atender, de forma plena e harmoniosa, tanto às necessidades individuais quanto às organizacionais, proporcionando à empresa alcançar a excelência.

Um funcionário pode, eventualmente, receber, agora, mais treinamento que um outro já treinado, entretanto, a empresa pode, simplesmente, pretender melhorar os níveis de habilidade, conhecimento e competência para que este alcance os mesmos níveis daquele outro, que já recebeu treinamento e que, no momento, não está sendo treinado. Não é o caso de diferenças individuais, que exigem tratamento distinto, ou seja, pessoas que necessitam de mais treinamento que outras para obter o mesmo conhecimento e/ou habilidade. Essa diferença, provocada por capacidades individuais distintas, não implica diferenciação salarial, embora possa interferir na época em que a remuneração venha a ser atribuída.

Para as empresas que só contratam profissionais treinados por outras organizações, os procedimentos são idênticos aos das que treinam; portanto, a empresa precisa oferecer salário fixo estratégico compatível com o nível de treinamento, pois o que importa é se o cargo exige maior ou menor investimento em treinamento e desenvolvimento para o sucesso da empresa.

Se para os ocupantes de um cargo é exigido um treinamento mais intenso, por sua especificidade e independente de qualificação do ocupante, do que para os de outro cargo, embora de mesmo grupo salarial, podemos inferir que, para aqueles cargos que exigem maior investimento em treinamento e desenvolvimento, seus ocupantes devam ser remunerados, de forma estratégica, por valores de salário fixo acima daqueles para os quais o investimento em treinamento é menor, dentro da mesma faixa salarial de mercado.

2.6.1.4 Recrutamento e Seleção

As técnicas e processos de seleção necessários para identificar os candidatos mais adequados para ocupar um cargo podem exigir investimentos diferentes na decisão de quais candidatos aprovar, podendo, desse modo, influir decisivamente na determinação do salário fixo, mesmo que sejam cargos diferentes classificados e pertencentes a um mesmo grupo salarial.

Para o cargo que exige maior investimento, nos procedimentos de recrutamento e seleção, deverá ser atribuído um salário fixo estrategicamente superior àquele que exige investimento menor, quando pertencentes ao mesmo grupo salarial.

2.6.1.5 Disponibilidade de Recursos Humanos

Além dos procedimentos necessários nos processos de seleção, deve-se considerar a disponibilidade de recursos humanos com perfil adequado ao do cargo existente no mercado, pela variável tempo necessário para encontrar o profissional adequado.

Se a empresa dispõe de duas vagas, para cargos distintos de mesmo grupo salarial, é possível que o tempo necessário para seleção, aprovação e admissão dos profissionais seja diferente, em razão da disponibilidade de recursos humanos no mercado, em contraste com as características exigidas pelo cargo.

Se, para selecionar e admitir um candidato em um cargo, a empresa precisa de poucos dias e para outro cargo precisa de semanas ou até meses, quando os cargos pertencem a um só grupo salarial, pode-se inferir que o salário fixo a ser determinado para cada cargo deve ser diferenciado estrategicamente, dentro da faixa salarial de mercado.

Um outro objetivo desse fator é prevenir a empresa da inconveniência de oferecer e pagar salários distintos e com grande diferença para ocupantes de mesmo cargo e iguais atribuições no mesmo ambiente de trabalho, evitando ruídos indesejáveis de comunicação entre eles.

Para o cargo que exige maior tempo, no que diz respeito à disponibilidade de recursos humanos existentes no mercado de trabalho, deverá ser atribuído um salário fixo estrategicamente superior àquele que exige tempo menor, quando pertencentes do mesmo grupo salarial.

2.6.1.6 Contingente de Pessoal

Entende-se que o maior ou menor quantitativo de pessoas em um mesmo cargo em uma empresa pode se constituir em fator determinante na fixação estratégica do salário fixo.

Podemos, por exemplo, comparar duas empresas, cada uma com aproximadamente 5 mil funcionários, tendo uma 20% (ou seja, mil) de seu pessoal em um determinado cargo e a outra 0,2% (10), ambas com uma rotatividade de 10% ao ano. A primeira admite, em média, 100 (10% de mil) novos funcionários a cada ano, enquanto a segunda, apenas um (10% de 10), naquele mesmo cargo.

Em uma empresa de grande porte, a estrutura organizacional se caracteriza mais pela especialização, enquanto em uma de pequeno porte, pela diversificação.

Pode-se, pois, depreender que, em uma empresa que possua um contingente de pessoal elevado para um cargo, suas atividades sejam mais especializadas e menos diversificadas. A empresa organizaria os funcionários por grupos de trabalho distintos de um mesmo cargo, operando conjuntos de atividades com menor diversificação para seus ocupantes. Com isso, os funcionários desenvolvem maior habilidade na execução de diferentes partes de suas atividades, obtendo maior produtividade e qualidade no todo de suas atribuições.

Enquanto isso, em uma empresa na qual o contingente de pessoal para esse mesmo cargo é pequeno, atividades são mais diversificadas e menos especializadas, isto é, todos os ocupantes realizam, em geral, todas as atividades inerentes ao cargo.

A primeira passa a ser vista como *mercado de trabalho* para as pessoas que possuam a formação base para o cargo, enquanto a segunda é apenas mais uma empresa no mercado. Para os profissionais recém-formados ou disponíveis no mercado, a primeira se caracteriza como a empresa que admite quantidade, enquanto a segunda, conhecimento, experiência e qualidade.

Após trabalhar na primeira empresa, o profissional estará mais bem preparado e qualificado para tentar uma vaga na segunda, embora as atribuições e atividades sejam, em linhas gerais, as mesmas. O que provavelmente acontece é que as exigências para seleção, aprovação e admissão na primeira empresa devem ser menores que na segunda, tendo em vista que, na primeira, o profissional não precisa ser exigido, de imediato, em todas as competências. Ao longo do tempo, pelo treinamento e rodízio, as competências vão sendo incorporadas.

Pode-se inferir que, na comparação entre as duas empresas, a primeira deva e possa praticar estrategicamente um salário fixo menor, enquanto a segunda deva praticar um salário fixo maior. Portanto, quanto maior o porcentual relativo do contingente de pessoal no cargo na mesma empresa, menor o valor estratégico do salário fixo dentro da faixa salarial de mercado e quanto menor o porcentual relativo do contingente de pessoal, maior o valor estratégico do salário fixo.

2.6.2 Procedimentos para Determinar o Valor Estratégico do Cargo

Na Tabela 2.3, temos os fatores determinantes do valor estratégico do salário fixo, abordados com seus conceitos e respectivos valores em peso porcentual.

Entendemos que, possivelmente, esses são alguns dos fatores que podem determinar a estratégia do salário fixo de mercado a ser praticado pela empresa. Entretanto, há de se reconhecer que a empresa tem liberdade na escolha de quais fatores possuem, para ela, maior representatividade no aspecto estratégia para o cargo.

Tabela 2.45 Fatores determinantes do valor estratégico do salário fixo e seus pesos.

Fatores Determinantes do Valor Estratégico do Salário Fixo	
Objetivos do mercado	**Peso**
1. Novo mercado	1
2. Mercado fortalecido	0,5
3. Sem mudança no mercado	0
Objetivos do produto/serviço	**Peso**
1. Nova tecnologia	1
2. Tecnologia aperfeiçoada	0,5
3. Sem mudança tecnológica	0
Treinamento e Desenvolvimento	**Peso**
1. Igual ou superior a 100h de treinamento e/ou desenvolvimento, exigido pelo cargo	1
2. Igual ou superior a 20h de treinamento e/ou desenvolvimento e menos de 100h, exigido pelo cargo	0,5
3. Até menos de 20h de treinamento e/ou desenvolvimento, exigido pelo cargo	0
Recrutamento e seleção	**Peso**
1. Investimento médio igual ou superior a 20 salários mínimos, para o cargo	1
2. Investimento médio igual ou superior a 5 salários mínimos, para o cargo	0,5
3. Investimento médio inferior a 5 salários mínimos, para o cargo	0
Disponibilidade de recursos humanos	**Peso**
1. Tempo médio igual ou superior a 30 dias úteis, para admitir um profissional no cargo	1
2. Tempo médio igual ou superior a 15 dias úteis e inferior a 30, para admitir um profissional no cargo	0,5
3. Tempo médio inferior a 15 dias úteis, para admitir um profissional no cargo	0
Contingente de pessoal	**Peso**
1. Contingente de pessoal inferior a 50% da média de ocupantes, por cargo	1
2. Contingente de pessoal igual ou superior a 50% da média de ocupantes e inferior ao dobro da média, por cargo	0,5
3. Contingente de pessoal igual ou superior ao dobro da média de ocupantes, por cargo	0

Conhecidos os fatores determinantes do valor estratégico do salário fixo, torna-se necessário que sejam estabelecidos os procedimentos que vão proporcionar a obtenção da posição do valor estratégico do cargo.

A posição do valor estratégico do cargo é obtida a partir da média de participação do peso porcentual para cada um dos fatores estratégicos.

Tabela 2.46 Cálculo do salário fixo estratégico, por cargo.

Cargo	Fatores Determinantes do Valor Estratégico do Cargo (VEC)						Administração Estratégica do Salário Fixo			
	Objetivo Mercado	Objetivo Produto	Trein. Desenv.	Rec. Sel.	Disp. RH	Cont. Pessoal	VEC	Salário Fixo Estratégico	Faixa Salarial, base mercado	
									Mínimo	Máximo
1	1	1	1	1	1	1	100,0%	2.400,00	1.500	2.400
2	0,5	1	1	1	1	1	91,7%	2.325,00	1.500	2.400
3	1	1	1	1	1	0	83,3%	2.250,00	1.500	2.400
4	0,5	0,5	1	1	1	1	83,3%	2.250,00	1.500	2.400
5	0,5	0,5	0,5	1	1	1	75,0%	2.175,00	1.500	2.400
6	0,5	0,5	0,5	0,5	1	1	66,7%	2.100,00	1.500	2.400
7	0,5	0,5	0,5	0,5	0,5	1	58,3%	2.025,00	1.500	2.400
8	1	1	1	0	0	0	50,0%	1.950,00	1.500	2.400
9	0,5	0,5	0,5	0,5	0,5	0,5	50,0%	1.950,00	1.500	2.400
10	0,5	0,5	0,5	0,5	0,5	0	41,7%	1.875,00	1.500	2.400
11	0	0	0,5	1	1	1	58,3%	2.025,00	1.500	2.400
12	1	1	0	0	0	0	33,3%	1.800,00	1.500	2.400
13	0,5	0,5	0,5	0,5	0	0	33,3%	1.800,00	1.500	2.400
14	0,5	0,5	0	0,5	0	0	25,0%	1.725,00	1.500	2.400
15	0	0	0	0,5	1	1	41,7%	1.875,00	1.500	2.400
16	0	0,5	0,5	0,5	0,5	0,5	41,7%	1.875,00	1.500	2.400
17	0,5	0,5	0	0	0	0	16,7%	1.650,00	1.500	2.400
18	0	0	0,5	0,5	0,5	0,5	33,3%	1.800,00	1.500	2.400
19	0	0	0	0	0,5	1	25,0%	1.725,00	1.500	2.400
20	0	0	0	0,5	0,5	0,5	25,0%	1.725,00	1.500	2.400
21	0	0	0	0	0,5	0,5	16,7%	1.650,00	1.500	2.400
22	0	0	0	0	0	0,5	8,3%	1.575,00	1.500	2.400
23	0	0	0	0	0	0	0,0%	1.500,00	1.500	2.400

Legenda:
Objetivo Mercado = objetivo do mercado
Objetivo Produto = objetivo do produto/serviço
Trein Desenv = treinamento e desenvolvimento
Rec Sel = recrutamento e seleção
Disp RH = disponibilidade de recursos humanos
Cont Pess = contingente de pessoal

O valor estratégico do cargo é obtido a partir da multiplicação da posição do valor estratégico do cargo pela diferença entre máximo e mínimo da faixa salarial do cargo em estudo, adicionada ao mínimo da faixa salarial de referência.

Dependendo do número de fatores utilizados, no modelo, na determinação do Valor Estratégico do Cargo (VEC), a quantidade de valores diferenciados estabelecidos por faixa salarial aumenta ou diminui, proporcionando maior ou menor flexibilidade para o cálculo do salário fixo estratégico.

2.6.3 Vantagens e Desvantagens do Modelo

O modelo permite que o ser humano seja tratado no cargo com individualidade, o que é percebido como positivo e estratégico – em longo prazo – podendo trazer, no mesmo longo prazo, uma diminuição de *turnover* e, conseqüentemente, uma possível falta de "oxigenação" na empresa.

O modelo possibilita que a empresa possa entrar em novos mercados, ou mesmo manter o atual mercado, com vantagem competitiva sobre a concorrência.

O modelo proporciona à empresa visualizar com maior nitidez quais são seus cargos estratégicos e, assim, tomar decisões mais seguras para o fortalecimento de sua posição na participação relativa de mercado e/ou no avanço tecnológico, direcionando a evolução profissional para migrações internas e/ou criando banco de dados de seus talentos e investindo no aumento de conhecimento dos funcionários.

A utilização dos procedimentos para determinação do Valor Estratégico do Cargo (VEC) não elimina a necessidade da elaboração do Plano de Classificação de Cargos (PCC) e nem impede que seja implantado, se assim desejar a empresa, o plano de remuneração variável.

Os fatores determinantes do valor estratégico do cargo se mantêm razoavelmente estáveis; Portanto, suas oscilações são pouco significativas ao longo do tempo, permitindo que as empresas os utilizem com segurança e confiabilidade.

2.6.4 Conclusão

Pelo que foi exposto, percebe-se que os planos de classificação de cargos e salários precisam acompanhar o avanço tecnológico e as mudanças ambientais, incorporando novos procedimentos para estabelecer valores salariais mais confiáveis.

O objetivo de estabelecer procedimentos para a determinação de qual valor estratégico diferenciado deve assumir o salário fixo dentro da faixa salarial de mercado foi atingido.

Alguns pressupostos que determinam as desigualdades sociais foram expostos e vê-se que nem todas as pessoas, mesmo dentre aquelas que possuem igual formação, têm as mesmas oportunidades de colocação, em razão da limitação de vagas, de localização, de moradia etc.

A política de recursos humanos ou política de salários precisa ser revista, sob pena de recursos financeiros serem mal direcionados estrategicamente.

Utilizar-se de algumas das variáveis, de forma isolada e não padronizada, resolve apenas parte dos problemas existentes e localizados, deixando de visualizar a empresa como um todo.

Ao conhecer e utilizar as variáveis determinantes do Valor Estratégico do Cargo (VEC), de modo consistente, estaremos em condições favorecidas para estabelecer, dentro da estrutura de cargos da organização, um salário fixo estratégico para cada cargo que a empresa deverá praticar.

A expectativa é que este estudo possa contribuir de alguma forma para a função de Administração de Cargos e Salários, provocando, inclusive, discussão em torno do tema, por parte de estudiosos e profissionais da área, em busca de um maior aprimoramento do assunto.

Questões para Reflexão

1) O que você entende por grau de estratégia do cargo?

2) Em razão do grau de estratégia do cargo, é importante estabelecer o valor estratégico do salário com base em pesquisa salarial? Explique.

2.7 Remuneração Variável

2.7.1 Introdução

Falar de Remuneração Variável (RV) implica abordagem e tratamento de outros assuntos a ela interligada.

Em uma abordagem ampla, é necessário que se visualize que a empresa consegue mudanças em seus resultados e lucros a partir de ações isoladas ou conjuntas, por meio da redução de custos, do nível de qualidade, da produtividade, do marketing, da motivação dos funcionários, da redução de preço ao consumidor, da produção, da tecnologia, da pesquisa e desenvolvimento, de ações comunitárias, de novos produtos, de produtos e serviços aperfeiçoados, de funcionários mais bem preparados, de redução nos prazos de entrega, do atendimento mais cordial e rápido aos clientes, da facilidade de crédito, do controle de estoque, da confiança no fornecedor e de vários outros fatores.

Uma das ferramentas intimamente inseridas no contexto são as mudanças que, maiores ou menores, sempre estão presentes no cotidiano de qualquer instituição. Na empresa, há sempre algo a melhorar. Entretanto, ela é um sistema e, como tal, tem órgãos que, quando afetados, afetam os demais. Assim, toda ação de mudança, para ser efetiva, implica o conhecimento preciso dos órgãos que serão atingidos, da extensão dos problemas e se estes contaminaram, de alguma forma, outros órgãos.

Adotar a RV representa de imediato uma mudança na política de recursos humanos, cujo objetivo deve ser beneficiar a empresa, beneficiando, em contrapartida, seus funcionários e clientes. Isso pressupõe que a estrutura organizacional deverá ser revista, podendo afetar ou não as rotinas estabelecidas, o contingente de pessoal, os equipamentos, os negócios e outros.

A reorganização da empresa deve ser acompanhada da gestão participativa para que seja obtida, desde logo, a colaboração dos funcionários.

Em qualquer processo de reestruturação, a gestão participativa é importante, pois quem mais conhece os passos de sua execução na prática são os trabalhadores, que poderão participar com valiosas sugestões.

As mudanças exigem que se estabeleçam objetivos a serem atingidos e que digam respeito a "o que somos", "onde a empresa está hoje" e "onde a empresa pretende estar amanhã".

Além das mudanças estruturais, existem aquelas que afetam mais diretamente as pessoas que podem reagir com maior ou menor resistência. Os agentes de mudança precisam agir com habilidade, evitando traumas que possam desestabilizar a harmonia desejada.

Uma outra ferramenta se refere ao treinamento e desenvolvimento, que tem por objetivos integrar e motivar a força de trabalho aos objetivos organizacionais da empresa, proporcionando melhoria do conhecimento, das habilidades e das responsabilidades dos recursos humanos. O acompanhamento pós-treinamento é fundamental para, se necessário, corrigir eventuais desvios de desempenho.

O desempenho, nas diversas áreas organizacionais, deverá ser observado, levando em consideração diferentes e apropriados indicadores quantitativos, qualitativos e comportamentais.

Os resultados apontados pelos indicadores servirão de base para uma outra ferramenta, a avaliação de desempenho do indivíduo, da equipe e da empresa.

A remuneração baseada no desempenho pressupõe:

- desempenho individual – com incentivos e prêmios;
- desempenho da equipe – com remuneração por resultados e prêmios pelo desempenho da equipe;
- desempenho da empresa – com participação nos lucros.

O objetivo da remuneração variável é obter maior colaboração entre os componentes das equipes, melhorando o desempenho da empresa.

Esse objetivo pode ser desdobrado em:

- vincular o desempenho e a recompensa para incentivar o indivíduo e o grupo a buscarem a melhoria contínua;
- partilhar os bons e maus resultados da empresa;
- transformar custo fixo em custo variável.

A RV se desdobra em dois grandes grupos: remuneração por resultados e participação nos lucros. Trata-se de um adicional pago aos colaboradores, anual ou semestralmente, proveniente de metas de desempenho alcançadas pelo indivíduo, pela equipe e pela empresa, sem a incidência de encargos sociais.

Algumas empresas combinam as duas formas, determinando um valor total a ser pago em razão dos lucros obtidos e utilizando fórmulas com base em negociações para estabelecer a forma de distribuição. A condição primordial para pagamento de remuneração variável é que a empresa obtenha lucro.

2.7.2 Ambiente

O mundo passou por profundas transformações no último século e exigiu dos administradores o desenvolvimento de estudos que harmonizassem os interesses de trabalhadores e empresas.

A indústria primitiva transformou-se em uma indústria madura e evoluiu para uma era pós-industrial, convivendo com a globalização de mercados e da produção de bens e serviços, com acirramento da competição internacional, aumento da exigência dos consumidores, fusão de empresas, necessidade de adaptação ao novo cenário mundial.

Essa adaptação exige esforços no sentido de realização de mudanças, tanto das empresas quanto dos profissionais.

As empresas virtuais estão surgindo e o emprego como nós o conhecemos está mudando. Para vários profissionais o emprego não significa mais se deslocar de sua residência para desenvolver suas atividades em uma dependência da empresa. A questão da remuneração ainda passará por transformações que se adaptem às novas exigências.

As empresas aplicam, na maioria das vezes, sistemas tradicionais de remuneração, com base em descrição de atividades e responsabilidades de cada função e hierarquizadas segundo um critério de avaliação. A utilização dessas ferramentas como planos de cargos e salários e organogramas proporcionam a muitas empresas estabelecer um mínimo de estruturação na gestão de seus recursos humanos e de seus negócios.

Os sistemas tradicionais de remuneração pressupõem uma linha de autoridade hierárquica claramente definida; as atividades são delimitadas por normas e procedimentos escritos; as responsabilidades e atribuições são conhecidas e pouco variam com o tempo.

2.7.3 Objetivos e Metas

A situação atual, com as transformações que as empresas estão vivenciando, é incompatível com a aplicação única dos sistemas de remuneração tradicionais e exige processos mais flexíveis e que atendam com maior efetividade a essas mudanças.

As tendências mais recentes nas empresas conduzem a uma mudança de objetivo: onde se privilegiava a hierarquia, passou-se a privilegiar a orientação para o cliente (interno e externo); onde se objetivava a estrutura formal, passou-se a objetivar a informalidade e agilidade; onde se evidenciava a supervisão, passou-se a evidenciar os processos críticos.

Nas transformações que as empresas vivenciaram ou estão vivenciando, alguns pontos são convergentes, embora não haja uniformidade nos novos modelos. Podem ser sinalizados os seguintes pontos: descentralização na tomada de decisões, orientação para resultados, autonomia para as áreas operacionais, foco na agilidade e flexibilidade e implementação de trabalho em equipe.

Os pressupostos dos sistemas tradicionais de remuneração conflitam com estas tendências de mudança e o uso de tais sistemas dificulta a própria mudança, criando empecilhos para a gestão dos recursos humanos.

2.7.4 Remuneração Estratégica

A situação atual, com as transformações que as empresas estão vivenciando, caracterizada por formas modernas de organização do trabalho em células, multifuncionalidade e poucos níveis hierárquicos, é incompatível com a aplicação única dos sistemas tradicionais de remuneração com base em descrição de cargos e atribuição de responsabilidades.

A criação de um sistema de remuneração estratégica considera não apenas o que a empresa é hoje, mas o que ela espera ser amanhã. Para isso se torna necessário visualizar todo o contexto organizacional, levando em conta a estratégia, a estrutura e o estilo gerencial.

Por outro lado, os profissionais passam a ser remunerados de acordo com o conjunto de fatores que afeta sua contribuição para o sucesso do empreendimento: características pessoais, características do cargo e vínculo com a organização, considerando, ainda, as atividades e responsabilidades, além de conhecimentos, habilidades, competência, desempenho, resultados e evolução de carreira.

A remuneração estratégica é composta de parte fixa e parte variável.

Na parte fixa, podemos considerar:

- remuneração funcional: determinada pela função e ajustada ao mercado;
- remuneração por habilidade: determinada pela formação e capacitação dos funcionários;
- salário indireto: compreende benefícios e outras vantagens.

Na parte variável, temos:

- remuneração variável: vinculada a metas de desempenho do indivíduo, da equipe e da empresa;
- participação acionária: vinculada a objetivos de lucratividade da empresa;
- outras alternativas: incluem prêmios, gratificações e outras formas especiais de reconhecimento.

Os principais aspectos que devem ser levados em consideração na formulação e implantação de um sistema de remuneração estratégica são os seguintes:

- realizar um diagnóstico da instituição, considerando as características internas e suas inter-relações com o meio ambiente;
- conhecer as várias formas e alternativas de remuneração, sua aplicabilidade e adequação;
- definir o próprio sistema, determinando quais componentes devem ser adotados para garantir melhores resultados;
- o sistema a ser implantado deve ser transparente e funcional, assegurando sua aceitação e operacionalização na empresa.

O sistema de remuneração estratégica desenvolvido cuidadosamente para a empresa se constitui em vantagem competitiva.

As comparações salariais com o mercado perdem um pouco de sua importância; entretanto, não pode haver um desvinculamento dele. É preciso viabilizar formas de comparação, evitando que as empresas fiquem completamente alheias ao que acontece no mercado.

A construção do sistema de remuneração estratégica deve ter a participação de representantes dos vários grupos de poder, os quais definirão os principais pontos que deverão se alinhar com os objetivos estratégicos da empresa e focalizados com os comportamentos necessários para seu atendimento.

Os principais pontos são os seguintes:

- melhoria do desempenho: identificar e comunicar o desempenho que pretende recompensar;
- valor da recompensa: identificar e comunicar as diretrizes relacionadas ao valor da recompensa, incluindo o aspecto objetivo (monetário) e o aspecto simbólico;
- reconhecimento: definir o tempo entre o cumprimento dos objetivos e o reconhecimento;
- estabelecimento de metas: garantir que as metas sejam estabelecidas de forma negociada e transparente;
- desenvolvimento: definir como prioridade o desenvolvimento das habilidades e conhecimentos, individuais e grupais;
- atração e retenção: definir e divulgar a orientação da empresa sobre o tipo de profissional que deseja atrair e as diretrizes relacionadas à remuneração total que pretende praticar.

A mudança organizacional é lenta, cara e difícil. Não acredite que as mudanças possam ser instantâneas, indolores e rápidas. É importante estar preparado para enfrentar as barreiras e dificuldades do processo. O processo tem custos que podem ser identificados em três grupos:

- custo direto: inclui o diagnóstico, o estudo para construção do sistema, a preparação do plano de implantação, a comunicação, a própria implantação e a administração do sistema;
- custo indireto: inclui o treinamento e desenvolvimento de pessoal;
- custo psicológico: inclui o estresse causado nos funcionários pela adoção de um sistema de risco. Enquanto as empresas vêem a implantação do sistema de remuneração estratégica como forma de transformar custos fixos em variáveis, os funcionários tendem a perceber nessas implantações uma erosão do salário, uma perda que precisa ser recuperada por esforço extra.

2.7.5 Adaptação às Mudanças

Os gerentes têm como principal reclamação, durante os períodos de mudança organizacional, a dificuldade para enfrentar e conseguir motivar seu pessoal. Os funcionários, nas fases iniciais da mudança, em geral, estão desmotivados. Encaram a mudança de forma negativa ou mostram-se desinteressados no trabalho. O problema deles normalmente não é falta de motivação, mas sim o fato de estarem lidando com outros assuntos.

A motivação é freqüentemente tida como uma série de dispositivos que os gerentes utilizam a fim de que as pessoas realizem certas coisas. Manter pessoas motivadas não é fazer pessoas realizarem coisas. É descobrir o fator "querer", o que significa simplesmente aprender o que elas querem fazer.

As pessoas ficam excitadas com uma mudança quando descobrem um papel para si próprias dentro dela. Elas respondem com entusiasmo quando sentem que podem ajudar a definir como seu grupo de trabalho será envolvido na mudança. Um bom líder oferecerá oportunidades para os membros da equipe fazerem parte do trabalho de mudar. Isso envolve perguntar às pessoas quais suas idéias e a melhor maneira de colocá-las em prática.

As pessoas aceitarão uma mudança com mais rapidez se estiverem envolvidas no processo. O envolvimento significa que elas terão um papel na definição de como atingir uma meta, ou reagir a uma nova situação. Este é o ponto-chave no gerenciamento participativo.

No ambiente dos negócios ocorreu um aumento da complexidade, resultando em uma série de tendências:

- estruturas organizacionais com menor número de níveis hierárquicos e, por conseqüência, maior nível de autonomia e amplitude de responsabilidades para indivíduos e grupos;
- valorização do trabalho em grupo;
- aumento da exigência de multiespecialização e de visão sistêmica;
- foco no aperfeiçoamento contínuo;
- pressões por redução de custos de pessoal.

2.7.6 Remuneração por Habilidade

Essas mudanças levaram os profissionais a desenvolver um sistema de remuneração que, de forma flexível e ágil, atendesse às novas exigências, surgindo a remuneração por habilidade, que tem a finalidade de contemplar a capacitação técnica e a qualificação das pessoas.

A tendência natural do ser humano é evoluir; entretanto, as empresas sentiram a necessidade de estimular o desenvolvimento pessoal constante e garantir condições para que esse desenvolvimento ocorresse.

Para isso, as empresas ligaram o desenvolvimento pessoal à remuneração. Os salários passam a ter uma íntima relação com a amplitude, profundidade e características das habilidades que os funcionários são capazes de utilizar no trabalho. A remuneração, nessa situação, não é determinada pelo cargo, e sim pela pessoa que o exerce.

A operacionalização da remuneração por habilidade exige que se defina quais habilidades ou blocos de habilidades devem ser desenvolvidas, estabelecendo passos para a evolução dos funcionários, além de processos e regras para treinamento e comprovação.

Em um sistema de remuneração por habilidade, os funcionários trabalham em equipes autogerenciadas, desempenhando várias funções. A célula básica da remuneração passa a ser a habilidade ou o conjunto de habilidades. A habilidade é entendida como a aptidão ou competência para realizar algo. A remuneração por habilidade individual ocorre quando esta tem alta complexidade. A remuneração por conjunto de habilidades ocorre quando é possível constituir grupos de habilidades simples. Trabalhar com conjunto de habilidades simplifica a administração do sistema.

A progressão funcional em um sistema de remuneração por habilidade tende a ser horizontal. O funcionário evolui profissional e salarialmente por meio da conquista da comprovação de habilidades dentro de cada conjunto. Caso haja habilidades complexas, poderá haver acréscimos de salário por habilidade comprovada. A evolução na carreira será determinada pelo esforço do próprio funcionário em adquirir habilidades, condicionando-se a evolução às necessidades do time e da organização.

O roteiro de desenvolvimento dos funcionários está relacionado com a necessidade e demanda por habilidades, da organização e da equipe. O número de funcionários a ser treinado em cada habilidade leva em conta o número mínimo exigido de habilidades, o grau de segurança que o processo exige e os custos de treinamento e remuneração de cada habilidade. Dessa forma, são administrados simultaneamente os custos da folha de pagamento, os custos de treinamento e a gestão do processo.

A conquista de uma habilidade deve ser comprovada. O funcionário deve provar, na prática, que realmente é capaz de gerar resultados com os níveis exigidos de qualidade, produtividade, prazo etc. O sistema de remuneração por habilidade deve deixar claro qual será o instrumento de avaliação e quais resultados o funcionário deve apresentar para ser considerado aprovado.

A capacitação passa a ser parte da estrutura e elemento essencial da organização do trabalho. Tendo seus salários diretamente vinculados à sua capacitação, os funcionários tendem a se interessar e a pressionar a empresa para a realização de programas de capacitação orientados para resultados. Sem treinamento e desenvolvimento, o sistema de remuneração por habilidade deixa de existir. Além disso, os benefícios do investimento em capacitação são mais bem orientados e passam a sustentar os objetivos organizacionais.

A comprovação garante consistência ao sistema e transmite aos funcionários um sentido de justiça. As formas de comprovação são as mais variadas. As mais comuns são apresentações e provas escritas. Em empresas mais tradicionais, as comprovações são conduzidas pelos chefes. Em empresas de gestão mais avançada, utilizam-se comitês com participação de pares e subordinados do avaliado.

Questões para Reflexão

1) O que você entende por remuneração variável?

2) Quais as circunstâncias para que haja pagamento de remuneração variável?

3) Quais mudanças o ambiente provocou na vida das indústrias?

4) Em que consiste a remuneração por habilidade?

2.8 Planejamento de Carreira

A partir da análise e avaliação obtem-se o plano de classificação de cargos, que se constitui na base para a formulação do planejamento e do plano de carreira a ser elaborado, desenvolvido e implantado na empresa. Precisamos ter em mente que o mesmo procedimento de análise e avaliação de cargos nos conduz ao plano de classificação de salários que determina o valor salarial, ou salário fixo, para cada cargo.

Planejamento de carreira é o estudo das metas e da trajetória de carreira dos colaboradores nos diferentes cargos da empresa, enquanto o plano de carreira é a materialização desse estudo, ou seja, o instrumento que estabelece as trajetórias de carreiras existentes na empresa.

A empresa, independente de porte ou ramo de atividade, porém, dependente do cenário em que está inserida e da situação que está vivenciando, estabelece, durante ou após a implantação do plano de classificação de cargos e salários, uma estrutura organizacional que deve contemplar, de forma adequada, os diferentes órgãos para o perfeito funcionamento do sistema empresarial.

Cada órgão possui competências próprias, o que torna necessário estabelecer estruturas de cargos com atribuições que permitam cumprir com as obrigações e objetivos.

A estrutura de cargos deve ser formada por diversas posições que mantenham entre si relações sistêmicas com atribuições próprias de uma mesma função ou área de atuação, em diferentes níveis de responsabilidade, complexidade, habilidade, desenvolvimento etc., estabelecendo uma seqüência hierárquica.

O indivíduo, dependendo de suas inclinações profissionais, do cenário em que está inserido e da situação que está vivenciando, traça um planejamento de carreira que possa ser cumprido em uma ou em diversas empresas, dentro de um ramo específico ou em quaisquer ramos de atividade, preparando-se para ser competitivo e manter alto nível de empregabilidade.

O estabelecimento de um plano de carreira[23] permite tanto o profissional quanto a empresa visualize, com detalhes, as diferentes posições que se poderá ocupar e em quanto tempo poderá ser cumprido esse plano.

---

23 Plano de carreira é o instrumento que estabelece as trajetórias de carreiras existentes na empresa.

Atualmente, um grande número de empresas abre para seus colaboradores as perspectivas de ascensão profissional. Considera-se que a visualização da possibilidade de evolução na carreira funciona como mola propulsora, embora a ascensão de colaboradores capazes dentro do programa de carreira não assegure sucesso completo e antecipado para evolução profissional para toda a força de trabalho. Já a ausência do plano de carreira desestimula os colaboradores a assumir responsabilidades futuras na empresa.

O plano de classificação de cargos e salários deve prover estruturas de cargos profissionais e estar integrado aos demais programas de Recursos Humanos, como recrutamento, seleção, treinamento e avaliação de desempenho, para proporcionar, ao colaborador, desenvolvimento profissional e melhor integração na empresa, dando oportunidades aos mais bem qualificados de evoluir em direção aos mais elevados escalões hierárquicos da empresa.

O desenvolvimento profissional funciona como uma solução para a melhoria salarial pela promoção para cargos hierarquicamente superiores, com tarefas de maior responsabilidade e novos desafios, auxiliando na maior integração do homem à empresa. O plano de carreira, portanto, humaniza a empresa por promover o desenvolvimento do ser humano na instituição, reduzindo ou eliminando as "recomendações de padrinhos" para posições altamente profissionais.

A empresa, para chegar aonde deseja, precisa estabelecer o que espera de seus colaboradores, definindo a qualificação profissional necessária para atingir metas requeridas e avaliando o desempenho e o desenvolvimento dos recursos humanos diante das exigências do presente e, principalmente, do futuro.

O plano e o planejamento de carreira pode ser considerado responsabilidade tanto da empresa quanto do colaborador. O planejamento de carreira poderá ser desenvolvido tanto de forma especialista quanto generalista. É especialista quando se desenvolve exclusivamente em uma área, para cargos de uma única família. É generalista quando, na sua evolução, o profissional passa por diversas áreas da empresa, em diferentes famílias de cargos, obtendo um conhecimento mais amplo da empresa, ainda que seja um processo mais demorado.

Uma variação de carreira pode contemplar tanto a "carreira de chefia" quanto a "carreira técnica". Essa variação de carreira se dá a partir de determinado nível hierárquico, visando a contemplar tanto aqueles que pretendem e gostam de uma carreira de chefia quanto aqueles que preferem permanecer em uma carreira estritamente técnica. A conseqüência dessa variação de carreira é que não se perde um bom técnico e nem se ganha um chefe de desempenho duvidoso.

A movimentação de um cargo para outro também pode ser feita lateralmente, implicando o conhecimento diversificado de diferentes áreas sem que, em princípio, haja alteração salarial, uma vez que todos os cargos percorridos lateralmente estão no mesmo grupo salarial, embora possam ter valores estratégicos distintos para diferentes empresas, o que eventualmente poderá exigir salário diferenciado.

Muitas empresas mantêm políticas de esclarecimento sobre os planos de carreira existentes, proporcionando retorno consistente dos interessados. Como já foi dito, a responsabilidade pelo planejamento de carreira também é do funcionário, que deve procurar saber o que é exigido como requisito dos diferentes cargos de uma carreira para que sua preparação, por meio de cursos realizados por conta própria ou cursos promovidos pela empresa, atenda aos interesses mútuos de funcionário e empresa.

Fica subentendido que a ascensão profissional depende também de um bom desempenho no cargo atual, para que haja credibilidade de sucesso no cargo futuro.

O plano de classificação de cargos é a base para o plano de carreira, que, por sua vez, é base para um programa de avaliação de desempenho, que, aliado a um programa de treinamento, vem a ser base de um plano de sucessão.

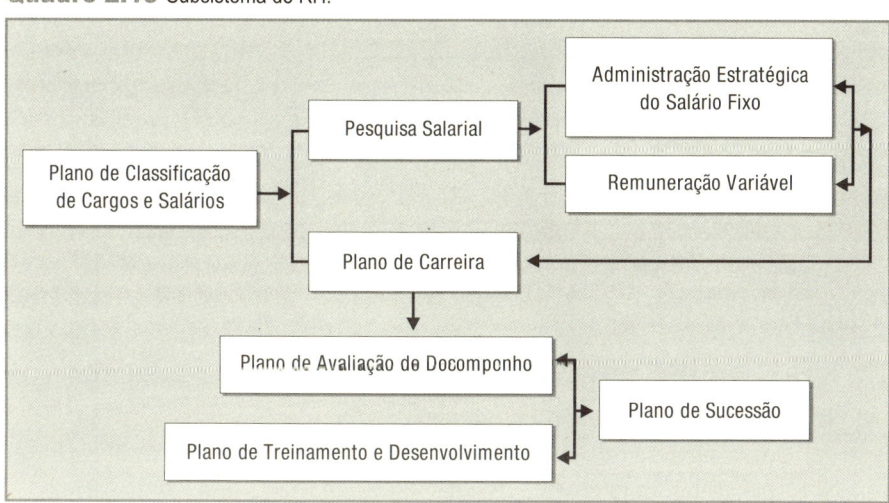

Quadro 2.19 Subsistema de RH.

```
Plano de Classificação ──┬──▶ Pesquisa Salarial ──┬──▶ Administração Estratégica
de Cargos e Salários     │                        │    do Salário Fixo
                         │                        │
                         │                        └──▶ Remuneração Variável
                         │
                         └──▶ Plano de Carreira
                                    │
                                    ▼
                         Plano de Avaliação de Desempenho ──┐
                                    │                       ├──▶ Plano de Sucessão
                         Plano de Treinamento e Desenvolvimento ──┘
```

Para o desenvolvimento do planejamento de carreira é preciso considerar ainda alguns outros pontos. Romper ou não com as práticas que estamos vivenciando, considerar as possibilidades e dificuldades teóricas e práticas para a sua formulação e execução, considerar a viabilidade de sustentação econômico-financeira, para o seu próprio desenvolvimento, em um primeiro momento, e viabilidade política para penetração e aproveitamento das melhores oportunidades que o mercado oferece.

É preciso tentar criar mecanismos e instrumentos que possam agilizar a velocidade e o trânsito do capital intelectual e profissional, tentando, pelo menos, preservar, e se possível ampliar, o seu processo permanente de crescimento e valorização, afastando de si uma possível crise de desenvolvimento profissional que possa surgir no futuro.

Um outro ponto a considerar é permitir que a empresa perceba a sua transformação em termos de enriquecimento técnico e comportamental necessários a que a organização dê vazão aos novos bens e serviços que precisa realizar, dando continuidade às reestruturações que se fazem necessárias.

O planejamento de carreira tanto pode ser amplo e rico de detalhes quanto restrito e pouco ousado. Considerando a primeira opção, quanto aos que desenvolvem planejamento de carreira, é preciso romper com os freios e obstáculos do medo do futuro ainda não vivido, proveniente de profissionais apegados ao espírito de resistência às mudanças e de protecionismo às ações a que estão habituados no dia-a-dia, achando-se no direito de impedir, pelo desestímulo, um

Quadro 2.20 Conseqüências do Planejamento de Carreiras

Empregado \ Empresa	Interessada no desenvolvimento de planos de carreira para seus colaboradores.	Desinteressada no desenvolvimento de planos de carreira para seus colaboradores
Interessado no desenvolvimento de seu próprio plano de carreira.	Possibilidade de crescimento, evolução, satisfação e confiança mútua.	O empregado estará tentado a, na primeira oportunidade, abandonar o emprego ou trocar de empresa.
Desinteressado no desenvolvimento de seu próprio plano de carreira.	O empregado corre o risco de ser devolvido ao mercado de trabalho.	Empresa e empregados estão fadados à estagnação e insucesso no mercado concorrente.

movimento que acompanhe às mudanças ou se antecipe a elas e transformações que ocorrem continuamente.

Por outro lado, o planejamento de carreira deve ter como alvo prioritário banir os conhecimentos irrelevantes, não direcionados objetivamente para o foco principal a ser atingido, diminuindo o tamanho de esforço e do tempo despendidos, eliminando aspectos supérfluos e se concentrar no que é importante e necessário.

Dessa forma, tentar negociar com a empresa parte do investimento a ser realizado no seu aprimoramento é também uma forma de mostrar seu próprio interesse no processo criativo e evolutivo da organização.

O plano de carreira é a ferramenta que proporciona à empresa identificar, com rapidez e segurança, profissionais que possam ocupar cargos estratégicos na estrutura organizacional. O plano de carreira, ao estabelecer as diferentes carreiras de cargos na estrutura organizacional, define tanto os critérios de ascensão horizontal, por mérito, quanto os verticais, por promoção. Portanto, os pré-requisitos exigidos dos ocupantes das posições por ocasião da análise e avaliação dos cargos devem identificar os colaboradores com potencialidade para preencher os cargos com vagas em aberto.

As diferentes carreiras existentes na empresa devem ter seus cargos fracionados de forma a absorver conjuntos de atividades compatíveis com o nível de facilidade de apreensão de seus colaboradores, permitindo que sejam visualizadas as perspectivas de ascensão profissional, conjugadas com treinamento e devidamente acompanhadas para que o crescimento de evolução profissional seja perceptível aos candidatos dos novos postos de trabalho, proporcionando-lhes motivação para o exercício de esforços adicionais para o crescimento individual.

Os colaboradores de grande potencial, normalmente, permanecem na empresa por perceberem a possibilidade de progresso profissional dentro da instituição dependente diretamente de seu próprio desempenho, principalmente, quando a organização proporciona cursos de treinamento e desenvolvimento de acordo com os interesses imediatos do profissional e as necessidades imediatas da empresa.

As promoções, quando necessárias, acontecem com tranqüilidade, principalmente nas funções gerenciais, nas quais as possibilidades de erros são insignificantes, por se permitir identificar com maior transparência os profissionais com talento e potencial adequados.

Questões para Reflexão

1) O que é plano de carreira?

2) Quais variações um plano de carreira pode apresentar?

3) Qual a finalidade de desenvolver um plano de carreira para você mesmo?

2.9 Remuneração Indireta

Algumas empresas adotam planos de incentivos financeiros em funções não gerenciais com a finalidade de aumentar a produtividade e o plano de bônus e/ou plano de divisão de lucro para cargos gerenciais.

Há situações em que se usa o pagamento em dinheiro, proveniente da distribuição de parte do lucro, e em outras pode ser utilizado o pagamento em ações da empresa, fazendo com que o colaborador se torne um acionista.

O incentivo com base na distribuição de lucro exige um cuidado maior na execução, aprovação e divulgação do plano para ser colocado em prática.

Uma outra parte da remuneração indireta é conhecida como benefícios, alguns obrigatórios e outros opcionais para o empregador, incluindo férias, férias no lugar de origem com direito ou não a acompanhante, ginásios e academias, transporte, estacionamento, refeição, seguro-saúde, seguro-desemprego, auxílio-doença, auxílio, maternidade, aluguel de moradia, bolsa-escola para os filhos, assistência a idosos, fundo de pensão, cursos de treinamento e desenvolvimento, plano médico-hospitalar-odontológico extensivo aos familiares ou não, plano de medicinas alternativas que podem ser extensivos aos familiares ou não, plano de complementação de aposentadoria, salário mínimo, piso salarial da categoria, máximo de horas extras, creche, horário flexível de trabalho, escolher os dias em que deseja trabalhar etc.

O pacote de benefícios, nas diferentes empresas, apresenta características próprias, podendo ser representado por: grupo fixo pequeno ou grande de benefícios; grupo de benefícios variáveis, de interesse imediato de cada colaborador e limitado a um determinado valor; ou apenas os benefícios obrigatórios. O ideal é que o pacote de benefícios oferecido atenda aos interesses do colaborador para que a empresa tenha um retorno em termos de melhoria dos desempenhos profissionais e dos resultados organizacionais.

As empresas têm muitos motivos para utilizar um plano de incentivos e/ou de benefícios, por exemplo, competir fortemente por bons funcionários. A **Remuneração Indireta** e a **Teoria da Expectativa** têm estreita inter-relação.

Empresas de pequeno porte – algumas com menos de 20 colaboradores – possuem planos flexíveis de administração, pelo qual transferem atividades administrativas para empresas que elaboram folhas de pagamento, emitem os formulários de recolhimento de encargos e impostos, empresas de seguro e outras consultorias que prestam serviços mediante pagamento de uma taxa mensal.

Resumo do Capítulo

Neste capítulo, pretendemos que o leitor adquira novos conhecimentos e se torne capaz de desenvolver, na prática, as atividades que lhe forem solicitadas.

Conhecer os vários conceitos e estabelecer uma ligação mais estreita entre os diversos aspectos que envolvem a administração de cargos e salários.

Conhecer os diferentes métodos qualitativos e quantitativos de avaliação de cargos e os procedimentos e cálculos para estar em condições de elaborar e desenvolver um plano de classificação de cargos.

Conhecer o modelo de pontos proposto pelo autor, proveniente de um trabalho de pesquisa apresentado como defesa de mestrado, e aplicar na empresa. Este modelo torna mais segura, precisa e confiável a determinação do valor do cargo na empresa. Estabelece princípios e novos procedimentos na ponderação e na graduação de escala de fatores de avaliação de cargos.

Proporcionar ao leitor a oportunidade de conhecer os procedimentos necessários para construção do modelo. Faz estudos comparativos e demonstra a maior precisão do modelo proposto. A elaboração do modelo proposto é facilitada através da utilização de uma planilha eletrônica, na qual serão aplicados os procedimentos do estudo.

O leitor terá uma visão privilegiada do que uma pesquisa salarial de mercado poderá oferecer além das simples informações dos valores salariais dos cargos, praticados no mercado. Você terá a oportunidade de "montar" até mesmo um plano de classificação de cargos e salários a partir da pesquisa salarial, além de obter uma série de outras informações. O próprio resultado informará, através de uma análise da pesquisa, se o que foi obtido para cada cargo é ou não confiável, mostrando a situação do cargo, na sua empresa, comparado à situação do mercado.

Embora alguns profissionais estejam atribuindo uma importância menor à determinação do valor do salário fixo, vamos ter a oportunidade de conhecer um modelo original, desenvolvido pelo autor, para determinar de forma estratégica o valor salarial do cargo, em que os salários de um mesmo cargo variam de empresa para empresa.

Conhecer as bases fundamentais da remuneração variável, assunto que conquistou uma importância muito significativa em muitas empresas.

Conhecer os principais aspectos que envolvem o planejamento de carreira, tanto no que diz respeito à responsabilidade do profissional quanto da empresa, no caminho para atingir o sucesso.

Conhecer as diversas modalidades usadas pelas empresas no que diz respeito à remuneração indireta, podendo, assim, proporcionar às instituições uma maior efetividade em suas ações, resultando em melhoria de resultados.

Referências Bibliográficas

ACZEL, A. *Complete business statistics*. Homewood, Illinois: Richard D. Irwin, Inc., 1989.

ALMEIDA, H. S. *Manual de relações industriais. In*: (org.) S. Hoyler. São Paulo: Pioneira, 1968.

ASSIS, M. T. *Avaliação e classificação de cargos*: a evolução e os paradigmas. *Administração de negócios*. Rio de Janeiro, ano VIII, n. 50, 1995, p. 598.

BASTOS, L. R. et al. *Manual para elaboração de projetos e relatórios de pesquisa, teses e dissertações*. 3. ed. Rio de Janeiro: Guanabara, 1979.

CARNEIRO, E. A. *Avaliação de funções*: teoria e prática. Rio de Janeiro: Ao Livro Técnico, 1970.

CARVALHO, A. V.; NASCIMENTO, L. P. *Administração de recursos humanos*. v. 1. São Paulo: Pioneira, 1993.

CHARON, J. M. *Sociologia*. São Paulo: Saraiva, 2001.

CHIAVENATO, I. *Administração de recursos humanos*. v. 3, 2. ed. São Paulo: Atlas, 1980.

DOWNING, D.; CLARK, J. *Estatística aplicada*. São Paulo: Saraiva, 1998.

FERREIRA, P. P. *Administração de pessoal*: relações industriais. 5. ed. São Paulo: Atlas, 1979.

LAPPONI, J. C. *Estatística*: usando Excel: versões 4 e 5. São Paulo: Lapponi, 1995.

LARSEN, R. J.; MARX, M. L. *An introduction to mathematical statistic and its applications*. Englewood Cliffs, New Jersey: Prentice-Hall, Inc., 1981.

LAWLER III, E. E. *Strategies pay – aligning organizational strategies and pay system*. San Francisco: Jossey-Bass, 1992.

NASCIMENTO, L. P. (org.). *Administração estratégica*: uma visão sinérgica. Rio de Janeiro: Thex, 1997.

_____. *Administração de cargos e salários*. São Paulo: Pioneira Thomson Learning, 2001.

_____. *Método de pontos em administração de cargos e salários*: uma contribuição para o aperfeiçoamento da técnica. Rio de Janeiro: UNESA, 1998.

_____. Remuneração variável e parceria global. *Parceria em qualidade*. Rio de Janeiro: Qualitymark, número 30, 1998, p. 14.

OTT, L.; MENDENHAL, W. *Understanding statistics*. Boston: Duxbury Press, 1985.

PEREIRA, W.; TANAKA, O. K. *Elementos de estatística*. São Paulo: McGraw-Hill, 1984.

PONTES, B. R. *Administração de cargos e salários*. 3. ed. São Paulo: LTr., 1989.

SANTOS, R. *Administração de salários na empresa*. São Paulo: LTr., 1975.

SCHUSTER, J. R.; ZINGHEIM, P. K. *The new pay – linking employee and organizational performance*. New York: Lexington Books, 1992.

SCOTT, C. D. *Gerenciando a mudança organizacional*. Rio de Janeiro: Qualitymark, 1994.

SERSON, J. *Curso básico de administração de pessoal*. 9. ed. (rev. e atual.), São Paulo: Revista dos Tribunais, 1990.

SIQUEIRA, B. *Elementos de administração de pessoal*. 3. ed. (revista e aumentada) Rio de Janeiro: Editora Rio (em convênio com as Faculdades Integradas Estácio de Sá), 1978.

SPIEGEL, M. R. *Probabilidade e estatística*. São Paulo: McGraw-Hill, 1978.

TOLEDO, F. *Manual de administração de pessoal*. São Paulo: Atlas, 1960.

ZIMPECK, B. G. *Administração de salários*. 7. ed. São Paulo: Atlas, 1990.

OBJETIVOS DO CAPÍTULO

1) Analisar a natureza e características da estratégia empresarial.
2) Situar os desafios do ambiente na formulação de estratégias.
3) Estudar o planejamento estratégico no contexto das mudanças organizacionais.
4) Introduzir o leitor na compreensão e prática do planejamento estratégico de RH.

Assimilando o presente capítulo, você estará em melhores condições de:

a) entender as razões pelas quais a mudança estratégica das organizações é irreversível e necessária à sua própria sobrevivência;
b) identificar as pressões, necessidades e expectativas ambientais em relação à área de pessoal da empresa;
c) conhecer procedimentos do planejamento estratégico de RH.

Palavras-chave
estratégias,
ambiente organizacional,
mudanças,
planejamento estratégico de RH.

Capítulo 3

Planejamento Estratégico de Recursos Humanos

Antonio Vieira de Carvalho

3.1 Introdução ao Planejamento Estratégico

Quanto mais as atividades de uma organização forem afetadas por um plano, mais estratégico ele será.

Russell L. Ackoff, professor da
Universidade da Pennsylvania, EUA

A origem da atividade de planejamento estratégico (PE) deve-se, entre outros, ao professor H. Igor Ansoff, do Carnegie Institute of Technology, nos EUA, com a publicação de sua obra clássica *Corporate strategy*, traduzida há alguns anos para o português sob o título *Estratégia empresarial*. Formado em Engenharia e Matemática na Brown University, foi o principal responsável pela formulação do conceito de gestão estratégica, com base no trabalho desenvolvido por Alfred Chandler.

Ansoff trabalhou na Rand Corporation e depois na Lockheed, onde teve a oportunidade de travar os primeiros contatos com o mundo da gestão organizacional. Criou o modelo de Ansoff de PE, com base na expansão e diversificação empresariais através de uma seqüência de decisões. Na base do modelo estão os conceitos de análise de desvios – diferença entre o previsto e o realizado – e de sinergia – aproveitamento das competências combinadas de dois departamentos ou empresas.

A Figura 3.1 mostra o modelo de tomada de decisões estratégicas de Ansoff, no qual a definição de objetivos e a escolha de metas levam à avaliação interna paralelamente à avaliação ambiental (oportunidades externas). Somente após essa dupla análise administrativa é tomada a decisão de diversificar ou não as atividades da empresa face aos desafios impostos pelo ambiente, fator gerador de mudanças. O passo seguinte do modelo proposto por Ansoff desenvolve a concepção, montagem e acompanhamento das estratégias de expansão e de diversificação das atividades da organização.

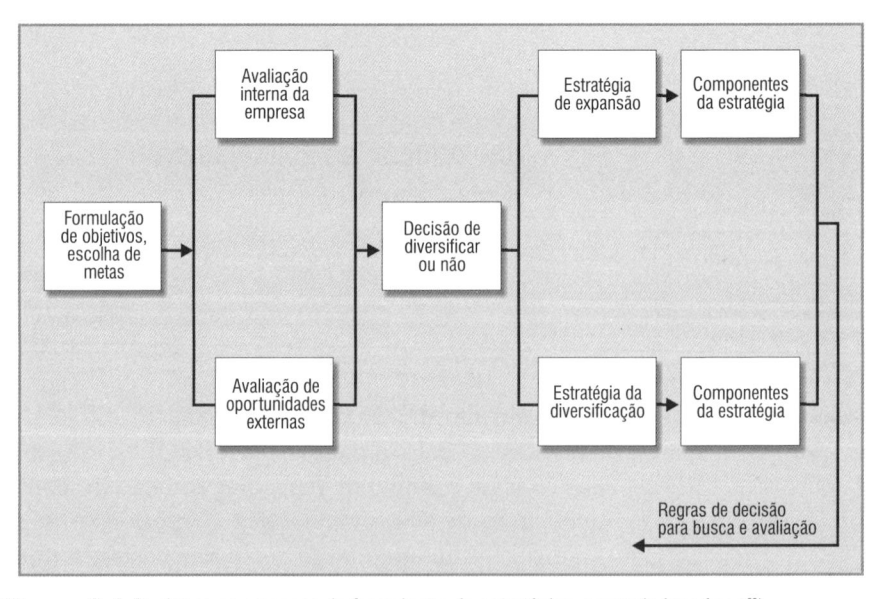

Figura 3.1 Decisões no processo de formulação de estratégias, segundo Igor Ansoff[1].

Algum tempo depois da publicação do livro de Ansoff, outro estudioso norte-americano, Russell L. Ackoff, doutor em Filosofia e Ciências, professor de Estatística e Pesquisa Operacional e consultor de grandes empresas norte-americanas, comparando os conceitos de planejamento estratégico e planejamento tático, afirmava:

"Quanto mais demorado for o efeito de um plano, e quanto mais difícil for alterá-lo, mais estratégico ele será. Portanto, planejamento estratégico lida com decisões de efeitos duradouros que sejam difíceis de modificar. Planejamento tático é para prazo mais curto"[2].

Nessa mesma época, Martin Bower, conhecido consultor de empresas nos EUA, afirmava que a idéia central do sucesso do PE repousa na **adaptação da estrutura organizacional ao seu ambiente**, cuja estratégia consiste em buscar respostas à questão central: "... o que estamos procurando fazer e como poderemos fazê-lo de modo mais rentável, levando em conta os fatores competitivos?"[3]

Embora as contribuições de Ansoff, Ackoff e Bower tenham sido extremamente úteis para a aceitação e expansão do PE, nenhum deles apresentou sugestões sobre como formular planos estratégicos específicos. Foi somente com Richard F. Vancil e Peter Lorange, em 1975, que o PE se apresentou como uma metodologia para a formulação de planejamento sistemático, formulação essa voltada para as organizações com estruturas bastante diversificadas e desdobradas em várias divisões[4].

3.1.1 Planejamento Estratégico em Relação ao Ambiente

Como estudamos no Capítulo 1, o que caracteriza o ambiente econômico e social da atualidade é a sua constante mudança, que traz novos desafios e incertezas. É justamente nesse contexto que o PE pode ser mais bem identificado como a compatibilidade que a empresa faz entre seus recursos, também chamados de competência, e as oportunidades e ameaças do ambiente.

A incerteza quanto ao conteúdo e direção dos desafios ambientais faz com que o PE se volte, efetivamente, para o estudo permanente do meio em que a empresa marca sua presença, buscando escolher alternativas de ações mais realistas e agressivas. Carlos Osmar Bertero, professor da EASP/FGV, apresentou um interessante trabalho acerca das relações entre a empresa moderna e seu ambiente. Entre outras considerações, Bertero declara:

1) Na verdade, o que freqüentemente se chama de estratégia empresarial e, por vezes, também de PE, não eram mais que projeções para o futuro do que ocorrera no passado, e continuava acontecendo no presente.

2) É evidente que a expansão contínua da economia é um ponto a rever e, possivelmente, o que mais perplexidade tem causado. Os três pressupostos tradicionais de fundamentação estratégica em-

presarial, a saber: a) o ciclo de vida do produto; b) a maximização do crescimento da organização e c) a existência de um mercado competitivo mantêm-se válidos nos dias atuais, e, portanto, têm que ser levados em conta pelas empresas.

3) A empresa deve procurar manter os recursos de que de fato, necessita, evitando abrir mão desses recursos que podem ser indispensáveis ao encontro de alternativas.

4) A estratégia empresarial privilegia as empresas inovadoras, ou seja, as que adotam uma estratégia ofensiva. A oportunidade de superação da incerteza e de abandono da área de turbulência está no desenvolvimento de novos produtos, mercados e processos.[5]

3.1.2 Afinal, o que é Planejamento Estratégico?

O Prof. Paulo Vasconcellos Filho, da Fundação Pinheiro Netto, de Belo Horizonte, ao conceituar o PE, começa por dizer o que ele NÃO É, a saber:

- PE NÃO É planificação. Planificar é fazer planos para cumprir objetivos já estabelecidos.

- PE NÃO É planejamento a longo prazo. Como ninguém pode antever o que vai acontecer dez ou sete anos adiante, o planejamento a longo prazo ameaça levar ao descrédito todo o processo de planejamento.

- PE NÃO É administração por objetivos (APO), que é um instrumento administrativo e não diretivo. Uma organização pode ter PE sem ter APO, mas não pode ter APO sem PE.

- PE NÃO É planejamento tático, tendo este como objetivo otimizar uma área de resultado da empresa e não a empresa como um todo e, com isto, trabalhar com os objetivos e metas pelo PE[6].

Após caracterizar o que não é PE, Vasconcellos Filho identifica-o como uma "metodologia de pensamento participativo, utilizada para definir a direção que a empresa deve seguir, por meio da descoberta de objetivos válidos não subjetivos. O produto final dessa metodologia é um documento escrito chamado Plano Estratégico"[7].

O PE, como já foi estudado até aqui, envolve os seguintes elementos:

- Processo participativo.

- Determinação do rumo ou dos rumos que a empresa deseja seguir.

- Obtenção de um nível de otimização na relação "organização *versus* ambiente".

O PE é elaborado, via de regra, obedecendo às seguintes etapas:

1ª etapa: diagnóstico ambiental externo;
2ª etapa: diagnóstico ambiental interno;
3ª etapa: fatores de pressão ambiental;
4ª etapa: definição dos objetivos estratégicos;
5ª etapa: formulação de diretrizes e programas estratégicos;
6ª etapa: análise de riscos e o impacto das incertezas;
7ª etapa: elaboração de planos estratégicos de adaptação e correção.

As três últimas etapas de elaboração de um PE dão lugar ao surgimento dos chamados "cenários de ação estratégica". É nesse contexto que se buscam respostas objetivas e atualizadas para questões como:

- Diante de um determinado cenário, quais as estratégias mais recomendáveis?
- Quais as condições e estratégias que serão basicamente válidas para qualquer cenário?
- Quais as estratégias que precisarão ser substancialmente alteradas, caso o desenvolvimento futuro se afaste do cenário básico?
- Quais os elementos indicadores críticos que precisaremos monitorar cuidadosamente, e que determinarão correções de rumo?[8]

Resumindo, podemos dizer que o PE nada mais é do que um processo administrativo estruturado, isto é, projetado, e que visa a organizar e coordenar as várias atividades gerenciais em função de objetivos estratégicos previamente determinados.

3.1.3 Principais Vantagens do Planejamento Estratégico

Entre os benefícios proporcionados por um bem-cuidado PE, destacam-se:

- Redução dos riscos da incerteza na tomada de decisões estratégicas.

- A empresa passa a identificar e a usufruí-la as oportunidades externas com maior margem de segurança.
- Melhor adaptação da empresa ao processo de mudança contínua do ambiente.
- O PE integrado permite que o conhecimento dos objetivos globais e setoriais seja um fator de aglutinação de esforços, visando à integração dos processos organizacionais.
- Possibilita aos gerentes de todos os níveis da organização uma visão do rumo certo para onde a empresa deve ir.
- Possibilita uma melhor seleção de recursos humanos, materiais e financeiros para as áreas de maiores resultados.
- O PE integrado pode ser empregado como parâmetro para a elaboração dos demais planos táticos e operacionais da empresa.

Exercício nº 1

Quadro 3.1 "Testando o 'Q. I.' estratégico de sua empresa".

	SIM	NÃO
a) Sua empresa está em condições estruturais e funcionais para responder com segurança à questão: para onde vamos nos próximos anos?	( )	( )
b) Você está por dentro das estratégias de sua empresa em matéria de "marketing", produção, recursos humanos, administração etc.?	( )	( )
c) Há plena integração entre as várias unidades da organização em matéria de estratégia empresarial?	( )	( )
d) Sua empresa está consciente da necessidade de conquistar novos mercados para seus produtos/serviços?	( )	( )
e) O PE da organização leva em conta os atuais desafios onde a empresa atua?	( )	( )
f) O PE de sua empresa está integrado ao planejamento geral da organização?	( )	( )
g) O PE possui a flexibilidade necessária, possibilitando à organização adaptar-se às rápidas mudanças do ambiente?	( )	( )
h) As várias unidades da empresa têm estratégias próprias vinculadas ao PE global da firma?	( )	( )
i) As políticas estratégicas de sua empresa são apresentadas de forma clara e objetiva?	( )	( )
j) Há uma permanente revisão do PE da empresa, tendo em vista seu ajustamento às necessidades do mercado?	( )	( )

3.2 Estrutura e Estratégia Empresarial

Veja, igualmente, o Capítulo 1, Seção 2.1.

Alfred O. Chandler, um dos mais citados autores sobre estratégia empresarial, afirma: "A estrutura organizacional segue a estratégia de crescimento da empresa, sendo os tipos mais complexos de estrutura resultado da concatenação de diversas estratégias básicas"[9]. Após o pioneirismo de Chandler, surgiram vários estudos procurando analisar a relação entre estrutura e estratégia. Um desses estudos acrescentou os fatores "competição" e "performance" econômica ao modelo original de Chandler, conforme mostra a ilustração a seguir:

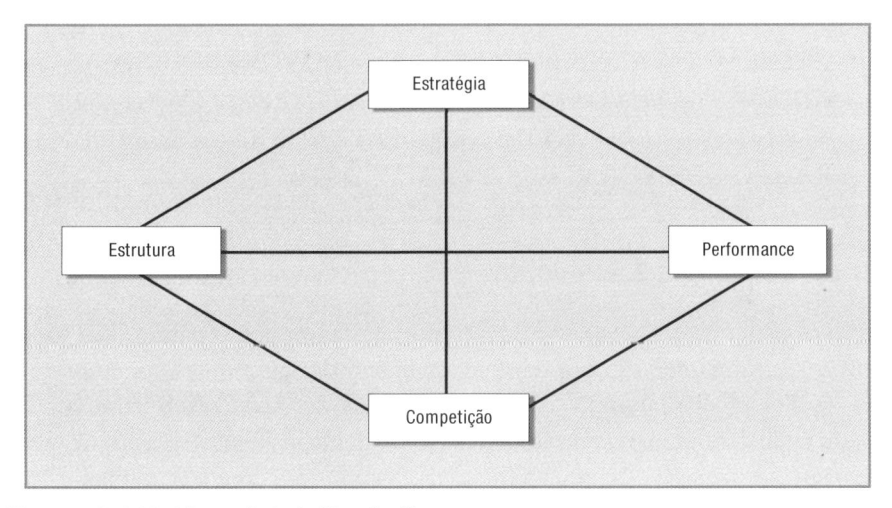

Figura 3.2 Modelo ampliado de Chandler.[10]

Oliver Williamson, economista norte-americano, conclui "(...) que com o crescente tamanho e complexidade das empresas, a estrutura funcional torna-se inábil para alocação ótima de recursos, concebendo a estrutura multidivisional realizando o papel de um mercado de capitais em miniatura."[11]

De sua parte, o sociólogo James D. Thompson sugere que as organizações delimitam domínios em relação ao seu ambiente externo que se tornam estáveis quando há consenso por parte dos elementos envolvidos: mudanças na tecnologia, população e competição colocam em risco essa estabilidade, exigindo das empresas mudanças estruturais para incorporar sob seu ampliado domínio essas variáveis críticas.[12]

Percebe-se que tanto a visão econômica de Williamson como a tese social proposta por Thompson levam à mesma idéia de Chandler: a estrutura segue a estratégia, postulando a seqüência no nível de mercado, representada pelo esquema a seguir:

CRIAÇÃO DA NOVA ESTRATÉGIA → NOVOS PROBLEMAS ADMINISTRATIVOS → DECLÍNIO NA *PERFORMANCE* ECONÔMICA → CRIAÇÃO DE NOVA ESTRATÉGIA → RECUPERAÇÃO DOS NÍVEIS DE LUCRATIVIDADE.[13]

3.3 Estratégia e Ambiente

Entre os estudiosos da estratégia empresarial, há um ponto para o qual todos convergem: uma decisão estratégica dependerá da relação entre a empresa e seu ambiente, distinguindo-se nitidamente das decisões administrativas ou operacionais. Aliás, a expressão inglesa para identificar estratégia empresarial – *corporate strategy* – acentua a interação da empresa com seu ambiente.

Assim, a atividade estratégica de uma empresa visa à escolha programada das grandes opções selecionadas por seus dirigentes, cujo propósito maior é definir a inserção da organização no meio econômico, social e político em que atua e marca presença. É com base nessas opções que a empresa assegura sua sobrevivência, seu desenvolvimento e sua atuação no mercado.

Na escolha de opções estratégicas, a empresa precisa definir claramente o tipo e o grau de risco que está disposta a assumir em função de determinadas situações ambientais. Contudo, essas opções estratégicas só são transformadas em ações com o emprego de determinados instrumentos de adaptação. O Quadro 3.2 mostra em que consiste esse instrumental.

Quadro 3.2 As principais áreas instrumentais para implementar a adaptação Empresa/ambiente.[14]

Áreas Instrumentais	Exemplos de Aplicação
Informações	s/ fontes de suprimentos s/ novos processos e métodos tecnológicos s/ mudanças na composição da demanda s/ nichos de mercado inexplorados s/ fortes, fracos e planos de concorrentes s/ fluxos financeiros internacionais s/ planos do Governo s/ leis em mudança
Fontes de recursos	Matérias-primas e produtos semi-acabados Tecnologia inovadora Mercado financeiro Administradores profissionais Mão-de-obra qualificada Energia e força motriz
Capacidade instalada	Localização de fábricas e depósitos Máquinas e equipamentos Ferramental, moldes, componentes, etc. Linhas de produção Tipos, variedade e volume de bens produzíveis Curvas de experiência e custos
Diferenciação de produtos	Pesquisa e desenvolvimento Processos e métodos Tecnologia mais avançada Apresentação (design, marca, embalagem, cores) Custos e preços Serviços Imagem de marcas
Distribuição e comunicação	Escolha e controle das vias Logística Sinergias produtos/ vias Força de vendas Publicidade e promoção
Estrutura	Reavaliação de objetivos e metas Planejamento e controle Reorganização e departamentalização Definição de tarefas e delegação Promoção e rebaixamento Gratificação e penalidades Habilidades e aptidões Caracterização dos poderes Participação e confiança Processos e métodos (de seleção, treinamento, etc.) Intercomunicação e eficiência
Poder de influência	s/ fornecedores s/ intermediários s/ sindicatos s/ concorrentes s/ órgãos governamentais s/ meios de comunicação

3.3.1 Políticas Estratégicas da Empresa

As políticas da organização são, a um só tempo, os componentes e os resultados de uma estratégia de conjunto. Há, entre outras, políticas estratégicas definidas para as áreas de:

- Recursos Humanos, envolvendo procedimentos de administração de cargos e de salários, recrutamento, seleção, treinamento, avaliação de desempenho, gestão participativa, administração de carreira, segurança etc. A política de RH será desenvolvida ao longo deste trabalho.
- Política e desenvolvimento de produtos e/ou serviços.
- Política de marketing (estudos de mercado, distribuição, divulgação, vendas etc.).
- Política financeira, envolvendo investimentos, rentabilidade etc.
- Política de produção (aperfeiçoamento tecnológico, limites de produção, custos etc.).

Essas e outras políticas apresentam considerável interação e interdependência quando da formulação de uma ou várias estratégias. Denomina-se *plano* o conjunto das decisões e das etapas operacionais resultante das opções políticas, em parte irrevogáveis e em parte sujeitas a reconsiderações posteriores, estruturadas e escalonadas no tempo.

Os elementos constituintes e articulados do plano, funcionalmente homogêneos quanto ao seu fim específico, são chamados *programas*. Esses determinam detalhadamente as operações a ser empreendidas, seus atrasos, as responsabilidades de execução e os meios. Traduzem-se financeiramente por *orçamentos*.

Resumindo, o conjunto de opções estratégicas da empresa pode ser assim representado:

POLÍTICAS + ELABORAÇÃO DE PLANOS E PROGRAMAS + OPERACIONALIDADE = TOMADA DE DECISÕES ESTRATÉGICAS.

As várias políticas empresariais se interpõem em matéria de interação estratégica, como mostra a figura a seguir:

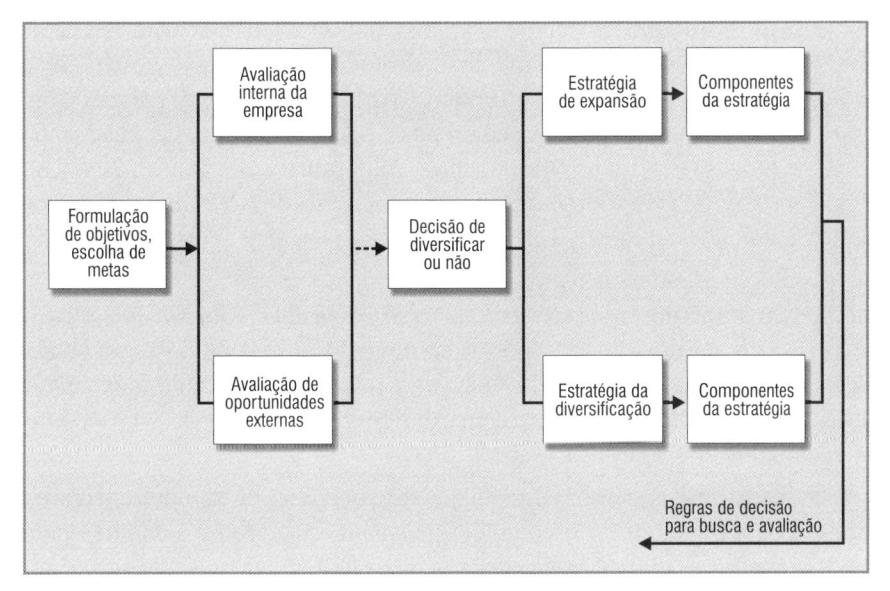

Figura 3.3 Modelos de formulação de políticas estratégicas[15].

Exercício nº 1

Assunto: LANÇAMENTO ESTRATÉGICO: O AVIÃO QUE VOA ALTO.

Em outubro de 2001, 40 dias após os ataques terroristas de Nova York, a Embraer (Empresa Brasileira de Aviação) lançava o seu mais novo produto, o jato ERJ-170. Características básicas do aparelho: jato pequeno, com capacidade para 70 passageiros; equipado com o que há de mais moderno em matéria de tecnologia; preço competitivo: 24 milhões de dólares; autonomia de vôo de 3.800 quilômetros; excelente para pistas curtas, de 1.200 metros. Como você explica o impressionante sucesso desse produto, que vendeu nada menos de 82 unidades logo no seu lançamento, em um mercado de forte concorrência?

3.4 Objetivos Estratégicos da Empresa

Uma organização, seja ela qual for, carece de motivação e de objetivo, e seus dirigentes têm motivações que dizem respeito à evolução da empresa, que podem ser de natureza individual ou coletiva. Elas podem ser extremamente variadas, escapando até à formulação consciente ou ainda à racionalidade aparente.

É lugar-comum dizer que a principal finalidade fixada pela direção de uma empresa que atua em um mercado competitivo é sempre a obtenção do lucro o mais elevado possível. No entanto, os fatos, mesmo em países de mercado extremamente competitivo, como nos EUA e na Europa, têm desmentido essa tese. O lucro é, sem dúvida, uma meta importante a ser alcançada; a remuneração do capital investido numa organização é legítima. Porém, o lucro raramente é um objetivo exclusivo e, por vezes, não chega nem a ser preponderante.

Contudo, a tendência natural de todo agrupamento social, econômico, político e humano é desenvolver seu chamado *instinto de sobrevivência*, isto é, garantir sua continuidade, sua própria sobrevivência, resistindo a todas as crises, atravessando-as e escapando delas. Essa premissa é particularmente válida para qualquer empresa produtora e distribuidora de bens e de serviços, conforme estudamos no Capítulo 1, Seção 5.

Dessa forma, podemos dizer que a **sobrevivência** é sempre o **primeiro objetivo** para qualquer grupo humano ou social estruturado, e condiciona todos os demais. No mundo dos negócios, o exemplo mais presente sob o enfoque da sobrevivência está no slogan repetido à exaustão CRESCER PARA SOBREVIVER, que justifica as grandes fusões. Obviamente, isso implica um mínimo de rentabilidade, pois do contrário o grupo tende a desaparecer, seja qual for a sua natureza.

Os demais objetivos estabelecidos pela direção da empresa podem ser agrupados em quatro categorias:

1) Objetivos de rentabilidade.
2) Objetivos de prestígio e de poder.
3) Objetivos de estabilidade.
4) Objetivos sociais.

Como a sobrevivência já foi abordada anteriormente, analisaremos em seguida, ainda que de forma bem sucinta, as demais categorias de objetivos.

3.4.1 Objetivos de Rentabilidade

Uma meta de rentabilidade é clara e facilmente caracterizada: expressa-se pela procura não de um lucro absoluto máximo, mas de um rendimento tão alto quanto possível do capital investido pela organização de acordo com a relação lucro líquido dividido pelo capital. A rentabilidade é o principal objetivo atribuído pela teoria econômica à atividade empresarial. Como vimos anteriormente, para muitos empresários e estudiosos, o lucro é o único propósito da organização.

Sem dúvida, a obtenção de uma rentabilidade alta é uma motivação dominante para muitas empresas. Contudo, a busca da rentabilidade financeira é substituída, em muitos casos, por outros motivos mais indiretos e até sutis, principalmente nos casos em que o proprietário da empresa deixa de ser o espelho de sua conduta, que passa para as mãos de gestores profissionais.

3.4.2 Objetivos de Prestígio e de Poder

São metas tidas como extremamente importantes para dirigentes de organizações líderes em suas atividades específicas. Entre as metas de prestígio e de poder, merecem citação:

- A expansão da empresa, envolvendo, entre outros fatores: a) o aumento de capital de giro e b) a absorção de outras empresas;
- A luta em relação à concorrência em termos de: a) aumento da participação no mercado; b) penetração em outros mercados.

3.4.3 Objetivos de Estabilidade

Entre as metas de estabilidade, destacam-se:

a) a diminuição da vulnerabilidade em um mercado competitivo;
b) o desejo de certa estabilidade econômica, social e tecnológica.

3.4.4 Objetivos Sociais

Nos últimos anos tem aumentado o número de empresas de todos os tamanhos, ramos e estruturas que incluem em suas metas estratégicas a preservação do ambiente. Campanhas ecológicas, de preservação da saúde e de incentivo à cultura e à arte surgem como objetivos prioritários para as organizações em geral. Também não se deve omitir as campanhas de muitas empresas contra a fome e a miséria de milhões de pessoas em nosso país. Além desses alvos sociais, merecem registro:

- A retomada do crescimento econômico como forma de combate ao desemprego.

- A intensificação de investimentos na industrialização, na agroindústria e na área de serviços (turismo) em regiões mais pobres.

3.4.5 Estabelecimento de Prioridades Estratégicas

Ao implantar uma estratégia, é preciso levar em conta, antes de mais nada, uma seqüência consciente de prioridades, como, por exemplo:

- sobrevivência da organização;
- expansão dos investimentos produtivos;
- retorno do capital investido;
- aumento efetivo das vendas.

Como é sabido, todo programa estratégico, por mais bem elaborado, implantado e acompanhado que seja, está sujeito a limitações inerentes ao processo. Podemos falar em limitações quanto:

a) à localização geográfica da organização;
b) ao tamanho da empresa;
c) às possibilidades de recrutar quadros qualificados;
d) aos canais de distribuição de produtos e/ou serviços;
e) às políticas adotadas pela empresa;
f) aos aspectos financeiros;
g) ao avanço tecnológico;
h) à concorrência.

Qualquer limitação pode ser suspensa em prazo mais ou menos longo, com o eventual abandono de certas metas estratégicas.

3.4.6 Decisão sobre Informações Estratégicas

Como vimos até agora, em todas as fases do processo de elaboração de uma determinada estratégia, da sua conversão em políticas e depois em programas, e nas medidas operacionais correntes, ocorrem decisões. Elas acontecem nos vários níveis hierárquicos da organização, em função dos problemas específicos de cada área, sua importância e urgência.

Todo processo de decisão importante deve reunir uma série de fatores, a saber:

a) clareza em relação ao problema apresentado, à sua importância e ao seu grau de prioridade;
b) informações adequadas e corretas;
c) estruturação correta do problema;
d) espírito de equilíbrio e de isenção;
e) preocupação centrada na solução do problema;
f) comunicação eficaz;
g) controle da solução do problema apresentado.

É perfeitamente normal, portanto, que uma parte considerável do processo de decisão estratégica contenha falhas, algumas graves, como, por exemplo:

- Hierarquização insuficiente dos problemas surgidos quanto a sua real importância e grau de prioridade no nível da direção da empresa.
- Percepção negativa em relação à importância e ao valor do tempo: desperdícios inevitáveis, comuns em nossas empresas, devidos ao repetido adiamento de decisões estratégicas.
- Insuficiência de antecipações sistemáticas de natureza financeira, econômica, técnica, política, social etc.
- Paralisação e fragmentação dos problemas, omissão involuntária ou arbitrária de fatores de decisão.
- Descentralização inadequada e insuficiente dos níveis de responsabilidade e autoridade no processo de tomada de decisões estratégicas.

Não há dúvida de que a hierarquização das prioridades estratégicas, em termos de decisão, é muita vezes um desafio difícil e cheio de obstáculos. Nesses casos, é vital que as circunstâncias do momento não se imponham.

A definição clara de uma estratégia e de políticas, combinada com uma delegação eficaz de responsabilidades, é condição preliminar para uma tomada de decisão estratégica eficaz.

3.4.7 Planejamento Estratégico e Planejamento Tático são Iguais?

Como vimos na Seção 1.2 deste Capítulo, Vasconcellos Filho caracteriza o PE como uma "metodologia de pensamento participativo, utilizada para definir a direção que a empresa deve seguir, por meio da descoberta de objetivos válidos não subjetivos". Já o planejamento tático, na visão de Russell L. Ackoff, "(...)se destina a escolher os meios pelos quais se tentará atingir objetivos especificados (...). Planejamento tático é para prazo mais curto. Quanto mais demorado for o efeito de um plano e quanto mais difícil for alterá-lo, mais estratégico ele será".[16]

Questões para Reflexão

1) É possível ao empresário estabelecer metas estratégicas para seus negócios ao mesmo tempo em que convive com um mercado em que há possibilidades de turbulências econômicas, políticas e sociais, com freqüentes alterações das "regras do jogo"? Por quê?

2) Você vê alguma conexão entre o processo de globalização econômica e a fixação programada de estratégias empresariais em um mercado em desenvolvimento? Qual?

3) Até que ponto a competitividade e racionalização de custos das empresas do país tem influenciado na elaboração de estratégias empresariais, à luz de uma melhor adequação da demanda por produtos e serviços, numa economia que precisa crescer em quantidade e em qualidade num prazo relativamente curto?

4) De modo geral, é sabido que as empresas brasileiras não dispõem de estruturas adequadas para elaborar estratégias de crescimento e até de sobrevivência. O que, em sua opinião, deveria e poderia ser feito para superar esse problema?

ESTUDO DE CASO 3.1

A SOLUÇÃO VAI AO CLIENTE

... Ciente de que seria cada vez mais difícil competir em condições de igualdade com gigantes como Klabin e Trombini, a Embalagens Jaguaré, aberta em 1994, no município de Barueri, na Grande São Paulo, teve que buscar um caminho alternativo para se diferenciar da concorrência.

Baseado num trabalho coordenado pela TCA Consultores, especializada em gestão de pequenas e médias empresas, a Jaguaré decidiu mexer numa variável sobre a qual tinha pleno controle e que não implicaria em grandes investimentos: seu próprio pessoal. "Era imprescindível dar mais significado ao trabalho das pessoas, porque só assim elas atuariam com mais motivação e nós conseguiríamos agregar maior valor ao cliente", afirma o sócio Mituru Mori.

QUEBRA DE PARADIGMA – Com base nestas premissas, a Embalagens Jaguaré criou um programa para oferecer soluções sob medida aos clientes, batizado de "Parceria de Valor". Para colocá-lo em prática, formou equipes multifuncionais, reunindo o pessoal de produção, representantes de vendas, técnicos em informática, um funcionário da área administrativa e outro de expedição, para visitá-los.

Em sintonia, o time começa a trabalhar bem antes das visitas coletivas feitas a cada cliente. A partir de informações coletadas pelos representantes de vendas, o grupo prepara um estudo detalhado dos possíveis gargalos enfrentados pela empresa. De posse da avaliação, parte para a visita propriamente dita. "Apresentamos uma solução completa na área de embalagens e não tiramos só pedidos em série", afirma Mori.

De acordo com o empresário, o cliente sente-se satisfeito por ter suas necessidades atendidas com mais eficiência e a Jaguaré, pelo comprometimento do grupo em busca de uma maior qualidade de produtos e serviços. "Quando um funcionário vê como e onde está sendo usado o produto que ele faz, muitas vezes de forma mecânica, muda a sua percepção sobre o próprio trabalho", diz Mori. "Ele esquece que está produzindo embalagens e passa a se considerar um criador de novas soluções para as empresas", conclui o sócio da Jaguaré.

Atualmente estão em execução seis projetos, que, segundo a direção da Jaguaré, têm relação direta com os bons resultados alcançados pela empresa. Mori afirma que, neste ano [2003], apesar de ter sido registrada uma queda de 15% nas vendas do mercado de embalagens, sua fábrica não demitiu ninguém e tampouco diminuiu sua carteira, composta por 70 clientes.

"Dizem que a necessidade é a mãe da inovação", declara o empresário. "E é verdade, desde que todos estejam dispostos a romper com esquemas e rotinas de trabalho cristalizados ao longo do tempo".

Fonte: revista *Pequenas Empresas Grandes Negócios*, edição de outubro de 2003, pp. 57-8.

Perguntas

1) O que você acha da criação de grupos multifuncionais como estratégia num mercado altamente competitivo?

2) Você concorda, como profissional de RH, com as afirmativas do sócio da Jaguaré? Por quê?

3) A quebra de paradigma feita no caso pode ser empregada, sem vacilar, aos outros seis projetos da empresa? Por quê?

3.5 Planejamento Estratégico de Recursos Humanos

À medida que as empresas planejam seu futuro, os gerentes de RH devem preocupar-se em alinhar o planejamento de recursos humanos e o planejamento estratégico para a empresa como um todo.[17]

3.5.1 Introdução

O planejamento estratégico de recursos humanos (PERH) é um processo contínuo de tomada de decisões no âmbito da gestão estratégica de pessoas na organização. O que caracteriza o PERH é seu caráter dinâmico e flexível diante das oportunidades, desafios, mudanças e estratégias presentes no mercado de trabalho em que a empresa está presente.

O PERH, para ter o êxito esperado, só deve ser formulado, implantado e acompanhado em um sistema organizacional aberto e interdependente entre suas várias áreas de atuação, conforme vimos no Capítulo 1.

O propósito central do PERH é integrar os vários procedimentos, políticas e objetivos de RH à programação estratégica geral da empresa. Por ser um processo de tomada de decisões, o PERH projeta ações futuras e formula estratégias visando a enfrentar situações e desafios surgidos no ambiente, em sua maior parte relacionados ao mercado de trabalho.

A Figura 3.4 procura mostrar o fluxo dos fatores que compõem a atividade de PERH.

A gestão participativa de RH, para a qual dedicaremos um capítulo à parte, tem no PERH um instrumento vital que se desdobra em dois fatores indis-

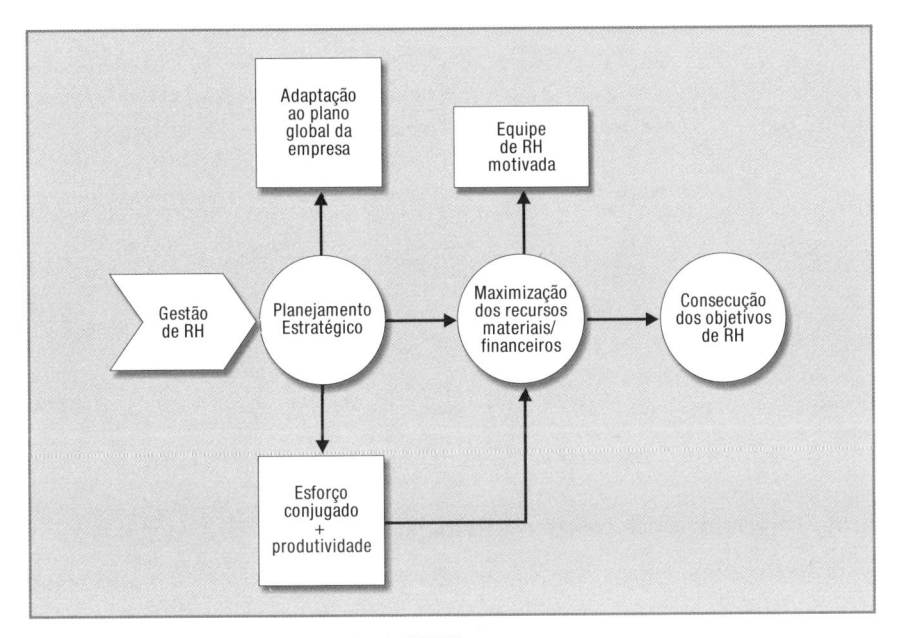

Figura 3.4 Fluxo do conceito dinâmico do PERH.

pensáveis – adaptação do PERH ao plano estratégico global da empresa e esforço conjugado com vistas ao aumento da produtividade do trabalho – que possibilitam a maximização dos recursos humanos, materiais e financeiros disponíveis pela unidade de RH. Para que esse processo funcione adequadamente, toda a equipe de RH deve estar motivada, tendo em vista a consecução de suas metas estratégicas.

3.5.2 Áreas de Atuação Preliminar no PERH

A Figura 3.5 mostra o esquema das áreas em que o PERH da empresa marca sua presença inicial com maior intensidade.

Identificamos no esquema anterior os procedimentos do PERH **antes de o candidato exercer as tarefas para as quais é admitido pela empresa**. Daí a qualificação "preliminar" para as áreas que são objeto de análise mais profunda ao longo deste trabalho. O PERH só se torna viável quando o sistema de RH dispõe, efetivamente, de uma estrutura capaz de agilizar os processos de reestruturação de cargos, seguido do levantamento de necessidades de pessoal da empresa. Só então acontecem as duas atividades interdependentes – recruta-

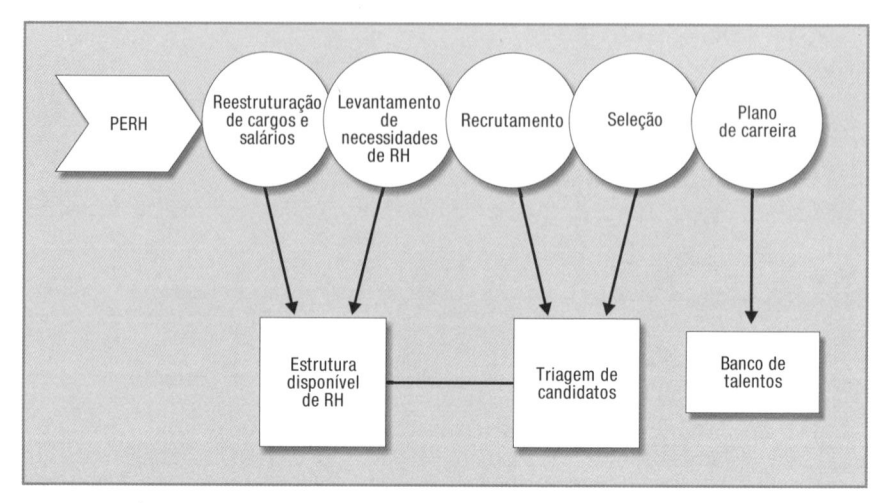

Figura 3.5 Áreas de atuação preliminar no PERH.

mento e seleção – promovendo os primeiros e decisivos contatos com os candidatos aos postos de trabalho (triagem de candidatos). As atividades de recrutar e selecionar profissionais para a empresa possibilitam, no PERH, o plano de carreira funcional a partir da admissão dos candidatos recrutados e selecionados, permitindo a formação de um banco de talentos, aspiração maior das empresas modernas e dinâmicas de nossos dias.

3.5.3 Fatores Internos e Externos do PERH

Há vários fatores que, direta ou indiretamente, influenciam na elaboração e execução do PERH. A ilustração abaixo procura mostrar a interdependência dos fatores externos e internos que contribuem de forma decisiva para o sucesso de um PERH:

Analisaremos, ainda que de forma resumida, cada um dos fatores externos e internos que influenciam a elaboração, aplicação e acompanhamento do PERH.

3.5.3.1 *Legislação*

Entende-se por legislação o conjunto de leis sobre determinada matéria. Por exemplo, para a área de RH, o conhecimento da legislação trabalhista que regula as relações entre a empresa e seus funcionários é de extrema importância.

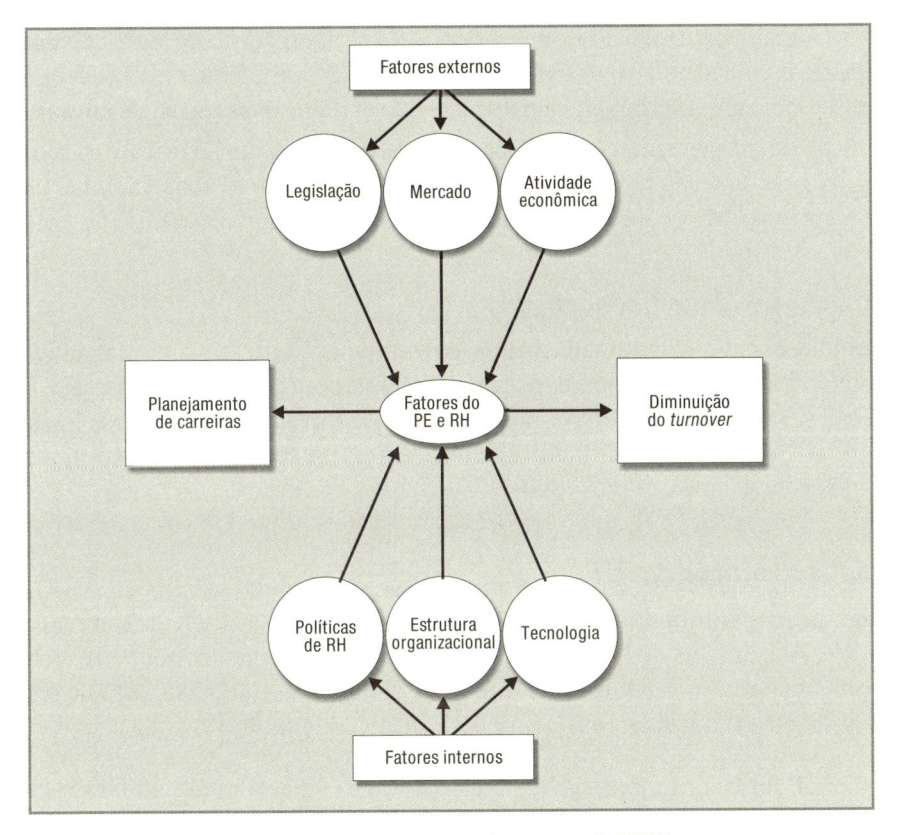

Figura 3.6 Fluxo dos fatores internos e externos na formulação do PERH.

Questões relacionadas a negociações entre patrões e empregados, greves, movimento sindical e outras manifestações afins (condições físicas de trabalho, absenteísmo, demissões etc.) são tratadas na legislação trabalhista, em especial pela Consolidação das Leis do Trabalho (CLT).

3.5.3.2 Mercado

Este é um dos fatores determinantes que influenciam o PERH. Entre as inúmeras visões do mercado, uma tem influência direta para a sobrevivência da própria empresa: capacidade de compra de uma comunidade ou dos compradores de determinada mercadoria ou serviço. Como veremos mais adiante, o profissional estratégico de RH é menos um burocrata e mais um executivo identificado com os negócios da empresa.

O chamado "mercado de trabalho", a ser abordado com detalhes mais adiante, é considerado tradicionalmente a situação da oferta e da procura de mão-de-obra em determinado lugar, que pode ser desde uma região até um país.

Assim, o mercado consumidor é aquele que determina e orienta as ações da empresa, fazendo com que a estrutura da organização se adapte aos hábitos de compra de bens e de serviços dos consumidores de um determinado local.

3.5.3.3 Atividade Econômica

Medidas econômicas tomadas pelos governos têm influência direta sobre o PERH, já que podem gerar novos investimentos, com expansão do mercado de trabalho, ou, ao contrário, provocar períodos de recessão, diminuindo o poder aquisitivo das pessoas e provocando forte onda de desemprego, fatores que são velhos conhecidos dos brasileiros.

3.5.3.4 Políticas de RH

Trata-se do mais importante fator interno para alavancar a atividade estratégica de RH. As políticas de RH dizem respeito ao estabelecimento, por parte da direção da empresa, das normas e diretrizes que norteiam a organização e seus colaboradores. Entre as políticas de RH, merecem citação:

- Política de remuneração – Esta política é ditada por uma administração de cargos e salários realista, incluindo faixas salariais pré-determinadas, prêmios, bonificações e outros incentivos. Veja, também, o Capítulo 3, elaborado pelo Prof. Luiz Paulo do Nascimento.

- Política de recrutamento e seleção – É nesta etapa que são definidos os tipos de testes, entrevistas e outras medidas que devem ser aplicadas aos candidatos que concorrem ao preenchimento de vagas pela primeira vez, ou de funcionários que já trabalham na empresa e concorrem para o preenchimento de cargos vagos. A política de recrutamento e seleção aborda, também, as normas referentes aos níveis de escolaridade dos candidatos, exigência ou não de experiência anterior, antecedentes dos candidatos etc.

- Política de treinamento e desenvolvimento – Tipos de treinamento e desenvolvimento da empresa. Critérios de avaliação da aprendizagem. Significado para a carreira do funcionário treinado. Quem deve ser treinado? Em quê? Onde será treinado? Essas e outras questões afins são respondidas pela política de treinamento da organização.

- Política de planejamento de carreira – Objetivos e vantagens do planejamento de carreira oferecido pela empresa. A formação de um "banco de talentos".

- Política de preparação para a aposentadoria – Identificar o Programa de Preparação para a Aposentadoria (PPA) na área de RH. As principais etapas do PPA.

3.5.3.5 Estrutura Organizacional

Dispor de uma estrutura organizacional ao mesmo tempo leve, enxuta e dinâmica não é tarefa fácil. Entretanto, é condição indispensável para o êxito de um PERH, já que a estrutura da organização é que faz o plano estratégico andar. Por uma estrutura organizacional adequada, entendemos o conjunto de componentes que formam a organização de uma empresa. É essa estrutura que define as relações funcionais (quem é quem?), a hierarquia, os sistemas e níveis de comunicação e de decisão. Por tudo isso, a estrutura organizacional da empresa é um fator interno extremamente importante e decisivo na aplicação do PERH.

3.5.3.6 Tecnologia

A busca pelo aperfeiçoamento tecnológico na produção de bens e de serviços é incessante, e é uma área na qual as empresas modernas investem pesado na modernização de seus equipamentos, máquinas, métodos e técnicas de trabalho. E aqui a formação profissional especializada da mão-de-obra marca a grande diferença entre empresas competitivas e organizações apegadas a fórmulas e procedimentos já superados. Atualização tecnológica é, portanto, um fator interno indispensável para a implantação e sustentação de um PERH.

A combinação estratégica dos fatores externos e internos contribui na elaboração, implantação, acompanhamento e eventual correção de rumo do PERH, possibilitando, paralelamente, um planejamento de carreira mais realista e atraente, com a conseqüente diminuição do *turnover* de pessoal.

3.5.4 O Perfil do Executivo de RH diante do Planejamento Estratégico

Na atual conjuntura política, econômica e social, o executivo de RH precisa e deve assumir uma atitude profissional, identificando-se plenamente com os negócios da empresa, participando e comprometendo-se com as metas globais da organização, pois a prática mais comum observada até aqui é o alheamento do profissional de RH das grandes decisões empresariais.

Para alterar substancialmente essa postura isolada e burocrática, é responsabilidade do gerente de RH inserir-se de modo efetivo no processo de planejamento geral da empresa. A propósito, o Prof. Carlos Osmar Bertero, da PEAES FGV, desenvolveu um interessante e oportuno estudo acerca de algumas atitudes que devem ser cultivadas pelo gerente de RH no contexto do planejamento geral da empresa. Eis algumas de suas conclusões:

1. É indispensável que o profissional de RH adote uma perspectiva efetivamente administrativa, pondo termo às ambigüidades de que padece ao inserir-se no sistema de poder e decisão da empresa (...). Membros da cúpula empresarial, os profissionais de finanças, comercialização e produção não falam necessariamente de suas áreas, mas falam da empresa enquanto totalidade, de seus objetivos e dos meios para atingi-los.

   Já o profissional de RH manifesta exatamente nesse ponto sua ambigüidade que acaba por excluí-lo do grupo central e da perspectiva de cúpula. Ele simplesmente se omite quando são tratados assuntos que não envolvem a área de RH, enquanto área funcional da empresa.

2. O profissional de RH deve, portanto, adotar a perspectiva da cúpula administrativa.

3. Ainda no que diz respeito ao relacionamento da área de RH com as demais áreas, elemento fundamental para determinar sua inserção na cúpula administrativa e sua participação no planejamento empresarial, importa destacar o seguinte: é necessário abandonar a atitude partidária e reivindicatória, visando apenas a área de RH e esforçar-se por entender o que se passa nas outras áreas e vê-las também como instrumentos de ação empresarial.

4. O profissional de RH deve, enquanto participante do planejamento, desenvolver uma visão de objetivos empresariais.

5. Dados a formação e os itinerários profissionais de vários executivos de RH, entre nós não seria descabido, nem tampouco irreverente, sugerir que se dediquem a aprimorar o domínio sobre o instrumental administrativo, especialmente daqueles que são mais freqüentemente utilizados no planejamento empresarial.[18]

Nessa linha de raciocínio do Prof. Osmar Bertero, vale a pergunta: "o RH é, de fato, uma função estratégica?" Nos últimos dez anos tem se acirrado o debate entre acadêmicos, profissionais de RH e consultores da área buscando respostas atualizadas e tecnicamente válidas a essa questão.

O Prof. José Ernesto Lima Gonçalves, do Departamento de Administração Geral e Recursos Humanos da EAESP/FGV, citado algumas vezes no Capítulo 1, escrevia poucos anos atrás:

> Algumas empresas já estão eliminando suas áreas de recursos humanos, mais ou menos como fizeram com seus departamentos de O&M em meados da década de 80 e com suas assessorias de planejamento estratégico no início dos anos 90 (...). Nas empresas modernas, a execução da maioria das tarefas que eram características da área de RH passou para as demais áreas da empresa, com orientação, suporte e treinamento da equipe de RH.[19]

De acordo com pesquisa feita pela consultoria paulista Symnetics em 77 empresas de médio e grande portes, com 121 entrevistados de todos os níveis (sendo 30 profissionais de RH), a média de participação das outras áreas na política de novos negócios é de cerca de 40%, enquanto a participação do RH não passa de 20%, conforme mostra o Quadro 3.3.

3.5.4.1 O Começo da Inversão de Expectativas

A despeito da descrença de muitos acadêmicos e profissionais de RH, a área está se valorizando no concorrido mercado de trabalho dos executivos de primeiro nível. Sendo assim, cresce o número de empresas de todos os tipos que vêm adotando profissionais com o título: "RH estratégico", ou "gestor de pessoas" e "gestor de talentos humanos". Mas o que vem a ser um "RH estratégico"? Quem responde é Dave Ulrich, professor de negócios da Universidade de Michigan, nos EUA: "um RH estratégico deve interferir nos temas mais espinhosos de uma organização, como fusões e aquisições, problemas com fornecedores ou com a concorrência, cortes de custos, decisões sobre localização de fábricas ou mesmo na política de investimentos."[21]

Em termos de Brasil, há muito que ser feito para que a função RH tenha respaldo equivalente às atividades de produção, marketing, administração, informática etc. Mas já se manifestam inúmeros exemplos de empresas que vêm adotando o seu "RH estratégico", na visão de Ulrich. Assim é que Wagner Brunini, diretor de RH da empresa Basf, vem fazendo a travessia de uma imagem

Quadro 3.3 Pesquisa da Symnetics[20].

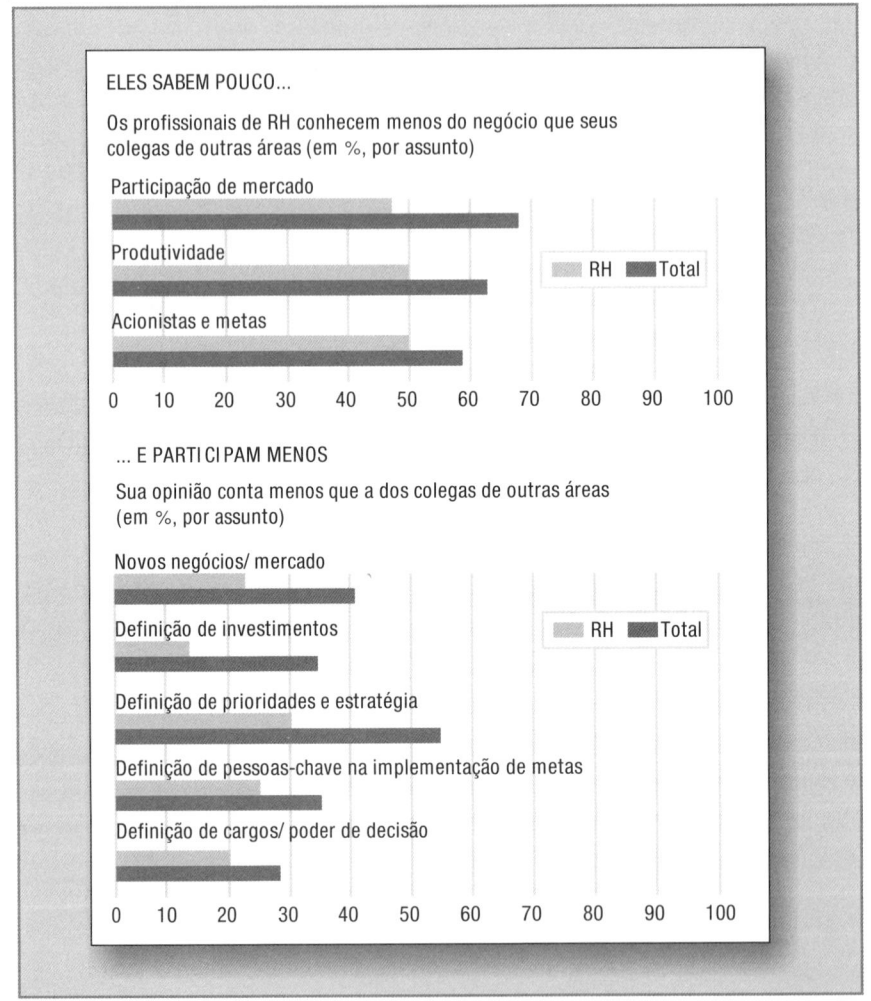

ELES SABEM POUCO...

Os profissionais de RH conhecem menos do negócio que seus colegas de outras áreas (em %, por assunto)

Participação de mercado

Produtividade

■ RH ■ Total

Acionistas e metas

0 10 20 30 40 50 60 70 80 90 100

... E PARTICIPAM MENOS

Sua opinião conta menos que a dos colegas de outras áreas (em %, por assunto)

Novos negócios/ mercado

Definição de investimentos

■ RH ■ Total

Definição de prioridades e estratégia

Definição de pessoas-chave na implementação de metas

Definição de cargos/ poder de decisão

0 10 20 30 40 50 60 70 80 90 100

de funções puramente burocráticas para a de um profissional envolvido com os negócios da empresa.

Brunini, atualmente respondendo diretamente ao presidente, com cadeira cativa nas reuniões de negócios, dá um depoimento que serve de referência para a mudança de mentalidade que se faz cada vez mais necessária no RH. Diz ele: "Nas primeiras reuniões, tinha muito receio de me expor. Todos falavam uma linguagem que eu não dominava. Foi então que percebi que entendia muito de gente, mas pouco de negócio". Então Brunini deu a volta por cima, procurando aprender tudo o que se relacionava com sua empresa: participou de encontros com clientes, perguntava tudo o que não sabia e, aos poucos, foi dominando aquela linguagem financeira. Brunini começou a entender de números e metas, e seus colegas começaram a entender que sem o capital humano nenhuma estratégia pode ser bem-sucedida.[22] Empresas como a multinacional de seguros Marsh, o banco Itaú, a Monsanto, o banco Real, só para ficar em alguns exemplos, têm se adaptado aos novos tempos do RH estratégico. No entanto o caminho a ser percorrido ainda é longo. Mas muitos já deram o primeiro passo.

ESTUDO DE CASO 3.2

A PARCERIA DA MASTERCARD

Em 2001, cinco anos após a chegada da MasterCard ao Brasil, a empresa de cartões de crédito vivia um momento delicado: havia crescido, sim, mas muito aquém do previsto e das expectativas. Como conseqüência, não poderia continuar sem um departamento de recursos humanos, como acreditava e sustentava a matriz nos Estados Unidos (...). O uruguaio Desmond Rowan, presidente da MasterCard Brasil, decidiu que era a hora de contrariar a determinação da matriz. Não só contratou o executivo Adriano Lima como vice-presidente de recursos humanos como fez do RH uma área estratégica, que hoje senta à mesa de negociações, discute em detalhes a estratégia do negócio e opina sobre o caminho que a organização deve tomar.

"Precisava de alguém de RH com visão estratégica sobre os recursos da companhia para ajudar de forma participativa nos negócios. Sem uma pessoa assim, não dá para gerir uma empresa com o nosso perfil", explica o presidente. Atualmente, a MasterCard tem 50 funcionários, mantém parcerias com 85 instituições financeiras e está presente em mais de 680.000 estabelecimentos comerciais no Brasil. Como se vê, trata-se de uma empresa pequena, pelo número de funcionários, mas que apóia todo o seu negócio no potencial e na produtividade das pessoas.

A chegada de Adriano Lima, que é formado em psicologia, dono de um MBA executivo pela USP e tem especialização em recursos humanos pela Universidade de Michigan, nos EUA, foi cercada de expectativas. Lima teve de enfrentar dois desafios logo de início: primeiro, preparar a empresa para um novo ciclo de crescimento; segundo, mostrar que o desenvolvimento das pessoas era prioridade em seu estilo de gestão.

> Para começar, o novo vice-presidente de RH resolveu ouvir todos os 50 funcionários. Descobriu, entre outras coisas, que muitos estavam na mesma função havia anos. A saída foi promover um *job rotation* (rodízio de funções) envolvendo todos os níveis, inclusive os vice-presidentes da empresa. Seu objetivo era dar uma injeção de ânimo na equipe e abrir novas perspectivas de desenvolvimento profissional, já que cada um levaria sua experiência e seu conhecimento para outras áreas.
>
> O novo posicionamento do RH provocou uma transformação na maneira de trabalhar das pessoas: estimulou a troca de informação, a integração e a conseqüente maior e melhor qualificação dos profissionais. Para turbinar o processo, o setor de RH desenvolveu ainda algumas táticas complementares, eliminando as divisórias e criando equipes multifuncionais (...). Para reconhecer formalmente os funcionários que se destacam na empresa durante todo o ano, foi criado em 2002 o Prêmio Evolução. Atualmente, Lima está focado na preparação de uma série de cursos que deverão ser oferecidos pela Universidade MasterCard no próximo ano.
>
> A boa notícia é que essa nova maneira de posicionar o RH dentro da organização já está aparecendo nos números da companhia. Em 2002, a MasterCard obteve um faturamento de 23,4 bilhões de reais e um crescimento de 18,8% em relação a 2001. O número de cartões subiu para 19 milhões, registrando um aumento de 12,75%.
>
> **Fonte**: Carla França, reportagem na revista Você S/A, edição de novembro de 2003, pp. 42-5.

Perguntas

1) Como qualquer outro inovador, Adriano Lima, apesar de seu sucesso profissional, sofrerá cada vez mais pressões das outras áreas. Qual deverá ser sua postura profissional nesses casos? Por quê?

2) Em sua opinião, quais foram os fatores principais que levaram o vice-presidente de RH da MasterCard ao sucesso?

3) Qual é a importância de "falar a linguagem dos negócios e das pessoas" para o executivo de RH?

3.5.5 Diagnóstico sobre PERH em sua Empresa

Com base em sua experiência pessoal e no seu senso de observação, procure responder ao questionário a seguir.

1) Sua empresa mantém, de forma sistemática, programas de planejamento estratégico global e de RH? Se sua resposta for "não", por quê?
2) Qual é o procedimento adotado por sua empresa na elaboração do PERH?
3) Quais são os componentes considerados na elaboração do PERH de sua empresa?

    ( ) Recrutamento

    ( ) Seleção

    ( ) Pesquisa do mercado de trabalho

    ( ) Solicitação formal de admissão de funcionários

    ( ) Revisão permanente de quadros

    ( ) Política de remuneração da empresa

    ( ) Política de benefícios

    ( ) Outros meios. Neste caso, relacioná-los

4) O PERH de sua organização é revisado de forma regular e atualizada?

    ( ) Sim ( ) Não

    Se você respondeu "não", por quê?

5) O PERH de sua companhia está subordinado ao planejamento global?

    ( ) Sim ( ) Não

    Se isso não ocorre, como se poderia alterar o quadro?

6) Como é procedido o envolvimento do pessoal da sua organização à luz do PERH?

Questões para Reflexão

1) Em que sentido o PERH pode melhorar as relações da empresa com o mercado de trabalho?

2) Até que ponto a estrutura organizacional pode ser fator decisivo na formulação do PERH?

Exercício nº 2

Como você argumentaria para "vender a idéia" do PERH para a direção de uma empresa extremamente conservadora em matéria de política de pessoal, com excelente qualidade de serviços e de produtos, mas resistente a alterações nas áreas de admissão e preparo de RH?

Resumo do Capítulo

A origem da atividade de planejamento estratégico (PE) deve-se, entre outros, ao prof. H. Igor Ansoff, com a publicação de sua obra clássica *Corporate strategy*, traduzida para o português sob o título *Estratégia empresarial*. Outros autores, como Russell L. Ackoff, Martin Bower, Richard V. Vancil e Peter Lorange, na década de 1970, muito contribuíram para a aceitação, expansão e prática de PE. A incerteza quanto ao conceito e à direção dos desafios ambientais faz com que o PE se volte, efetivamente, para o estudo do ambiente em que a organização marca sua presença.

O PE é uma "metodologia de pensamento participativo, utilizado para definir a direção que a empresa deve seguir, por meio da descoberta de objetivos válidos não subjetivos. O produto final dessa metodologia é um documento escrito chamado Plano Estratégico" (Prof. Paulo Vasconcellos Neto). O PE envolve os seguintes elementos: a) é um processo participativo; b) determina o rumo que a empresa deseja seguir; e c) obtém um nível de otimização na relação "organização *versus* ambiente".

A atividade estratégica de uma empresa visa a escolha programada das principais opções selecionadas por seus dirigentes, cujo propósito maior é definir a inserção da organização no meio econômico, social e político em que se encontra presente. É com base nessas opções que a empresa assegura sua sobrevivência, seu desenvolvimento e sua atuação no mercado. Na escolha de opções estratégicas, a empresa precisa definir claramente o tipo e o grau de risco que está disposta a assumir em função de determinadas situações ambientais.

Podemos dizer que a sobrevivência é, sempre, o primeiro objetivo para qualquer agrupamento humano ou social estruturado, condicionando as demais metas da empresa, como, por exemplo: rentabilidade, prestígio, poder, estabilidade, objetivos sociais.

Ao implantar uma estratégia, é preciso levar em conta, em primeiro lugar, uma seqüência consciente de prioridades: sobrevivência da organização; expansão dos investimentos produtivos; retorno do capital investido; aumento efetivo das vendas. Como é sabido, todo programa estratégico, por mais bem elaborado, implantado e acompanhado que seja, está sujeito às limitações inerentes ao processo, como, por exemplo: a) localização geográfica da empresa; b) tamanho da organização: c) recrutamento de pessoal qualificado; d) canais de distribuição disponíveis; e) políticas adotadas pela organização; f) limitações financeiras; g) avanço tecnológico; h) presença da concorrência.

O planejamento estratégico de recursos humanos (PERH) é um processo contínuo de tomada de decisões no âmbito da gestão estratégica de pessoas na organização. O que caracteriza o PERH é seu caráter dinâmico e flexível diante das oportunidades, dos desafios, das mudanças e das estratégias presentes no mercado de trabalho. O PERH, para ter o êxito esperado, só deve ser formulado, implantado e acompanhado em um sistema organizacional aberto e interdependente entre suas várias áreas de atuação.

Há vários fatores que, direta ou indiretamente, influenciam na elaboração e execução do PERH. Como exemplos de fatores externos temos: legislação, mercado e atividade econômica. Já entre os fatores internos mais importantes quanto ao PERH, temos os seguintes: políticas de RH, estrutura organizacional disponível e nível de tecnologia.

Na atual conjuntura política, econômica e social, o executivo de RH precisa e deve assumir uma atitude profissional, identificando-se plenamente com os negócios da empresa, participando e comprometendo-se com as metas globais da organização, pois a prática mais comum observada até aqui é o alheamento do profissional de RH das grandes decisões empresariais. "Um RH estratégico deve interferir nos temas mais espinhosos de uma organização, como fusões e aquisições, problemas com fornecedores ou com a concorrência, cortes de custos e decisões sobre localização de fábricas ou mesmo na política de investimentos" (Dave Ulrich, professor de negócios da Universidade de Michigan, nos EUA).

Questionário de Auto-Avaliação

Veja "Orientação Inicial" no Capítulo 1.

1) Quanto mais demorado for o efeito de um plano, e quanto mais difícil for alterá-lo, mais estratégico ele será.

    ( ) Verdadeiro ( ) Falso

2) Os elementos constituintes e articulados do plano, funcionalmente homogêneos quanto ao seu fim específico, são chamados:

    a) diretrizes ( )

    b) procedimentos ( )

    c) programas ( )

    d) orçamentos ( )

3) Qual é a primeira meta estratégica da empresa?

4) Como vimos até agora, em todas as fases do processo de elaboração de uma determinada_____, da sua conversão em políticas, e depois em _____, e nas medidas operacionais correntes, ocorrem _____. Estas acontecem nos vários níveis hierárquicos da empresa, em função dos problemas específicos de cada área, sua importância e urgência.

5) Planejamento estratégico e planejamento tático são sinônimos.

    ( ) Verdadeiro ( ) Falso

6) O PERH é:

    a) um processo de marketing ( )

    b) uma tomada de decisões ( )

    c) um exemplo de estrutura ( )

    d) uma diretriz administrativa ( )

7) Qual é o primeiro fator externo a ser considerado no PERH?

8) Dispor de uma estrutura organizacional leve, enxuta e _____ ao mesmo tempo não é uma tarefa fácil. Mas é condição indispensável para o

êxito de um _____, já que a estrutura da empresa é que faz o plano _____ andar.

9) A área de RH está se valorizando no concorrido mercado de trabalho dos executivos de primeiro nível.

   ( ) Verdadeiro   ( ) Falso

10) A formação de um "banco de talentos" da empresa deve estar inserida na:

    a) ( ) política de preparação para a aposentadoria;
    b) ( ) política de treinamento e desenvolvimento;
    c) ( ) política de remuneração;
    d) ( ) política de planejamento de carreira.

Referências Bibliográficas

1 ANSOFF, Igor H. *Estratégia empresarial*. São Paulo: McGraw-Hill do Brasil, 1980, p. 23. (Tradução: Antonio Zoratto Sanvicente).

2 ACKOFF, Russell L. *Planejamento empresarial*. Rio de Janeiro: Livros Técnicos e Científicos Editora S.A. (LTC), 1975, p. 3. (Tradução: Marco Túlio de Freitas).

3 BOWER, Martin. *The wiel to manage*. New York: McGraw-Hill, 1981, p. 12.

4 VANCIL, Robert F. & LORANGE, Peter. *Strategic planning in diversifield companies*. Harvard Business Review, jan./fev. 1975, p. 81-90.

5 BERTERO, Carlos Osmar. *Planejamento empresarial numa época de incerteza*. Rio de Janeiro: Revista de Administração de Empresas da Fundação Getulio Vargas, out./dez. de 1986, p. 69.

6 VASCONCELLOS FILHO, Paulo. *Afinal, o que é planejamento estratégico?* Rio de Janeiro: Revista de Administração de Empresas da Fundação Getulio Vargas, abr./jun. 1978, p. 10.

7 *Ibidem*.

8 KAUFMANN, Luiz. *Planejamento estratégico e eficiência*. Artigo na revista edição de 29/05/93, p. 47.

9 CHANDLER JR., Alfred O. *Strategy and struture, chapters in the history of industrial enterprise*. Cambridge, Mass., The MIT Press, 1966, p. 14.

10 SILVA, Luis Eduardo Potsch de Carvalho e. *Estratégia empresarial e estrutura organizacional sob a ótica mercadológica*. Rio de Janeiro: Revista de Administração de Empresas da Fundação Getulio Vargas, v. 25, nº 1, jan./mar. 1985, p. 41.

11 GONÇALVES, José Ernesto Lima. *Os novos desafios da empresa do futuro*. São Paulo: Revista de Administração de Empresas da Fundação Getulio Vargas, v. 37, nº 14, jul./set. 1997, p. 14.
12 *Ibidem*.
13 ASTIZ, Ana. *RH vira consultoria interna*. São Paulo: jornal Folha de S. Paulo, edição de 16/10/94.
14 RICHERS, Raimar. *Estratégia, estrutura e ambiente*. Rio de Janeiro: Revista de Administração de Empresas da Fundação Getulio Vargas, v. 21, nº 4, out./dez. 1981, p. 27.
15 WANTY, Jacques. *Natureza e características da estratégia empresarial*. São Paulo: revista IDORT, nº 509/510, jul./ago. 1974, p. 10.
16 ACKOFF, Russell L. Op. cit., p. 3.
17 GONÇALVES, José Ernesto Lima. Op. cit., p. 15.
18 BERTERO, Carlos Osmar. *O administrador de RH e o planejamento empresarial*. Rio de Janeiro: Revista de Administração de Empresas da Fundação Getulio Vargas, v. 1, nº 22, jan./abr. 1982, p. 11-12.
19 GONÇALVES, José Ernesto Lima. Op. cit., p. 17-18.
20 DINIZ, Daniela. *O que faz seu RH?* Revista Exame, edição de 29/10/03, p. 76.
21 *Ibidem*, p. 75.
22 *Ibidem*.

Gabarito do Questionário de Auto-Avaliação

1) Verdadeiro.

2) Alternativa c.

3) Sobrevivência.

4) Estratégia/programa/decisões.

5) Falso.

6) Alternativa b.

7) Legislação.

8) Dinâmica/PERH/estratégia.

9) Verdadeiro.

10) Alternativa d.

Conceituação

- Todas certas: **ótimo.**
- Mínimo de oito certas: **muito bom**.
- Mínimo de seis certas: **bom.**
- Mínimo de cinco certas: **regular**.
- Menos de cinco certas: **insuficiente.**

Outros Títulos Sugeridos

Gestão do Conhecimento: Um Guia Prático Rumo à Empresa Inteligente.

A obra apresenta os aspectos mais importantes da gestão do conhecimento (GC) nas empresas e oferece uma metodologia prática de implementação da GC tanto nas pequenas e médias empresas como nas grandes.

As rápidas mudanças nos mercados e a alta velocidade de inovação provocam queda de preços, ciclos de vida do produto mais curtos, individualização das necessidades do cliente e nascimento de novos campos de negócio. Todas essas características exigem maior eficiência e eficácia das empresas. Para isso devem ser mobilizados todos os recursos de conhecimento na empresa.

Autor: Klaus North

Formato: 16x23cm

Nº de páginas: 312

Outros Títulos Sugeridos

Gestão por Competências

AUTORA: Maria Odete Rabaglio

FORMATO: 16 X 23 cm

PÁGINAS: 136

O mercado hoje reconhece a importância de fazer Gestão de Desenvolvimento de Pessoas e isso não pode ser realizado de acordo com a intuição ou inspiração de cada gestor. É preciso que todos dominem as técnicas e ferramentas para que as culturas organizacionais sejam niveladas.

A Gestão de Pessoas começa pela contratação do profissional com o perfil ideal para suas atribuições. De posse de princípio é que a experiente psicóloga Maria Odete Rabaglio apresenta a 2ª edição revista e ampliada do livro *Gestão por Competências: Ferramentas para Atração e Captação de Talentos Humanos*. De forma clara, ela traça um roteiro simples e objetivo sobre os conceitos e as ferramentas para se obter com rapidez os resultados desejados.

Por isso obra aprofunda uma série de ferramentas de Seleção por Competências. Entre elas se destaca um dicionário de competências, alguns modelos de formulários para descrição de cargos e processos seletivos, o passo a passo para mapear funções e técnicas para mensuração da entrevista comportamental, entre outras. O objetivo é permitir que gestores e profissionais de Recursos Humanos encontrem as melhores práticas e as adaptem aos seus universos organizacionais para gerir e desenvolver pessoas com excelência.

Gestão por Competências: Ferramentas para Atração e Captação de Talentos Humanos é uma obra que amplia os limites da gestão de RH e, certamente, não pode deixar de fazer parte da bibliografia do profissional da área.

Entre em sintonia com o mundo

QualityPhone:
0800-0263311
Ligação gratuita

Rua Teixeira Júnior, 441
São Cristóvão
20921-400 – Rio de Janeiro – RJ
Tel.: (21) 3860-8422
Fax: (21) 3860-8424

www.qualitymark.com.br
E-mail: quality@qualitymark.com.br

Dados Técnicos

Formato: 16 x 23

Mancha: 12 x 19

Corpo: 11

Entrelinha: 13

Fonte: Times New Roman

Total de Páginas: 224

1ª Reimpressão: 2012

Gráfica: Vozes